情理红楼

史宜望 著

齊魯書社
· 济南 ·

图书在版编目（CIP）数据

情理红楼 / 史宜望著. -- 济南：齐鲁书社，2023.6
ISBN 978-7-5333-4734-5

Ⅰ. ①情… Ⅱ. ①史… Ⅲ. ①《红楼梦》研究 Ⅳ. ①I207.411

中国国家版本馆CIP数据核字(2023)第104169号

责任编辑：王江源
装帧设计：亓旭欣

情理红楼
QINGLI HONGLOU
史宜望 著

主管单位 山东出版传媒股份有限公司
出版发行 齐鲁书社
社　　址 济南市市中区舜耕路517号
邮　　编 250003
网　　址 www.qlss.com.cn
电子邮箱 qilupress@126.com
营销中心 （0531）82098521　82098519　82098517
印　　刷 日照日报印务中心
开　　本 720mm × 1020mm　1/16
印　　张 17
插　　页 2
字　　数 268千
版　　次 2023年6月第1版
印　　次 2023年6月第1次印刷
标准书号 ISBN 978-7-5333-4734-5
定　　价 78.00元

前言

每个《红楼梦》爱好者心里都有一部自己的《红楼梦》，笔者误入“红楼”，也发现了一部自己的《红楼梦》。

笔者认为，《红楼梦》“大旨谈情”（第一回）[①]，是因为《红楼梦》最重要的主题是以“情”抗“理”，《红楼梦》的故事可以简单地看成贾宝玉以“情”抗“理”的故事。癞头和尚“癞头”，是因为他是“理”的幻化之身，而“理”扭曲人性、抹杀人性，是罪恶的封建专制的最无耻帮凶；跛足道人“跛足”，是因为他是“情”的幻化之身，封建社会处处都充满着不平等，而男女不平等很容易导致男人和女人之间的“情”的“跛足”。癞头和尚的“冷香丸”抹杀了薛宝钗的人性，这样，薛宝钗的一言一行无时无刻不体现着“理”；癞头和尚给薛宝钗一个金锁，并说这个金锁要用玉来配，这显然是癞头和尚想利用这个金锁将贾宝玉拖入封建统治的“囚牢”。这样看来，贾宝玉和薛宝钗的“金玉良缘”是癞头和尚一手策划，其目的是要斩断贾宝玉的“情根”（青埂峰的“青埂”谐音“情根”），从而以“理”说服贾宝玉。通过比较“冷香丸”和“疗妒汤”

① 〔清〕曹雪芹、〔清〕高鹗著，〔清〕脂砚斋、〔清〕王希廉点评：《红楼梦》，中华书局2009年版。本书有关《红楼梦》引文，均引自该书，不一一注明页码。

这两个“海上方”，笔者也能看出癞头和尚的欺骗性。本书很多其他观点也与众不同。

本书立足《红楼梦》文本前80回，从“情”和“理”的角度来探索《红楼梦》，所以叫《情理红楼》。不妥之处，敬请批评指正。

目录

第一章

人物初论

第一节　女儿

小说第二回，贾雨村说天地之间有“正气”和“邪气”：“天地之正气”是“清明灵秀”之气，“仁者之所秉也”；“天地之邪气”是“残忍乖僻”之气，“恶者之所秉也”。“使男女偶秉此气而生者”，“置之于万万人中，其聪俊灵秀之气，则在万万人之上；其乖僻邪谬不近人情之态，又在万万人之下。若生于公侯富贵之家，则为情痴情种；若生于诗书清贫之族，则为逸士高人；纵再偶生于薄祚寒门，断不能为走卒健仆，甘遭庸人驱制驾驭，必为奇优名倡”。这里，“情痴情种”“逸士”“高人”恰好对应着小说中的三个重要人物贾宝玉、林黛玉、妙玉，而“断不能为走卒健仆”的人也非常准确地指向晴雯，可见在作者眼里，贾宝玉、林黛玉、妙玉、晴雯都是中了“邪气”的人。贾宝玉是《红楼梦》故事的中心人物，暂且不提，我们先来看看林黛玉、妙玉、晴雯这三个中了“邪气”的“异样女子”（第一回）。

一、女中“逸士”——林黛玉

（一）林黛玉的“情”

“面如敷粉，唇若施脂，转盼多情，语言常笑。天然一段风骚，全在眉稍；平生万种情思，悉堆眼角”，林黛玉眼里的贾宝玉是个有情人，可见林黛玉也是个有情人，在这一点上林黛玉和袭人、薛宝钗截然不同。在袭人眼里，贾宝玉一无是处：“性格异常，其淘气憨顽自是出于众小儿之外，更有几件千奇百怪口不能言的毛病儿。近来仗着祖母溺爱，父母亦不能十分严紧拘管，更觉放荡弛纵，任性恣情，最不喜务正。”显然，袭人对贾宝玉没有什么感情。薛宝钗第一次看到贾宝玉时，贾宝玉“项上挂着长命锁、记名符，另外有一块落草时衔下来的宝玉”。薛宝钗注意到贾宝玉脖子上挂的长命锁、记名符，这里薛宝钗应该在猜测贾宝玉是不是和她哥哥薛蟠一样，是一个娇生惯养、恣意妄为的纨绔子弟。薛宝钗不喜欢花、粉等，可以想象，贾宝玉的长命锁、记名符对她来说都是刺眼的东西，所以她对贾宝玉有一点怀疑甚至蔑视的态度。薛宝钗知道自己的金锁要用玉来配，所以她还特别注意到贾宝玉脖子上挂的“通灵宝玉”，如果说薛宝钗看中了贾宝玉，那不是看中了贾宝玉本人，而是看中了贾宝玉脖子上的“通灵宝玉”。可见，薛宝钗是用一种占有的眼光来看待贾宝玉，不仅如此，薛宝钗还经常挖苦、讽刺贾宝玉，所以美丽动人的薛宝钗是个无情人（“任是无情也动人”）。

林黛玉对贾宝玉有情，但是碍于少女的羞涩，碍于爱本身的含蓄，她对贾宝玉的情很少轻易直接表现出来，但林黛玉“潇湘馆春困发幽情”的“长叹”还是让贾宝玉听到了，贾宝玉听到后“不觉心内痒将起来”。世界上还有什么比少女的情思更美好的东西呢，贾宝玉真是让人羡慕。（小说第二十六回林黛玉“潇湘馆春困发幽情”，贾宝玉和林黛玉因此进一步清楚了彼此的情意。）

贾宝玉将北静王送给他的鹡鸰香串送给林黛玉，林黛玉说：“什么臭男人拿过的！我不要他。”在林黛玉眼里，只有贾宝玉是“香男人”，其他男人都是“臭男人”。

虽然心里只有贾宝玉这一个“香男人”，但林黛玉要求贾宝玉尊重自己、尊重自己的情感：小说第八回，贾宝玉在欣赏薛宝钗的金锁时与薛宝钗靠得很近，“已摇摇的走了进来”的林黛玉看到这个情景笑道：“嗳哟，我来的不巧了！”后来，林黛玉、贾宝玉在薛姨妈那里吃饭时，小丫头雪雁给林黛玉送来手炉，林黛玉又借机“敲打”贾宝玉，她向雪雁说：“谁叫你送来的？难为他费心，那里就冷死了我！”又说：“也亏你到听他的话。我平日和你说的，全当耳傍风。怎么他说了你就依，比圣旨还快些！”第二十八回，贾宝玉看到薛宝钗的“雪白一段酥臂”，“不觉动了羡慕之心”，在那里发呆，林黛玉看到这个情景就借给薛宝钗看“呆雁”的机会，用手帕打到了贾宝玉的眼睛。林黛玉在薛宝钗面前“敲打”贾宝玉，其实也是“敲打”薛宝钗。

小说第三十一回，晴雯不小心将扇子跌折了，正在气头上的贾宝玉说晴雯是蠢材，晴雯见贾宝玉对自己不客气，于是回顶了贾宝玉几句，贾宝玉气得要撵晴雯，这时林黛玉来了：

> 林黛玉笑道："大节下怎么好好的哭起来？难道是为争粽子吃争恼了不成？"宝玉和袭人"嗤"的一笑。黛玉道："二哥哥不告诉我，我问你就知道了。"一面说，一面拍着袭人的肩，笑道："好嫂子，你告诉我。必定是你两个拌了嘴了。告诉妹妹，替你们和劝和劝。"袭人推他道："林姑娘你闹什么？我们一个丫头，姑娘只是混说。"黛玉笑道："你说你是丫头，我只拿你当嫂子待。"

林黛玉轻蔑地拍着"嫂子"的肩膀向"嫂子"问话，显然，袭人的小伎俩没有瞒过林黛玉，也可以看出，林黛玉不屑于袭人的小伎俩。小说第二十回，史湘云喊贾宝玉"二哥哥"，林黛玉笑话史湘云说："偏是咬舌子爱说话，连个'二'哥哥也叫不出来，只是'爱'哥哥、'爱'哥哥的。回来赶围棋儿，又该你闹'幺爱三四五'了。"林黛玉在袭人面前称贾宝玉为"二哥哥"，笔者认为这是作者暗示袭人和贾宝玉之间没有真爱，林黛玉和贾宝玉才是真爱。

在封建社会女性地位非常低下，很难主动选择自己的爱情、追求自己的爱情的情况下，在一个少女非常羞涩，对爱不能直接说出口的情况下，在维护自尊而不至于让对方误解的情况下，在能够保持彼此一定的距离而不至于和对方疏远的情况下，林黛玉聪明而又自然地用"小性"来和贾宝玉相处，林黛玉就是这样机智、勇敢地捍卫自己的爱情，维护自己的尊严。

小说第二十三回，茗烟给贾宝玉弄来一套《会真记》，贾宝玉到沁芳闸桥边桃花树下的一块石头上坐着看，林黛玉来了，贾宝玉和她一起看，看着看着，贾宝玉不觉忘了情：

> 宝玉笑道："我就是个'多愁多病身'，你就是那'倾国倾城貌'。"林黛玉听了，不觉带腮连耳通红，登时直竖起两道似蹙非蹙的眉，瞪了两只似睁非睁的眼，微腮带怒，薄面含嗔，指宝玉道："你这该死的胡说！好好的把这淫词艳曲弄了来，还学了这些混话来欺负我。我告诉舅舅、舅

母去！”说到“欺负”两个字上，早又把眼睛圈儿红了，转身就走。宝玉着了急，向前拦住说道：“好妹妹，千万饶我这一遭，原是我说错了。若有心欺负你，明儿我吊在池子里，教个癞头鼋吞了去，变个大忘八，等你明儿做了‘一品夫人’病老归西的时候，我往你坟上替你驼一辈子的碑去。”说的林黛玉“嗤”的一声笑了，揉着眼睛，一面笑道：“一般也唬的这个调儿，还只管胡说。‘呸，原来是苗而不秀，是个银样蜡枪头。’”宝玉听了，笑道：“你这个呢？我也告诉去。”林黛玉笑道：“你说你会过目成诵，难道我就不能一目十行么？”

这次“谈情说爱”林黛玉又一次要了“小性”：因为贾宝玉的“淫词艳曲”恰好触及了她的私密情感，作为少女的林黛玉难以掩饰心中的羞涩，所以她和贾宝玉“恼”了，说贾宝玉“欺负”她，贾宝玉信以为真，当他说要变成一个大王八，将来为林黛玉驮一辈子的碑的时候，林黛玉又笑了，她笑话贾宝玉是个“银样蜡枪头”，原来林黛玉恼怒是假，羞涩才是真。林黛玉这次要“小性”的时候，“不觉带腮连耳通红，登时直竖起两道似蹙非蹙的眉，瞪了两只似睁非睁的眼，微腮带怒，薄面含嗔”，多么可爱、多么动情的一个少女！

在栊翠庵，妙玉和贾宝玉在林黛玉、薛宝钗面前尽情“表演”，但林黛玉根本不吃妙玉的醋，可见林黛玉对贾宝玉和妙玉的信任及她那宽阔的胸怀。薛宝钗奔着贾宝玉而来，她给林黛玉带来的实实在在的巨大威胁可以说压得林黛玉喘不过气来，林黛玉因此才经常和薛宝钗暗中较劲，也因此对贾宝玉要了不少“小性”，但林黛玉对贾宝玉要“小性”更多是因为贾宝玉有时不够尊重自己，例如小说第六十四回，“黛玉起先原恼宝玉说话不论轻重”。

贾宝玉“强袭人同领警幻所训云雨之事”，还曾给袭人一个“窝心脚”，这两次袭人非但都没有生气，反而还为贾宝玉开脱，袭人的奴性让人诟病。如果贾宝玉说话“不论轻重”林黛玉都不介意，那林黛玉岂不成了“林袭人”？所以透过林黛玉的“小性”，我们看到的是她的聪明与机智、高贵的人格及她对贾宝玉的真情。

在男女不平等的封建社会，男人习惯凌驾于女人之上，但有自由、平等意识且自尊心很强的林黛玉不能容忍贾宝玉对她有这个“习惯”。尽管贾宝玉真心爱着林黛玉，尽管贾宝玉是一个懂得尊重别人的人，但他和林黛玉说话时偶尔也会“不论轻重”，无论贾宝玉哪一次的“不论轻重”，林黛玉都会“提醒”贾宝玉。可以看出，林黛玉将自由置于她和贾宝玉的爱情之上，所以林黛玉是一个追求自由的人。“生命诚可贵，爱情价更高。若为自由故，二者皆可抛。”林黛玉基本只在争取爱情和自由时才和贾宝玉要“小性”，所以透过林黛玉的“小性”，我们看到的是她的崇高追求，不应该因为林黛玉要“小性”就认为她任性。

林黛玉的“小性”里确有一些任性，但更多的是个性，林黛玉的个性与任性让人们意识到人都渴望得到关心、关爱和尊重。从这个角度看，林黛玉的“小性”丰富了《红楼梦》的色彩，增加了《红楼梦》的可读性。

林黛玉的“小性”考验了贾宝玉，也锤炼了贾宝玉。幸运的是，贾宝玉经受住了林黛玉对他的考验。经过一次次锤炼，贾宝玉在处理和林黛玉的关系时更能掌握分寸，更加懂得尊重和体谅林黛玉，他们之间的误会也因此明显减少。

现实生活中，很多人都自觉不自觉地成为爱情、权势或金钱的“奴隶”，但林黛玉坚决将自由置于爱情之上，而又将爱情置于其他一切之上，可见，林黛玉是一个完全意义上的新女性。林黛玉和贾宝玉的爱情是建立在相互了解、相互信任、相互尊重的基础上，是崭新模式的爱情，他们的爱情犹如漫漫封建黑夜里的启明星，这颗启明星的出现意味着封建社会中广大被压迫的女性，乃至广大被压迫的民众的即将觉醒，这颗启明星也必将送走封建黑夜，并迎来新社会的黎明。所以，贾宝玉和林黛玉爱情的最重要的意义不在于爱情本身，而在于其“平等”的标签。平等就意味着对封建社会中低人一等的广大女性乃至所有被压迫的广大民众的尊重，平等的实现意味着人压迫人、人剥削人的封建专制制度的终结，所以贾宝玉和林黛玉的平等爱情应该被视为一面鲜明的反封建旗帜。

（二）林黛玉的“才”

林黛玉的“才”首先表现在她是一位出色的女诗人。大观园里有好几位出色的女诗人，林黛玉更是其中的佼佼者。大观园里举行了几次赛诗会，林黛玉每次都有出色的表现。

林黛玉的“才”还表现在她有高超、幽默的语言艺术。“我来的不巧了”这六个字让人印象深刻；“我平日和你说的，全当耳傍风”，林黛玉对小丫鬟雪雁的“教训”更是让人无法忘怀。所以，对林黛玉的话，李嬷嬷“又是急，又是笑”，她只有感叹的份儿：“真真这林姑娘，说出一句话来，比刀子还尖。”

小说第四十二回“潇湘子雅谑补余香”，可以说，林黛玉的这次“雅谑”既让人捧腹大笑，又让人回味无穷：

> 李纨见了他两个，笑道：“社还没起，就有脱滑的了，四丫头要告一年的假呢。”黛玉笑道：“都是老太太昨儿一句话，又叫他画什么园子图儿，惹得他乐得告假了。”探春笑道：“也别要怪老太太，都是刘姥姥一句话。”林黛玉忙笑道：“可是呢，都是他一句话。他是那一门子的姥姥，直叫他是个‘母蝗虫’就是了。”说着大家都笑起来。宝钗笑道：“世上的话，到了凤丫头嘴里也就尽了。幸而凤丫头不认得字，不大通，不过一概是市俗取笑。更有颦儿这促狭嘴，他用‘春秋’的法子，将市俗的粗话，撮其要，删其繁，再加润色比方出来，一句是一句。这‘母蝗虫’三字，把昨儿那些形景都现出来了。亏他想的到也快。”众人听了，都笑道：“你这一注解，也就不在他两个以下。”
>
> 李纨道：“我请你们大家商议，给他多少日子的假。我给了他一个月他嫌少，你们怎么说？”黛玉道：“论理一年也不多。这园子盖才盖了一年，如今要画自然得二年工夫呢。又要研墨，又要蘸笔，又要铺纸，又要着颜色，又要……”刚说到这里，众人知道他是取笑惜春，便都笑问说：“还要怎样？”黛玉也自己掌不住笑道：“又要照着这样儿慢慢的画，可不得二年的工夫！”众人听了，都拍手笑个不住。宝钗笑道：“‘又要照着这个慢慢的画’，这落后一句最妙。所以昨儿那些笑话儿虽然可笑，回想是没味的。你们细想颦儿这几句话虽是淡的，回想却有滋味。我倒笑的动不得了。”

惜春道："都是宝姐姐赞的他越发逞强，这会子拿我也取笑儿。"黛玉忙拉他笑道："我且问你，还是单画这园子呢，还是连我们众人都画在上头呢？"惜春道："原说只画这园子的，昨儿老太太又说，单画了园子成个房样子了，叫连人都画上，就像'行乐'似的才好。我又不会这工细楼台，又不会画人物，又不好驳回，正为这个为难呢！"黛玉道："人物还容易，你草虫上不能。"李纨道："你又说不通的话了，这个上头那里又用的着草虫？或者翎毛倒要点缀一两样。"黛玉笑道："别的草虫不画罢了，昨儿'母蝗虫'不画上，岂不缺了典！"众人听了，又都笑起来。黛玉一面笑的两手捧着胸口，一面说道："你快画罢，我连题跋都有了，起个名字，就叫作《携蝗大嚼图》。"

众人听了，越发哄然大笑，前仰后合。只听"咕咚"一声响，不知什么倒了，急忙看时，原来是湘云伏在椅子背儿上，那椅子原不曾放稳，被他全身伏着背子大笑，他又不提防，两下里错了劲，向东一歪，连人带椅都歪倒了，幸有板壁挡住，不曾落地。众人一见，越发笑个不住。宝玉忙赶上去扶了起来，方渐渐止了笑。

宝玉和黛玉使个眼色儿。黛玉会意，便走至里间，将镜袱揭起，照了一照，只见两鬓略松了些，忙开了李纨的妆奁，拿出抿子来，对镜抿了两抿，仍旧收拾好了，方出来，指着李纨道："这是叫你带着我们作针线教道理呢，你反招我们来大顽大笑的。"李纨笑道："你们听他这刁话。他领着头儿闹，引着人笑了，倒赖我的不是。真真恨的我只保佑明儿你得一个利害婆婆，再得几个千刁万恶的大姑子小姑子，试试你那会子还这么刁不刁了。"

林黛玉早红了脸，拉着宝钗说："咱们放他一年的假罢。"

正如薛宝钗所说，林黛玉的"促狭嘴"能够"用'春秋'的法子，将市俗的粗话，撮其要，删其繁，再加润色比方出来，一句是一句"，她的话表面上"虽是淡的"，但"回想却有滋味"。林黛玉的"才"让她的情敌薛宝钗也心服口服。

（三）林黛玉的“质”

作为一个诗人，林黛玉将自己的诗作与心境融为一体，这增添了林黛玉的诗人气质。比如，“娇羞默默同谁诉”，既描绘了白海棠的神态，也倾诉了自己的情思。“满纸自怜题素怨，片言谁解诉秋心”“孤标傲世偕谁隐，一样花开为底迟”，林黛玉的菊花诗真正做到了情景交融，菊人合一。林黛玉的《葬花吟》更是将她的命运和落花完全融合，“花谢花飞花满天，红消香断有谁怜”，“一年三百六十日，风刀霜剑严相逼”，这是她对世态炎凉、人情冷暖的悲愤和控诉；“愿奴胁下生双翼，随花飞到天尽头”则是林黛玉对爱情、对美好和谐社会的向往和追求；“质本洁来还洁去，强于污淖陷渠沟”表现了林黛玉的高洁和不屈精神。至此，一个才华横溢、坚贞不屈的悲情少女诗人出现在每一个读者面前。

林黛玉的“质”还体现在她的为人处世上。在爱情上谁都是自私的，林黛玉也是这样，所以她妒忌薛宝钗；尽管林黛玉妒忌薛宝钗，但她对薛宝钗仍然能够坦诚相待。小说第四十五回，薛宝钗探望林黛玉，并询问林黛玉的病，林黛玉见薛宝钗对她没有恶意，就向薛宝钗掏出了她的心窝子：“你素日待人，固然是极好的，然我最是个多心的人，只当你心里藏奸。从前日你说看杂书不好，又劝我那些好话，竟大感激你。往日竟是我错了，实在误到如今。”林黛玉对紫鹃亲如姐妹，情同手足；香菱学诗，向林黛玉请教，林黛玉也热情相待；史湘云把林黛玉比作戏子，两人之间闹了矛盾，但很快就和好了，不需要任何解释，更不需要道歉。可见，林黛玉待人宽厚，与人不存芥蒂。

总之，林黛玉是一个至真至纯、至善至美、可亲可敬，且又有点豪放不羁的少女，她俨然是一个女中“逸士”。林黛玉之美有自然之美，更有人性之美。

二、女中“高人”——妙玉

《红楼梦》前80回，妙玉只正面出场过两次，一次是贾母、刘姥姥在栊翠庵品茶时，贾宝玉、林黛玉、薛宝钗来到了妙玉的耳房，另一次是林黛玉和史湘云凹晶馆联诗时妙玉突然出现。

凹晶馆联诗体现出妙玉这个少女超人的才华，显然，妙玉在诗词方面的才能和天赋明显高出史湘云和林黛玉一大截。妙玉认为，古人自汉、晋、五代、唐、宋以来只有“纵有千年铁门槛，终须一个土馒头”这两句好诗，妙玉经常称赞庄子，并称自己是槛外人，可见妙玉早已看破红尘，是一个世外的高人形象。

“凹晶馆联诗悲寂寞”，妙玉嫌林黛玉和史湘云的诗句“过于颓败凄楚”，可见妙玉虽然身在佛门，但她对生活充满着热爱；“芳情只自遣，雅趣向谁言”，妙玉的续诗更是将她难以排遣的寂寞和苦闷之情暴露无遗，可见妙玉虽然是一个尼姑，但心里珍藏着普通人的人之常“情”，妙玉也是一个有情人。

贾府的管家婆子林之孝家的请妙玉到贾府，妙玉说：“侯门公府必以贵势压人，我再不去的。”王夫人叫林之孝家的写个请帖才将妙玉请进贾府。可以想象，这分明是一个可爱、调皮的小姑娘在噘着嘴巴说话。

小说第四十一回，贾母、刘姥姥栊翠庵品茶时，妙玉“把宝钗和黛玉的衣襟一拉”，黛玉和宝钗就随妙玉进了她的耳房。黛玉和宝钗都去了，宝玉焉有不去之理？显然妙玉醉翁之意不在酒。在妙玉的耳房里，她给三人倒茶，林黛玉、薛宝钗用的是两个精致的杯子，贾宝玉用的是她日常吃茶的绿玉斗：

> 宝玉笑道：“常言‘世法平等’，他两个就用那样古玩奇珍，我就是个俗器了。”妙玉道：“这是俗器？不是我说狂话，只怕你家里未必找的出这么一个俗器来呢。”宝玉笑道：“俗说‘随乡入乡’，到了你这里，自然把那金玉珠宝一概贬为俗器了。”
>
> 妙玉听如此说，十分欢喜，遂又寻出一只九曲十环一百二十节蟠虬整雕竹根的一个大盒出来，笑道：“就剩了这一个，你可吃的了这一海？”宝玉喜的忙道：“吃的了。”妙玉笑道：“你虽吃的了，也没这些茶糟踏。岂不闻‘一杯为品，二杯即是解渴的蠢物，三杯便是饮牛饮骡了’，你吃这一海便成什么？”说的宝钗、黛玉、宝玉都笑了。妙玉执壶，只向海内斟了约有一杯。宝玉细细吃了，果觉轻浮无比，赏赞不绝。妙玉正色道：“你这遭吃的茶是托他两个福，独你来了，我是不给你吃的。”宝玉笑道：“我深知道的，我也不领你的情，只谢他二人便是了。”妙玉听了，方说：

“这话明白。”

两人的对答好似一曲美妙的情歌！看来妙玉不但是一个世外“高人”，她还是一个调“情”的“高人”，号称“天下第一‘情’人”的贾宝玉在这曲情歌里成了被动的配角，都把贾宝玉当成自己囊中之物的林黛玉和薛宝钗在这里根本插不上嘴，只有眼巴巴地看着妙玉“表演”的份儿，妙玉的每一句话、每一个动作都触动着贾宝玉的快乐神经，使贾宝玉情不自禁。显然，在青春年少的贾宝玉面前，正值芳龄的妙玉完全不是一个尼姑，而是一个俏皮、可爱、快乐的小女孩。可见，极富灵性、内心热情，且处处有情、时时有意的妙玉才是真正的妙玉。

妙玉倒茶给贾母：

> 贾母道：“我不吃六安茶。”妙玉笑说：“知道，这是老君眉。”

在贾府，除了妙玉还有谁这样挺起腰杆和贾母说话？此前王夫人希望妙玉来贾府，妙玉担心贾府“以贵势压人”，王夫人叫林之孝家的下个帖子才将妙玉请进贾府，面对妙玉的“骄傲”（第十七、十八回），王夫人只能让步。可见，虽然只是一个十几岁的尼姑，但妙玉是一个顶天立地的“人”。

身在佛门却处处有情，身为女子却顶天立地，妙玉就是这样一个有血有肉、有情有义、至真至纯的能够真正称之为“人”的人，而世俗社会中的袭人、薛宝钗、王熙凤、贾母、王夫人、王善保家的、周瑞家的等很多人都是“无情物”，妙玉这样一个内心火热的人为世俗所不容，而周瑞家的那样内心丑恶的人在贾府却如鱼得水，这令人深思。

对于作者对妙玉的态度，笔者认为，作者无意批判妙玉的洁癖（笔者认为，作者“赋予”妙玉洁癖是为了突出妙玉的高洁与当时社会的污浊和肮脏），也无意批判妙玉身在佛门却没有决断红尘，恰恰相反，作者想告诉人们，妙玉虽然身居“槛外”（妙玉自称“槛外之人”），但是她仍然是一个“人”，一个有血有肉、有情有义的真正的“人”，而有的人虽然身居红尘之中，但无情无义。

这样看来，作者认为不是妙玉“僧不僧，俗不俗，女不女，男不男”[①]，而是认为封建礼教把很多人变成了“人不人，鬼不鬼”的没有情感、没有人性的动物。

刘姥姥和贾母在栊翠庵喝茶时，妙玉在林黛玉、薛宝钗面前旁若无人地和贾宝玉有说有笑，两人的说笑因为贾宝玉说到了“他二人”（林黛玉和薛宝钗）而戛然而止，后来因为旧年雨水的问题妙玉也讥讽了林黛玉，这都能感觉到妙玉对林黛玉的妒忌，很久以后妙玉还在回味这次和贾宝玉的品茶（“芳情只自遣，雅趣向谁言。彻旦休云倦，烹茶更细论”）。此外，贾宝玉过生日时妙玉还送给他一张粉红色的贺笺。应该说，妙玉对贾宝玉的情是显而易见的。因为贾宝玉和林黛玉之间的关系众所周知，且妙玉自己已经出家，所以妙玉对贾宝玉的情只能珍藏在心里，这样看来，贾宝玉是妙玉的梦中情人。

在大观园已经被抄检、晴雯即将被撵走的情况下，林黛玉“冷月葬花魂”的命运可以说已不可避免。史湘云和林黛玉“凹晶馆联诗悲寂寞”，林黛玉因此说出“冷月葬花魂”这样“颓丧”“悲凉”的联句。显然，“冷月葬花魂”预示着林黛玉的命运，当然这也预示着她和贾宝玉的爱情的命运。林黛玉正好说到“冷月葬花魂”时妙玉跳了出来，并饶有兴致地来给史湘云和林黛玉续诗，这容易让人想到林黛玉“冷月葬花魂”后妙玉很可能要主动填补林黛玉的空缺。贾宝玉和妙玉的这段情缘笔者且称之为“玉妙情缘”。

因为秦钟和智能儿谈恋爱，秦业将秦钟暴打，将智能儿撵走，由此不难想象将来王夫人对“玉妙情缘”的态度。因为妙玉的身份也是尼姑，小说 80 回后作者笔下“玉妙情缘”的命运可想而知。妙玉是一个非凡之人，她主导的“玉妙情缘”虽然有些荒诞，但妙玉应该不至于像现在 120 回通行本《红楼梦》中所说的那样因为贾宝玉而走火入魔。笔者认为，“玉妙情缘”主要是贾宝玉和妙玉彼此心灵上的相互吸引、相互欣赏，他们之间有缘无分，所以“玉妙情缘”注定没有结果。

---

① 小说第六十三回，邢岫烟在贾宝玉面前说妙玉“僧不僧，俗不俗，女不女，男不男”。

三、女中“斗士”——晴雯

小说第六十四回，芳官、晴雯、麝月等人玩游戏，芳官输了却不肯叫打，跑了出去，晴雯从后面赶来“骂”道：“我看你这小蹄子往那里去？输了不叫打！宝玉不在家，我看着谁来救你。”正好这时贾宝玉回来了，他拦住晴雯，晴雯不觉好笑，说：“芳官竟是个狐狸精变的，就是会拘神遣将的符咒也没有这样快。”又说：“就是你请了神来，我也不怕！”晴雯甩开贾宝玉的手仍然要捉拿芳官。

简单的几句话，晴雯的天真无邪、心直口快、活泼可爱，以及那种不服输的精神都得到了充分体现。

小说第七十三回，有人说看到一个人从墙上跳下来，晴雯立即想到借此让贾宝玉装作吓着了，以逃避贾政的检查，这“正中宝玉心怀”，可见晴雯的聪明、伶俐及她对贾宝玉的贴心。虽然聪明伶俐，但晴雯非常单纯，比如宝玉挨打后担心林黛玉为自己伤心，他让晴雯去看林黛玉，晴雯说不能空手去，贾宝玉拿出两条手帕叫她送给林黛玉，晴雯不解了：“这又奇了。他要这半新不旧的两条手帕子？他又要恼了，说你打趣他。”小说第五十二回“勇晴雯病补雀金裘”，晴雯也撵走了小偷坠儿，可见，晴雯是一个真诚、热情，且爱憎分明的人。

其实，晴雯给人印象最深的就是她那鲜明的个性，她在小说中第一次出场就让人印象深刻。小说第八回：

> （贾宝玉）一面说，一面来至自己的卧室，只见笔墨在案。晴雯先接出来，笑说道：“好，好，要我研了那些墨，早起高兴，只写了三个字，丢下笔就走了，哄的我们等了一日。快来与我写完这些墨才罢！”宝玉忽然想起早起的事来，因笑道：“我写的那三个字在那里呢？”晴雯笑道：“这个人可醉了，你头里过那府里去，嘱咐贴在这门斗上，这会子又这么问。我生怕别人贴坏了，我亲自爬高上梯的贴上，这会子还冻的手僵冷的呢。”宝玉听了，笑道：“我忘了。你的手冷，我替你渥着。”说着便伸手携了

晴雯的手，同仰首看门斗上新书的三个字。

贾宝玉和晴雯之间的关系不像一般的主仆关系，倒像是兄妹关系，贾宝玉和晴雯手握手、手拉手，晴雯一点也没有感觉到不自在，可以看出贾宝玉和晴雯之间的彼此尊重与相互信任。

小说第三十一回，晴雯不小心把扇子跌折了，贾宝玉“教训”晴雯，晴雯则针锋相对：“二爷近来气大的狠，行动就给脸子瞧。前儿连袭人都打了，今儿又来寻我们的不是……就是跌了扇子，也是平常的事……”贾宝玉“气的浑身乱战”，袭人来劝和时不小心说了“我们”这两个字，晴雯“冷笑几声”，说：“我到不知道你们是谁，别教我替你们害臊了！便是你们鬼鬼祟祟干的那事儿，也瞒不过我去，那里就称起‘我们’来了？明公正道，连个姑娘还没挣上去呢，也不过和我似的，那里就称上‘我们’了！”晴雯说得袭人“羞的脸紫胀起来”，贾宝玉气得要撵走晴雯，为此晴雯两次警告贾宝玉，说“变着法儿打发我出去，也不能彀”，“我一头碰死了也不出这门儿”。

小说第三十七回，众丫头讨论王夫人的赏赐，晴雯不屑一顾地说：“一样这屋里的人，难道谁又比谁高贵些？把好的给他，剩下的才给我，我宁可不要，冲撞了太太，我也不受这口软气！”“一样这屋里的人，难道谁又比谁高贵些”，这与陈胜、吴广响彻时空的“王侯将相宁有种乎”有什么差别呢。

小说第七十四回，晴雯遭人“暗算”而受到王夫人的质询，受了委屈的晴雯“一出门便拿手帕子握着脸，一头走，一头哭，直哭到园门内去”，可见晴雯的自尊心之强。

抄检大观园时，面对王熙凤和王善保家的、周瑞家的等众婆子，晴雯“挽着头发闯进来，豁一声将箱子掀开，两手捉着，底子朝天，往地下尽情一倒，将所有之物尽都倒出”，这让王善保家的很“没趣”。相反，王熙凤和那些婆子搜查入画时，入画吓“黄了脸”，她“只得跪下哭诉真情”：“我不敢扯谎。奶奶只管明日问我们奶奶和大爷去，若说不是赏的，就拿我和我哥哥一同打死无怨。”入画的哭、入画的跪、入画的任凭处置与晴雯的刚强形成了鲜明的对比。

晴雯临死前和贾宝玉告别时，向贾宝玉说她不服别人说她是狐狸精，显然晴雯是含冤、含恨而死。晴雯将自己贴身的红绫袄脱下交给贾宝玉，说："回去他们看见了要问，不必撒谎，就说是我的，既耽了虚名，越性如此，也不过这样了！"可以说，晴雯这是在"叫板"王夫人，直到临死前晴雯也没有低下她那高贵的头颅！

可见，晴雯最可贵的是她那高贵的人格，晴雯是一个不肯低头的人，在贾宝玉面前不低头，在权贵王夫人面前不低头，在其他人面前晴雯当然更不会低头。如果说林黛玉是一个"逸士"，妙玉是一个"高人"，晴雯则是一个"断不能为走卒健仆"的"斗士"，一个永不屈服的美少女斗士。

四、其他女儿

除了林黛玉、妙玉和晴雯,《红楼梦》里还有很多纯洁、美丽、可爱、善良，且个性鲜明的女儿，比如香菱、史湘云、芳官、司棋、春燕、麝月、紫鹃、鸳鸯、尤三姐，等等。

香菱从小就被拐子拐走，经历了多年非打即骂的非人生活，所以周瑞家的问香菱："你几岁投身到这里？"又问："你父母今在何处？今年十几岁了？本处是那里人？"香菱都摇头说不记得。小说第四回，就在香菱被卖给冯公子并自叹说"我今日罪孽可满了"的时候，薛蟠又打死了冯公子，这样，香菱成了"呆霸王"薛蟠的"屋里人"。

香菱命运如此悲惨，然而当她突然出现在人们面前的时候竟然是"笑嘻嘻"的模样（第七回，长大后的香菱第一次在小说中出场），相信不少读者对香菱的印象就定格在她笑嘻嘻的模样了，香菱的纯洁真是令人震撼。

小说第六十二回"呆香菱情解石榴裙"，香菱"命宝玉背过脸去，自己叉手向内解下来"，就将裙子换了，香菱学诗更是让人如痴如醉，所以香菱是一个绝对纯洁的人，她的身体虽然被薛大傻子"玷辱"（第十六回，贾琏看到香菱很漂亮，说香菱嫁给薛大傻子真是"玷辱"了她），但她的心灵会永远保持纯洁，永远不会被玷污。

如果说香菱是一个绝对纯洁的女儿，史湘云则是一个绝对真诚的女儿。

史湘云父母早亡，婶母待她不好，每被人问及家计，她便红了眼圈。尽管史湘云受到了不公正的待遇，但她仍然以诚待人。比如，香菱学诗，她不敢啰唆宝钗，向史湘云请教，史湘云“越发高了兴，没昼夜高谈阔论起来”；贾宝玉经常去林黛玉的房里，但史湘云在林黛玉房里睡觉时，仍然“一把青丝拖于枕畔，被只齐胸，一湾雪白的膀子掠于被外”，她对贾宝玉没有一点戒心。

史湘云太真诚，已经到了“憨”的程度：一次看戏后，王熙凤说戏中的一个小旦打扮起来活像一个人，众人都知道王熙凤指的是林黛玉，都不肯说出来，怕得罪林黛玉，但嘴快的史湘云说了出来。“憨湘云醉眠芍药裀”更加体现了史湘云的“憨”。

虽然很“憨”，但史湘云才思敏捷，芦雪庵联诗、凹晶馆联诗以及每次诗社赛诗，史湘云的诗来得最快，也来得最多，比如咏白海棠，来迟了的史湘云反而一连写出两首水平很高的海棠诗。小说第四十九回，史湘云与宝玉、平儿等吃烤鹿肉，黛玉打趣他们，湘云则回道：“你知道什么！‘是真名士自风流’，你们都是假清高，最可厌的。我们这会子腥膻大吃大嚼，回来却是锦心绣口。”史湘云的“锦心绣口”真让人羡慕。

史湘云也是一个非常美丽的女孩子，她的“一把青丝”“一湾雪白的膀子”都是很美的，让人产生无限的遐想。小说第四十九回，“琉璃世界”中的史湘云则又呈现出一副“小骚达子”且又很“俏丽”的模样：

> 穿着贾母与他的一件貂鼠脑袋面子大毛黑灰鼠里子里外发烧大褂子，头上带着一顶挖云鹅黄片金里大红猩猩毡昭君套，又围着大貂鼠风领。……里头穿着一件半新的靠色三镶领袖秋香色盘金五色绣龙窄裉小袖掩衿银鼠短袄，里面短短的一件水红妆缎狐肷褶子，腰里紧紧束着一条蝴蝶结子长穗五色宫绦，脚下也穿着麀皮小靴，越显的蜂腰猿背，鹤势螂形。

香菱的纯洁、史湘云的真诚与那些婆子的媚上欺下、勾心斗角、自私自利、愚昧无知形成了鲜明的对比。

芳官也是一个美丽、可爱的小女孩。小说第五十八回，芳官和她的“干娘”

吵架时“哭的泪人一般”，惜墨如金的曹雪芹对这时候的芳官进行了一番描写，这让人对她产生了无限的怜爱：“那芳官只穿着海棠红的小棉袄，底下丝绸撒花夹裤，敞着裤脚，一头乌油似的头发披在脑后。”第六十三回，众丫头给宝玉庆贺生日时，各个女孩都脱去了外衣，作者又不惜笔墨对芳官进行了一番描写，最后说芳官“越显的面如满月犹白，眼如秋水还清”，所以众人笑话她，说她和宝玉是“双生的弟兄两个”。芳官的干娘克扣芳官的月钱，并用其女儿洗过头的水给她洗头，芳官直言她干娘偏心；因为“茉莉粉替去蔷薇硝”，赵姨娘打了芳官，芳官“那里肯依”，一头撞到赵姨娘的怀里，后来芳官和豆官、葵官等几个小丫头还将赵姨娘揍了一顿。

芳官的反抗和“复仇”说明芳官有个性、有自尊，作者真正赞扬的女儿也都是有个性、有自尊、纯洁、善良的有人性之人。

在大观园，芳官俨然是一个天真、美丽、活力十足、无所畏惧的“初生牛犊”，可惜这个初生牛犊却“蒙太太的恩典赏了出去”，水月庵的智通与地藏庵的圆心听说了，她们“巴不得又拐两个女孩子去作活使唤”，于是芳官这个不怕虎的初生牛犊被人拖进了“狗窝”。

迎春的丫头司棋和迎春形成了鲜明的对比。迎春懦弱，没有主见，她的乳母把她的累丝金凤偷走了，迎春也就不要了，贾赦把她嫁给“中山狼”，面对“中山狼”淫遍家中所有的媳妇丫头，迎春也只是“略劝过两三次”，而司棋因为一碗鸡蛋就带人把厨房砸了。因为幽会被人撞见，潘又安吓得三四天不敢回家，看到潘又安如此胆怯，司棋“气个倒仰”，后来抄检大观园时王熙凤搜出了司棋的“情书”，众人对此都笑个不停，但司棋“并无畏惧惭愧之意”。

可以看出，司棋敢作敢为、敢爱敢恨，不放弃对爱的追求，真正践行了“生命诚可贵，爱情价更高”的人生信条，可惜潘又安是个胆小怕事之人。

还有试图掌握自己命运的尤三姐，把自己的主子当成姐妹的紫鹃，敢于抗婚的鸳鸯，据理力争的绣橘，等等，她们都给人留下了美好而又深刻的印象，都是真正的“人”。

一个真正的“人”，应该有自己的人格和尊严，也应该善于表达自己的喜、怒、忧、思、悲等“人”所应该具有的情感，这才是有人性，林黛玉、晴雯、妙玉、芳官、香菱等女儿之美首先表现为人性之美。小说第二十八回，贾宝玉等人玩女儿悲、愁、喜、乐的游戏，显然不是作者的无聊之笔。

小说第五十八回，芳官摆弄钟坠子把它弄坏了，麝月说：“提起淘气，芳官也该打几下。”芳官的干娘用她女儿洗过头的水给芳官洗头，芳官说她干娘偏心，她干娘反过来骂她，晴雯在一旁说：“都是芳官不省事，不知狂的什么也不是，会两出戏，到像杀了贼王，擒了反叛来的。”虽然晴雯是一个有个性的人，但她也看不惯芳官的“狂”，麝月更是认为弄坏主子的一点东西就该打。这样看来，如果说有个性的晴雯不容易被贾府这个大染缸污染的话，芳官则完全没有被污染，是“女儿”的“原生态”——有彻底的自由、平等意识。

藕官怀念药官，冒险给药官烧纸，可见藕官是个有情有义的人。藕官还说：“男子丧了妻，或有必当续弦者，也必要续弦为是。便只是不把死的丢过不提，便是情深意重了。若一味因死的不续，孤守一世，妨了大节，也不是理，死者反不安了。”藕官内心的话符合自然、符合人性，可见藕官也有“人”的天性。龄官画“蔷”，下雨了也没有察觉，可见龄官对贾蔷的情深，这让贾宝玉很震撼；龄官直接拒绝为贾宝玉唱“袅晴丝”，贾宝玉又深刻感受到了龄官的人格魅力；贾蔷为让龄官开心，买了一个雀儿给她玩，龄官看到雀儿就联想到自己和笼中的那个雀儿是一样的处境，可见龄官也是一个觉醒的“人”。

因为芳官被赵姨娘欺负，“小孩子心性”的藕官、蕊官、葵官、豆官成功为芳官“报仇”；第五十八回，“文官等一干人或心性高傲，或倚势凌下，或拣衣挑食，或口角锋芒，大概不安分守理者多”，这令众婆子“无不含怨”，我们从这些“心性高傲”“倚势凌下”“拣衣挑食”“口角锋芒”的“不安分守理者”身上看到了她们的“小孩子心性”，看到了什么是自由，什么是平等，而周瑞家的、王善保家的等众婆子都自觉不自觉地成为别人的“走狗”，做了“狗”自然不知道什么是“人”了，所以这些“自由的天使”在众婆子眼里是另类，让她们“无不含怨”。所以，芳官、藕官、蕊官、葵官、豆官、龄官都是“女儿”的“原生态”，都是和晴雯、麝月等人一样纯洁，甚至比晴雯、麝月更纯洁的女儿。

第二节 媳妇与婆子

一、周瑞家的

周瑞家的是王夫人的陪房，在贾府，王夫人是“一人之下，百人之上”，作为王夫人的陪房，周瑞家的也跟着有些体面。周瑞家的经常去贾府当权派贾母、王夫人、王熙凤那里，很多事情她们也都交给周瑞家的去办，所以薛姨妈送宫花给各姑娘也委托周瑞家的。此外，送袭人回家（小说第五十一回，王夫人看重袭人，她嘱咐王熙凤要好好安排袭人回家奔丧的事，并让周瑞家的跟随袭人）、撵走司棋、抄检大观园等重要的事自然也少不了周瑞家的，周瑞家的是贾府里少有的体面奴才。

这样的一个“体面”人物，其品性如何呢？作者在小说第七十一回“嫌隙人有心生嫌隙”中为我们做了专门的介绍：“周瑞家的虽不管事，因他素日仗着是王夫人的陪房，原有些体面，心性乖滑，专管各处献勤讨好，所以各处房里的主人都喜欢他。”作为陪房，周瑞家的本不应管事（第六回，周瑞家的对刘姥姥说她只管跟主子们出门的事），但我们看到她处处插足，所以周瑞家的是一个不折不扣的“嫌隙人”。

周瑞家的在小说中第一次出场就让人们领略到了她的“心性乖滑”：周瑞家的见到刘姥姥时“认了半日”才笑道：“刘姥姥，你好呀……”（第六回）这“半日”里周瑞家的想到了些什么，她脑筋转了多少个弯儿，谁也不知道。

因为王夫人的关系，周瑞家的对薛宝钗非常客气。在送宫花时，她见薛宝钗“满面堆笑”，自己“也忙陪笑”地向薛宝钗问好，但周瑞家的看到香菱的时候就显示出她的“体面”了：

> 周瑞家的便拉了他的手，细细的看了一会，因向金钏笑道：“到好个模样儿，竟有些像咱们东府里蓉大奶奶的品格儿。”金钏儿笑道：“我也

是这么说呢。”周瑞家的又问香菱，“你几岁投身到这里？”又问：“你父母今在何处？今年十几岁了？本处是那里人？”香菱听问，都摇头说：“不记得了。”（第七回）

从小被人拐卖，香菱怎么会知道自己的年龄、父母和家乡呢？周瑞家的每一句无厘头的问话都不偏不倚、不轻不重地触碰到香菱的痛处；周瑞家的那样“细细的”看人，并当面对人评头论足，这都是对人的不尊重，让人很不舒服。不难想象，周瑞家的“体面”经常像这样建立在别人的尊严和伤痛之上。

宫花还没有送完，周瑞家的女儿有事找来，原来周瑞家的女婿冷子兴因卖古董和别人打官司，冷子兴叫他的女人到贾府来讨情分。周瑞家的仗着贾府的势力把打官司这样的大事都不放在心上，因为她知道求王熙凤不过是小菜一碟，而无论什么事只要求王熙凤，没有摆不平的。可以说，封建社会混乱秩序的造成，像周瑞家的这样的人是罪魁祸首之一。

小说第四十五回，周瑞家的儿子又犯事了，有人告到王熙凤那里，王熙凤要撵她儿子，周瑞家的求赖嬷嬷为她说情，可见周瑞家的厚颜无耻。周瑞家的当着赖嬷嬷的面“忙跪下央求”王熙凤，赖嬷嬷说服王熙凤不撵她儿子后，周瑞家的给王熙凤磕头后又给赖嬷嬷磕头。

周瑞家的对她的“上级”动不动就行下跪或磕头的大礼，她又是怎样对自己的“下级”的呢？第七十一回，听说两个婆子冒犯了尤夫人，周瑞家的连忙跑到怡红院，她一边跑一边说：“气坏了奶奶了，可了不得！我们家里，如今惯的太不堪了。偏生我不在跟前，若在跟前，且打给他们几个耳刮子，再等过了这几日算账……”又说：“这还了得！……必要打几个才好……”又说：“我告诉管事的打他个臭死。”王熙凤认为周瑞家的小题大做，但周瑞家的仍然擅自命人立刻捆起那两个婆子交到了马圈。

司棋被撵走时，周瑞家的说：“你还要姑娘留你不成？便留下，你也难见园里的人了……到是人不知鬼不觉的去罢，大家体面些。”周瑞家的催促司棋快快离开大观园：“我劝你走罢，别拉拉扯扯的了……谁是你一个衣包里爬出来的，辞他们作什么？他们看你的笑声还看不了呢。你不过是挨一会是一会罢了，难道就算了不成！”又说：“你如今不是副小姐了，若不听话，我就打得你！”站在一旁的贾宝玉“恨的只瞪着”周瑞家的等婆子，贾宝玉怕她们还要生事，所以等她们走远后才敢指着她们的背影恨道：“奇怪，奇怪！怎么这些人只一嫁了汉子，染了男人的气味，就这样混账起来，比男人更可杀了！”可见作者对周瑞家的的痛恨。

“嫌隙人有心生嫌隙”事件的关键是周瑞家的“有心”，这最终让一手遮天、人见人畏的王熙凤“越想越气越愧，不觉的灰心转悲，滚下泪来”，“赌气回房哭泣”。王熙凤本来身体就有些问题，加上受了那些“嫌隙人”的“闲气”，因此又添了些病，身体“支持不住，便露出马脚来了”。王熙凤是贾府的支点，王熙凤“支持不住”，贾府也就很容易“露出马脚”。可以说，“嫌隙人有心生嫌隙”是周瑞家的这条“小泥鳅”掀起了震动贾府——这条在风雨中飘摇的破船的又一个风浪。

王善保家的是邢夫人的陪房，王夫人和邢夫人不和，周瑞家的自然成为王善保家的的对头，所以抄检大观园搜查王善保家的外孙女司棋时，王善保家的说搜过“也没有什么东西”，周瑞家的还是“伸手掣出一双男子的锦带袜并一双缎鞋来”，可见周瑞家的眼有多贼、心有多狠。

二、王善保家的

“王善保家的是邢夫人的耳目”，邢夫人得到痴丫头“误拾”的绣春囊，她多半会告诉王善保家的。

王善保家的因为大观园里的“那些丫嬛们不大趋奉他，他心里大不自在，要寻他们的故事又寻不着，恰好生出这事来，以为得了把柄”，所以她在王夫人面前挑唆说：“这个容易。不是奴才多话，论理这事该早严紧的。太太也不大往园里去，这些女孩子们一个个到像受了封诰似的，他们就成了千金小姐了。闹下天来，谁敢哼一声儿！不然，就调唆姑娘的丫头们，说欺负了姑娘们了，谁还耽得起！”王夫人说跟姑娘的丫头原比别的娇贵些也是自然的，但王善保家的仍然抓住她们的把柄不放，她说：“别的都还罢了。太太不知道，一个宝玉屋里的晴雯，那丫头仗着他生的模样儿比别人标致些，又生了一张巧嘴，天天打扮的像个西施的样子，在人跟前能说惯道，掐尖要强。一句话不投机，他就立起两个骚眼睛来骂人，妖妖娆娆，大不成个体统。”王夫人由此“猛然触动往事”（第七十四回），她想起在大观园看到“一个水蛇腰、削肩膀、眉眼又有些像你林妹妹”的丫头在骂别的丫头，样子很“轻狂”，王善保家的又叫王夫人“此刻”就把晴雯叫来，这才有了《红楼梦》前80回最大的冤案——晴雯含冤而死。因为晴雯之死，贾宝玉在《芙蓉女儿诔》里把王善保家的比喻为蛇蝎之类的毒虫。因为绣春囊，王善保家的还给王夫人出了一个狠招——抄检大观园：“这些小事只交与奴才，如今要查这个主儿也极容易，等到晚上园门关了的时节，内外不通风，我们竟给他们个猛不防，带着人到各处丫头们房里搜寻。”可以说，没有王善保家的“奸谗”就没有大观园的被“抄检”（“惑奸谗抄检大观园”）。

搜查探春时，“心内没成算”的王善保家的错看了探春，很干脆地挨了探春一个巴掌。

可以看出，王善保家的是一个心眼极小、私心极重、妒忌心极强、没有一点品性可言的婆子。应该说，没有王善保家的就不会有大观园的被“抄检”，没有王善保家的也可能不会有《红楼梦》前80回最大的冤案——晴雯含冤而死，所以笔者认为，王善保家的是小说前80回中最让人痛恨的一个人。

“痴丫头误拾绣春囊”，导致大观园被“抄检”的绣春囊是傻大姐这个“痴丫头”“误拾”的，王善保家的却“有心”借这个绣春囊发泄自己心中的怨恨，所以痴丫头的“误拾”凸显了王善保家的之类的小人的“有心”，可见在生嫌隙方面，王善保家的和周瑞家的是一样的“有心”——“嫌隙人有心生嫌隙”，王善保家的和周瑞家的都是不折不扣的嫌隙人。

三、李嬷嬷

小说第八回，贾宝玉、林黛玉在薛姨妈那里吃饭，贾宝玉说要喝酒，李嬷嬷不让喝，她说：“不中用！当着老太太、太太，那怕你吃一坛呢。想那日我眼错不见一会，不知是那一个没有调教的，只图讨你的好儿，不管别人死活，给了你一口酒吃，葬送的我挨了两日骂。”李嬷嬷是贾宝玉的乳母，贾宝玉早就不吃奶了，但可以看出李嬷嬷仍然担负着监督、“调教”贾宝玉的任务。贾宝玉对李嬷嬷的监督、管教很不耐烦：“他比老太太还受用呢……没有他，只怕我还多活两日。”后来贾宝玉对李嬷嬷拿走他留给晴雯的一碟豆腐皮包子更是非常生气，结果闹出了“枫露茶事件”，茜雪成为这件事的牺牲品，被撵走了。

小说第十九回，李嬷嬷看到贾宝玉留给袭人的酥酪，质问丫头们为什么不给她送去，李嬷嬷说着“拿匙就吃”，这时一个小丫头说：“快别动！那是说了给袭人留着的，回来又惹气了。你老人家自己承认，别带累我们受气。”小丫头的一句话刺激了李嬷嬷的神经：

> 李嬷嬷听了，又气又愧，便说道：“我不信他这样坏了。别说我吃了一碗牛奶，就是再比这个值钱的，也是应该的。难道待袭人比我还重？难道他不想想怎么长大了？我的血变的奶，吃的长这么大，如今我吃他一碗牛奶，他就生气了？我偏吃了，看怎么样！你们看袭人不知怎样，那是我手里调理出来的毛丫头，什么阿物儿！”一面说，一面赌气将酥酪吃尽。又一丫头笑道：“他们不会说话，怨不得你老人家生气。宝玉还时常送东西孝敬你老去，岂有为这个不自在的。”李嬷嬷道：“你们也不必妆狐媚子哄我，打量上次为茶撵茜雪的事我不知道呢。明儿有了不是，我再来领！”说着，赌气去了。

小说第二十回，袭人生病躺在床上，李嬷嬷以为袭人故意怠慢她，所以她生气地大骂袭人：“忘了本的小娼妇！我抬举起你来，这会子我来了，你大模大样的躺在炕上，见我来也不理一理。一心只想妆狐媚子哄宝玉，哄的宝玉不理我……”又说：“谁不是袭人拿下马来的！我都知道那些事。”李嬷嬷一面说，“一面也哭起来”。

小说第五十七回，“慧紫鹃情辞试莽玉”，弄得宝玉“已死了大半个了”，袭人吓得不知所措，想到李嬷嬷“年老多知”，于是请她来看宝玉。

所以，李嬷嬷是一个既无知又多知的婆子。多知，是因为李嬷嬷年龄比较大，相对来说，生活经验和阅历比较丰富，但她无知地拿走了宝玉留给晴雯的豆腐皮包子，她看到好吃的酥酪，就无知地以为酥酪也非她莫属。

应该注意到，小说第二十回李嬷嬷骂袭人时自己也哭了，从李嬷嬷的哭泣中我们也能感受到她的委屈，因为她觉得袭人怠慢了她。正因为如此，那个小丫头拿袭人来劝说李嬷嬷会刺痛到李嬷嬷的神经。纵观《红楼梦》前80回，李嬷嬷不大可能是周瑞家的和王善保家的那样心狠手辣的人，但她确实令人讨厌，是一个令人讨厌的“老货”（第八回、第十九回）。

四、媳妇与婆子

小说第七十一回，“邢夫人自为要鸳鸯之后讨了没意思，后来见贾母越发冷淡了他，凤姐的体面反胜自己，且前日南安太妃来了，要见他姊妹，贾母又只令探春出来，迎春竟似有如无，自己心内早已怨忿不乐，只是使不出来。又值这一干小人在侧，他们心内嫉妒挟怨之事不敢施展，便背地里造言生事，调拨主人”。邢夫人周围有一干以王善保家的为首的“造言生事”“调拨主人”的中老年妇女，王夫人周围也有一干以周瑞家的为首的“造言生事”“调拨主人”的中老年妇女，贾母重用的李嬷嬷也是一个令人讨厌的“老货”。此外，贾府里还有很多管家、乳母、执事等中老年妇女，她们大都表现出了“小人”的一面。当然，也不应该一概而论，比如贾琏的乳母赵嬷嬷就不像贾宝玉的乳母李嬷嬷那样在贾宝玉、袭人面前摆架子，应该说赵嬷嬷平时很少麻烦贾琏和王熙凤，在听闻元春省亲时才来为她的两个儿子谋取差事，因为她知道皇妃省亲有很多事情要办，也需要人手。

小说第五十九回，春燕引贾宝玉的话说：“女孩儿未出嫁，是颗无价之宝珠。出了嫁，不知怎么就变出许多的不好的毛病来，虽是颗珠子，却没有光彩宝色，是颗死珠了。再老了，更变的不是珠子，竟是鱼眼睛了。分明一个人，怎么变出三样来？”按照贾宝玉的逻辑，贾府里很多中青年妇女是“死珠”，很多中老年妇女是“鱼眼睛”。

（一）媳妇与婆子的特征

1. 嫉妒挟怨、勾心斗角

贾府里的那些媳妇、婆子虽然都是从女儿过来的，但是她们非常妒忌女儿。

王善保家的因为大观园里的一些女儿“不大趋奉他”，心里就“大不自在”，所以她在王夫人面前说：“这些女孩子们一个个到像受了封诰似的……成了千金小姐了……”婆子们听说要撵晴雯，都笑道：“阿弥陀佛！今日天睁了眼，把这一个祸害妖精退送了，大家清净些。”

因为司棋和王善保家的是亲戚关系，所以周瑞家的非常厌恶司棋：“不如直把司棋带过去，一并连赃证与那边太太瞧了，不过打一顿配了人，再指个丫头来，岂不省事！”

芳官被撵走时，王夫人“吩咐上年凡有姑娘们分的唱戏的女孩子们，一概不许留在园里，都令其各人干娘带出，自行聘嫁。一语传出，这些干娘皆感恩趁愿不尽，都约齐与王夫人磕头领去”。

媳妇、婆子们为什么那么妒忌女儿呢？有的是出于私愤，比如周瑞家的对司棋，而更多的则是出于妒忌：因为她们看到那些“大些的丫鬟都比他们有些体统权势，凡见了这一干人，心中又畏又让，未免又气又恨，亦且迁怒于众”。

媳妇、婆子们不但妒忌女儿，她们之间也相互妒忌，相互勾心斗角。小说第六十一回，因为茯苓霜和玫瑰露，柳五儿错被软禁，事情还没有弄明白，就有很多婆子、媳妇说五儿“不该做这没行止之事”；还有人担心柳五儿寻死或逃走会影响自己，所以她们说“正经更还坐不上来，又弄个贼来给我们看，倘或眼不见寻了死，逃走了，都是我们不是”；更有“素日一干与柳家不睦的人，见了这般，十分趁愿，都来奚落嘲戏他”；她们巴不得五儿母女立刻就被撵出去，“惟恐次日有变”，于是她们“先起了个清早，都悄悄的来买转平儿，一面送些东西，一面又奉承他办事简断，一面又讲述他母亲素日许多不好”；林之孝家的则擅自将厨房管家柳家的“押解”，并派秦显的女人暂时管理厨房。小说第六十二回，秦显家的好不容易钻了柳家的一个空子，她一到厨房就接收“家伙米粮煤炭等物”，并查出许多亏空，以此栽赃柳家的。

小说第七十一回，两个婆子得罪了尤夫人，周瑞家的“素日因与这几个人不睦”，所以她告诉凤姐：“这两个婆子就是管家奶奶，时常我们和他说话，都似狠虫一般。”王熙凤说记上那两个婆子的名字，过几天再说，但周瑞家的擅自决定捆起了那两个婆子。

还有费婆子，“费婆子原是邢夫人的陪房，起先也曾兴过时，只因贾母近来不大作兴邢夫人，所以连这边的人也减了成势。凡贾政这边有些体面的人，那边各各皆虎视耽耽。这费婆子常倚老卖老，仗着邢夫人，常吃些酒，嘴里胡骂乱怨的出气”。

贾母查赌查出大头家三人，其中有柳家的妹妹，于是大观园里那些与柳家的关系不好的人趁机来告柳家的，说柳家的和她妹妹是同伙。

抄检大观园是王善保家的给王夫人出的一个狠招，不想将自己的外孙女司棋逮个正着，王善保家的又气又臊，这时周瑞家的送上来的挖苦让王善保家的“只恨没地缝儿钻进去”。

2. 造言生事、调拨主人

小说第六十回，芳官和赵姨娘打架就是夏婆子挑唆的结果。夏婆子对赵姨娘说：“我的奶奶，你今日才知道，这算什么事……你老想一想，这屋里除了太太，谁还大似你？你老自己掌不起来，但凡掌起来的，谁还不怕你老人家？如今我想，乘着这几个小粉头儿恰不是正头货，得罪了他们也有限的，快把这两件事抓着理扎个筏子，我在傍作证据，你老把威风抖一抖。”

小说第七十一回“嫌隙人有心生嫌隙”，作者耐心地叙述了两个分果子的婆子、周瑞家的、费婆子如何造言生事、调拨主人。

抄检大观园更是王善保家的直接挑唆的结果：因为绣春囊，王夫人准备派人“暗地访拿”，王善保家的因大观园里的那些丫鬟们“不大趋奉他”，“心里大不自在”，她要抓住这个把柄来发泄心中的怨恨，所以她在王夫人面前说了大观园里的那些女孩子，特别是晴雯的坏话。可以说，正是王善保家的要了晴雯的小命，也是王善保家的将王夫人的“暗地访拿”变成了直接的“抄检”。

贾府外的婆子也到贾府寻衅滋事。小说第二十五回，贾宝玉寄名的干娘马道婆看到赵姨娘的不满情绪不仅不去安慰，反而火上浇油，所以才有了“魇魔法姊弟逢五鬼”，这差点同时要了贾宝玉和王熙凤两个人的命。

3. 媚上欺下、欺软怕硬

王熙凤“喜奉承尚排场”，所以她到哪里通常都会被一群媳妇、婆子簇拥着，她们争着拍王熙凤的马屁。小说第五十一回，袭人回家奔丧，王夫人看重袭人并给袭人“准宝二姨娘”的待遇，王熙凤见袭人上衣稍显寒酸，就说要给袭人一件大毛的褂子，对此，王熙凤身边的人就争着拍起了王熙凤的马屁：“成年家大手大脚的，替太太不知背地里赔垫了多少东西……”又道：“谁似奶奶这样圣明！在上体贴太太，在下又疼顾下人……”又道：“这都是奶奶素日孝敬太太，疼爱下人。”刘姥姥第一次进贾府时，周瑞家的曾特地对刘姥姥说王熙凤“待下人未免太严些个”，但王熙凤将尤二姐骗进大观园时，周瑞家的在旁边吹嘘王熙凤的“善政”和“心痴”。

因为平儿是王熙凤的得力助手，对于那些婆子来说，平儿是她们的半个主子，所以她们也讨好平儿。小说第五十五回：

> （一个媳妇）一面说，一面用手帕掸石矶上说：“姑娘站了半天乏了，这太阳影里且歇歇。”平儿便坐下。又有茶房里的两个婆子拿了个坐褥铺下，说：“石头冷，这是极干净的，姑娘将就坐一坐儿罢。”平儿忙陪笑道：“多谢。”一个又捧了一碗精致新茶出来，也悄悄笑说：“这不是我们的常用茶，原是伺候姑娘们的，姑娘且润一润罢。”

赵姨娘的兄弟赵国基死了，吴新登的媳妇来回探春，说完就“垂手傍侍，再不言语”。其实，“吴新登的媳妇心中已有主意，若是凤姐前，他便早已献勤说出许多主意，又查出许多旧例来任凤姐儿拣择施行。如今他藐视李纨老实，探春是青年的姑娘，所以只说出这一句话来，试他二人有何主见”。

小说第五十八回，芳官的干娘克扣芳官的月钱，用她女儿洗过头的水给芳官洗头，芳官说她干娘偏心，她干娘恼羞成怒，骂芳官是个不识抬举的东西，并且还在芳官身上“拍了几把”。本来是芳官被她干娘欺负，但在芳官被撵走时，王夫人说：“连你干娘都欺倒了！”这不知是哪个婆子怎样把这件事告诉王夫人的。

小说第六十三回，林之孝家的教训贾宝玉说：“便是老太太、太太屋里的猫儿狗儿，轻易也伤他不的。”

小说第七十一回，听说两个婆子冲撞了尤夫人，周瑞家的就跑向怡红院，一面“飞走”，一面说：“气坏了奶奶了，可了不得！我们家里，如今惯的太不堪了。”再联想撵走司棋时周瑞家的凶狠的样子，可以看出周瑞家的媚上欺下比谁都厉害。

小说第七十三回，迎春的乳母欺负迎春懦弱、老实，所以偷拿迎春的累丝金凤；迎春的乳母带头赌博被查，其儿媳妇王住儿家的无耻地来求迎春为她婆婆求情，这同样是在藐视迎春。绣橘向王住儿家的讨要累丝金凤时，王住儿家的恬不知耻地和绣橘争吵，这更是不把迎春放在眼里，但平儿来了，王住儿家的立马就“慌了手脚”。

4. 自私贪婪、愚昧无知

小说第五十九回，小丫头春燕的话充分展现了她妈妈和她姨妈这两个婆子的自私与贪婪：

> 春燕笑道：“……只说我妈和姨妈他老姊妹两个，如今越老了越把钱看的真了。先时老姐儿两个在家抱怨没个差使，没个进益，幸亏有了这园子，把我挑进来，可巧把我分到怡红院。家里省了我一个人的费用不算外，每月还有四五百钱的余剩，这也还说不彀。后来老姊妹二人都派到梨香院去照看他们，藕官认了我姨妈，芳官认了我妈，这几年着实宽裕了。如今挪进来也算撒开手了，还只无厌。你说好笑不好笑？我姨妈刚和藕官吵了，接着我妈为洗头就和芳官吵。芳官连要洗头也不给他洗。昨日得月钱，推不去了，买了东西先叫我洗。我想了一想：‘我自有钱，就没钱要洗时，不管袭人、晴雯、麝月，那一个跟前和他们说一声，也都容易，何必借这个光儿？好没意思。’所以我不洗。他又叫我妹妹小鸠儿洗了，才叫芳官，果然就吵起来。接着又要给宝玉吹汤，你说可笑死了人？我见他一进来，我就告诉那些规矩。他只不信，只要强做知道的，足的讨个没趣儿。幸亏园里的人多，没人分记的清楚谁是谁的亲故。若有人记得，只有我们一家人吵，什么意思呢？你这会子又跑来弄这个。这一带地上的东西都是我姑娘管着，一得了这地方，比得了永远基业还利害，每日早起晚睡，自己辛苦了还不算，每日逼着我们来照看，生恐有人糟踏，又怕误了我的差使。

如今进来了，老姑嫂两个照看得谨谨慎慎，一根草也不许人动。你还掐这些花儿，又折他的嫩树，他们即刻就来，仔细他们抱怨！”

春燕的话刚说完，婆子就来了，看到小丫头们采了许多嫩柳，摘了许多鲜花，真是“心疼肝断”，但又无计可施，只有“以老卖老，拿起拄杖来向春燕身上击上几下”。作者对这个婆子也毫不客气：“那婆子本是愚顽之辈，兼之年近昏耄，惟利是命，一概情面不管。”

小说第六十三回，“寿怡红群芳开夜宴”，袭人拿了一些酒与瓜果蔬菜给地下的老嬷嬷们吃，老嬷嬷们“一面明吃，一面暗偷”。

马道婆骗了贾母又骗赵姨娘，赵姨娘没钱，马道婆还让赵姨娘打欠条，可见马道婆的心狠与贪婪。

李嬷嬷无知地拿走了宝玉留给晴雯的豆腐皮包子，也无知地吃掉了宝玉留给袭人的酥酪；袭人让芳官给宝玉吹汤，芳官的干娘看到了，也要争着给宝玉吹汤；“王善保家的本是个心内没成算的人”，所以抄检大观园时很干脆地挨了探春的一个巴掌。

甄家的婆子和贾家的婆子一样无知。小说第三十五回，两个甄家婆子看到宝玉自己的手烫了还问别人有没有烫着，她们笑话宝玉“中看不中吃的，果然有些呆气”，真是“天下老鸹一般黑”。

贾府里的那些婆子虽然没有多大能耐，但是她们能够在贾府兴风作浪，连王熙凤、平儿、鸳鸯也畏惧她们三分。小说第五十五回，平儿直接向那些婆子们说：“你们素日那眼里没人，心术利害，我这几年难道还不知道？二奶奶若是略差一点儿的，早被你们这些奶奶治倒了。饶这么着，得一点空儿，还要难他一难，好几次没落了你们的口声。众人都道他利害，你们都怕他。惟我知道，他心里也就不算不怕你们呢！”贾母对婆子们惹是生非也有一些了解：“大约这些奶子们，一个个仗着奶过哥儿姐儿，原比别人有些体面，他们就生事，比别人更可恶，专管调唆主子护短偏向。”鸳鸯也深知那些婆子们惹是生非：“新出来的这些底下奴字号的奶奶们，一个个心满意足，都不知要怎么样才好，少有不得意，不是背地里咬舌根，就是挑三窝四的。”王熙凤知道那些婆子们难缠，所以深感当家不容易："咱们家所有的这些管家、奶奶们，那一位是好缠的？错一点儿，他们就笑话打趣；偏一点儿，他们就指桑说槐的抱怨。'坐山观虎斗'，'借剑杀人'，'引风吹火'，'站干岸儿'，'推倒油瓶不扶'，都是全挂子的武艺。"

愚昧、无知、妒忌、贪婪、钻营和媚上欺下的背后是自私，这也是奴性的典型表现。显然，那些令人讨厌、令人痛恨的媳妇、婆子都是奴性小人，奴性才是她们的最重要特征。

（二）贾宝玉对媳妇与婆子的态度

小说第五十四回，贾母让两个媳妇送一些上等的果品菜馔给鸳鸯和袭人，宝玉看到那两个媳妇"忙蹲下身子"，便对麝月说："这两个女人到和气，会说话，他们天天乏了，到说你们连日辛苦，到不是那矜功自伐的。"这两个媳妇这么一点的好，宝玉都看在眼里，这更加显示了宝玉对其他很多媳妇、婆子的厌恶。

小说第十九回，贾宝玉说外面的枕头"也不知是那个脏婆子的"，贾宝玉眼里的很多婆子都是让人讨厌的"脏婆子"。

小说第五十八回，芳官的干娘欺负芳官，贾宝玉说："这些老婆子都是些铁心石头肠子，也是件大奇的事。不能照看，反到折挫，天长地久，如何是好！"第七十七回，司棋被撵走时，"宝玉又恐他们去告舌，恨的只瞪着他们，看已去远，方指着恨道：'奇怪，奇怪！怎么这些人只一嫁了汉子，染了男人的气味，就这样混账起来，比男人更可杀了！'"

贾宝玉如此讨厌某些媳妇、婆子，以至于有一次贾母在贾宝玉面前提到了"李奶子"就让贾宝玉很不耐烦："他比老太太还受用呢，问他作什么！没有他只怕我还多活两日。"后来贾宝玉听说自己的枫露茶让李嬷嬷喝了，他立即摔掉手中的杯子，并跳起来问茜雪："他是你那一门子的奶奶，你们这么孝敬他？不过是仗着我小时候吃过他几日奶罢了。如今逞的他比祖宗还大了。如今我又吃不着奶了，白白的养着祖宗作什么！撵了出去，大家干净。"

正如探春说王善保家的那样："我不过看着太太的面上，你又有年纪，叫你一声妈妈，你就狗仗人势，天天作耗，专管生事！"贾府有很多这样的"王善保家的”。

如果说作者赞扬女儿是歌颂人性美好的话，那么作者不遗余力地描写那些媳妇、婆子的丑恶，则是向读者展示人性的另一面——奴性。

第三节　王熙凤、贾母和王夫人

一、王熙凤

王熙凤是荣国府的实际管理者，在荣国府，王熙凤才是真正的焦点，正如她的丫头善姐在尤二姐面前所说：“我们奶奶天天承应了老太太，又要承应这边太太那边太太。这些妯娌姊妹，上下几百男女，天天起来，都等他的话。一日少说，大事也有一二十件，小事还有三五十件。外头的从娘娘算起，以及王公侯伯家多少人情客礼？家里又有这些亲友的调度。银子上千钱上万，一日都从他一个手一个心一个口里调度。”王熙凤协理宁国府，宁国府上下也都领略了她的才干和魄力。

王熙凤貌比天仙，才比天高，但德比纸薄。

（一）王熙凤的特征

1. 聪明机智、幽默风趣

王熙凤聪明机智，在没有办理丧事经验的情况下，很快就从混乱中理出头绪，出色地协理了宁国府。

贾母喜欢宝钗的“稳重和平”，提出要给她过生日，贾母自己出二十两银子，她又把王熙凤喊来，王熙凤凑趣笑道：“一个老祖宗给孩子们作生日，不拘怎样，谁还敢争，又办什么酒戏？既高兴要热闹，就说不得自己花上几两。巴巴的找出这霉烂的二十两银子来作东道，这意思还叫我赔上。”

小说第二十五回，王熙凤要送林黛玉茶叶，林黛玉说打发丫头去取，王熙凤说：“不用取去，我打发人送来就是了。我明儿还有一件事求你，一同打发人送来。”林黛玉借此和王熙凤开起了玩笑：“你们听听，这是吃了他们家一点子茶叶，就来使唤人了。”王熙凤则回道：“你既吃了我们家的茶，怎么还不给我们家作媳妇？”王熙凤说得林黛玉非常不好意思，也弄得很多人都笑了起来。

探春、李纨等人成立了诗社，并邀请王熙凤做“监社御史”，王熙凤说：“你们别哄我，我猜着了：那里是请我作监社御史，分明是叫我作个进钱的铜商！”对王熙凤这个“水晶心肝玻璃人”，李纨只有感叹的份儿。

贾赦看上了鸳鸯，邢夫人找王熙凤帮她出主意，王熙凤觉得事情没戏就试图劝阻邢夫人，邢夫人对此很不高兴，王熙凤看到她劝阻不了就马上改变态度，这样邢夫人又高兴了起来。王熙凤想到邢夫人多疑，又想到贾母应该不会放手鸳鸯，于是她嘴上答应和邢夫人一起去见贾母，但半路上找借口开溜，以避免邢夫人的怪罪和自己在贾母面前的尴尬。不仅如此，王熙凤后来还用“烧糊了的卷子”将贾母逗得心花怒放。

小说第五十回“芦雪庵争联即景诗”，王熙凤虽然不识几个字，但她的“一夜北风紧”为林黛玉、薛宝钗等人的联诗开了个好头。

王熙凤的口才也令人佩服，正如第五十四回那两个女说书先生所说：“奶奶好刚口。奶奶要一说书，真连我们吃饭的地方也没了。”

2. 溜须拍马、专权弄权

王熙凤的聪明机智、幽默风趣主要是用于奉承贾母和王夫人。

林黛玉是贾母的心头肉，所以林黛玉进贾府时王熙凤在贾母面前夸林黛玉：“天下真有这样标致人物，我今儿才算见了！况且这通身的气派，竟不像老祖宗的外孙女儿，竟是个嫡亲的孙女。怨不得老祖宗天天口头心头一时不忘。”王熙凤夸林黛玉时突然想到林黛玉的母亲刚刚去世，于是她马上滴出眼泪来，贾母提醒王熙凤不要提那些悲伤的事，王熙凤又“忙转悲为喜”。

小说第三十八回，贾母说她小时候曾失足掉进水里，头被木钉碰破了，所以鬓角上有一个窝儿，王熙凤不等别人说话，就笑道：“那时要活不得，如今这大福可叫谁享呢！可知老祖宗从小儿的福寿就不小，神差鬼使碰出那个窝儿来，好盛福寿的。寿星老儿头上原是一个窝儿，因为万福万寿盛满了，所以狠凸高出些来了。”

贾母曾讲过一个笑话，说一家子有十个儿媳妇，小儿媳妇因为吃了猴儿尿变得嘴乖、伶俐而讨公婆喜爱。作者此举分明是直接告诉人们王熙凤因为嘴乖、伶俐而讨贾母喜爱。

王熙凤不但奉承贾母和王夫人，还经常揣摩贾母和王夫人的心思，察言观色，挖空心思来讨好她们。比如：

小说第五十五回，王熙凤对平儿说：“虽有个宝玉，他又不是这里头的货，纵收伏了他也不中用。”可见贾宝玉入不了王熙凤的“法眼”，但她看到贾宝玉是贾母和王夫人的心头肉，所以对贾宝玉特别亲热。第七回，王熙凤和贾宝玉同坐一辆车去宁国府，在宁国府，王熙凤多次打发人来问宝玉“要吃什么，外面有，只管要去”，后来他们回去时，王熙凤又和贾宝玉“携手同行”，同坐一辆车回去。贾宝玉挨打后不少人天天去看望，有一天林黛玉看到李纨、迎春、探春、惜春等人来看望宝玉，她心想：“如何他（王熙凤）不来瞧宝玉？便是有事缠住了，他必定也是要来打个花胡哨，讨老太太和太太的好儿才是。”正当林黛玉盘算的时候，“只见花花簇簇一群人又向怡红院内来了”。

刘姥姥一进荣国府时，王熙凤对她非常傲慢；刘姥姥二进荣国府时，王熙凤看到刘姥姥和贾母有说有笑，知道刘姥姥“合了贾母的心”，所以对刘姥姥亲热了起来，并挽留她多住几天。后来为了哄贾母开心，王熙凤和鸳鸯合伙捉弄刘姥姥。

小说第五十一回，袭人母亲去世，王夫人给袭人以姨娘的待遇，王熙凤看到王夫人看重袭人，所以她在周瑞家的等很多人面前送给袭人许多东西，以迎合王夫人并显示自己的贤良。

鸳鸯是贾母的好帮手，贾母一刻也离不开鸳鸯，所以王熙凤在众人面前亲切地称鸳鸯为“鸳鸯姐姐”（第四十回）。

小说第二十二回，王熙凤听说贾母要给薛宝钗过生日，她和贾琏商量怎么办。王熙凤将混乱如麻的宁国府协理得井井有条，但她在这个小事上没了主意，原来王熙凤在猜测贾母是选林黛玉还是选薛宝钗作为将来的“宝二奶奶”。

小说第三十八回，王熙凤借贾母鬓角上的“窝儿”开玩笑，王夫人说贾母把王熙凤惯得越来越无礼了，但贾母说："我喜欢他这样，况且他又不是那不知高低的孩子。"第五十二回，王熙凤提议在大观园为贾宝玉、林黛玉等人单独开一个厨房，为此贾母当着很多人的面夸赞王熙凤："今儿我才说这话，素日我不说，一则怕逞了凤丫头的脸，二则众人不伏。今日你们都在这里，都是经过妯娌姑嫂的，还有他这样想的到的没有？"第六十九回，王熙凤将尤二姐带到贾母面前，编了很多谎话，并说尤二姐和贾琏应该一年以后才能圆房，贾母说："这有什么不是。既你这样贤良，狠好。只是一年后方可圆得房。"第七十一回，邢夫人当着众人不给王熙凤脸面，王熙凤气得眼睛哭肿了，贾母知道后说"这才是凤丫头知礼处"，可以看出，王熙凤完全骗得了贾母对她的信任，贾母对其言听计从。

王熙凤狂妄自大、目中无人，这样的人一旦有权就很容易走向专权。

小说第十六回，为迎接元春省亲，贾府要派人到苏州采买女孩子，置办乐器行头，贾珍将这个任务交给贾蔷，贾琏提出疑问，但因为贾蓉的一个暗示（"悄拉凤姐的衣襟"），王熙凤就说："你也太操心了，难道大爷比咱们还不会用人？偏你又怕他不在行了。谁都是在行的？……依我说，就狠好。"王熙凤不顾贾琏的反对，硬是把采办的任务交给贾蔷，这里的王熙凤就有些专断。

小说第七十二回，来旺的儿子要娶彩霞姑娘，贾琏听说来旺的儿子吃酒赌钱，无所不为，就对王熙凤说："我原要说的，打听得他小儿子大不成人，故还不曾说。若果然不成人，且管教他两日，再给他老婆不迟。"王熙凤则回答道："你听见谁说他不成人？"王熙凤的专断直接将一个好女儿推向了火坑。

如果说王熙凤的专断毁了彩霞姑娘一生幸福的话，那么她背着贾母和王夫人弄死尤二姐则是专权跋扈了。

王熙凤不但专权，而且弄权。小说第十五回"王凤姐弄权铁槛寺"，其结果是守备公子和张家小姐双双殉情自尽，但王熙凤背着贾母和王夫人坐享三千两白银。第六十八回，贾蓉和贾珍帮贾琏偷娶尤二姐，王熙凤为了出这口恶气，她买通官府，叫张华状告贾琏，告他"国孝家孝之中，背旨瞒亲，仗财依势，强逼退亲，停妻再娶"，旺儿告诉王熙凤说张华不敢，王熙凤骂道："癞狗扶不上墙的种子。你细细的说给他，便告我们家谋反也没事的。不过是借他一闹，大家没脸。若告大了，我这里自然能勾平息的。”可见，王熙凤把官府也玩弄于股掌之中。

与第十五回的“弄权铁槛寺”相比，第六十八回王熙凤戏弄官府时胆量明显又大了很多。王熙凤为什么胆敢专权弄权，这显然与她的“成功”经历有关。协理宁国府的时候，王熙凤看到很多妯娌“或有羞口的，或有羞脚的，或有不惯见人的，或有惧贵怯官的”，觉得她们都不如自己，所以王熙凤“不把众人放在眼里”，特别是在成功“弄权铁槛寺”之后，王熙凤“胆识愈壮”，所以后来她才敢借官府替自己出气。

在《红楼梦》前80回，我们多次看到王熙凤的傲慢与狂妄。第六回，刘姥姥早已站到王熙凤面前，但王熙凤“也不接茶，也不抬头，只管拨手炉内的灰，慢慢的问道：‘怎么还不请进来？’”第二十四回，贾芸毕恭毕敬地给王熙凤请安，王熙凤“连正眼也不看，仍往前走着”。第四十四回，王熙凤过生日，尤夫人敬她酒，王熙凤说：“你要安心孝敬我，跪下我就喝。”第十五回，“弄权铁槛寺”时，王熙凤说：“这三千银子……我一个钱也不要他的，便是三万两，我此刻也拿的出来……”又说：“你是素日知道我的，从来不信什么是阴司、地狱、报应的，凭是什么事，我说要行就行。”王熙凤不但不把众人放在眼里，还把人人敬畏的阴司、地狱也不放在眼里，可见王熙凤狂妄到了极点。

有人说王熙凤和贾雨村都是“奸雄”，笔者不同意这个观点。贾雨村判断“葫芦案”时小心翼翼，判案后担心出什么问题，所以写信给贾政和王子腾，说判案的主意是葫芦庙的新门子出的。贾雨村为了讨好贾赦而勒索石呆子，可见，贾雨村虽然身居高位，但他的所作所为都是小人勾当。所以贾雨村是个胆小怕事的小人，根本配不上“奸雄”的称号，而王熙凤胆大妄为，专权弄权，是个不折不扣的“奸雄”。

3. 狡猾奸诈、心狠手辣

得知贾琏偷娶尤二姐，王熙凤首先将尤二姐“迎”进贾府，这样王熙凤就把尤二姐紧紧攥在手里，接下来她买通官府，状告贾琏“国孝家孝之中，背旨瞒亲，仗财依势，强逼退亲，停妻再娶”，并在此事上大做文章，大闹宁国府，这把尤夫人“揉搓成一个面团”，又把贾蓉骂了个狗血淋头，并不忘顺便敲诈贾蓉一笔；王熙凤将尤夫人“搓成面团”后和尤夫人一起带尤二姐去面见贾母。此事计划周密，步步为营，可见王熙凤的厉害。

抓住尤二姐后，王熙凤恨不得一下子置尤二姐于死地，但她表面上对尤二姐“满嘴里姐姐不离口”，这样，尤二姐乖乖地落入王熙凤为她设置的圈套，最后逼得尤二姐吞金自尽。王熙凤一方面串通官府，另一方面又叫张华到官府去状告贾琏，当王熙凤听到张华状告贾琏时，“凤姐儿一面吓的来回贾母”。尤二姐死后，王熙凤假意哭道：“狠心的妹妹！你怎么丢下我去了，辜负了我的心！”

贾赦将秋桐赏给贾琏，于是贾琏疏远了尤二姐，“只有秋桐一人是命”，王熙凤虽恨秋桐，但想到可以利用秋桐来“发脱”尤二姐，这样她就可以“借剑杀人”，“坐山观虎斗”。“等秋桐杀了尤二姐，自己再杀秋桐”，所以王熙凤“没人处常又私劝秋桐说：‘你年轻不知事，他现是二房奶奶，你爷心坎儿上的人，我还让他三分，你去硬碰他，岂不是自寻其死？’”以此来激起秋桐对尤二姐的怨恨。①

仅仅被王熙凤磨折一个月，尤二姐便“四肢懒动，茶饭不进”，小厮们请来太医胡君荣给尤二姐看病。胡太医看了尤二姐的息脉就说尤二姐经水不调，全要大补，胡太医的话明显有悖常理。尤二姐分明是怀孕了，贾琏也对胡太医说尤二姐应该是怀孕了，但胡太医仍然无视尤二姐的怀孕。胡太医让尤二姐露出脸面，“胡君荣一见，魂魄如飞上九天，通身麻木，一无所知。一时掩了帐子”，无论病人生什么病，哪有医生被病人的脸色如此吓到的？这显然是王熙凤做的手脚，她的目的就是要打掉尤二姐肚子里的孩子，并置尤二姐于死地，后来王熙凤也如愿打掉了尤二姐肚子里已经成形的男胎。尤二姐肚子里成形的胎儿被打下来后，贾琏又气又急，“凤姐比贾琏更急十倍”，她在天地前烧香礼拜，通陈祷告，说：“我或有病，只求尤氏妹子身体大愈，再得怀胎生一男子，

---

①“借剑杀人”“坐山观虎斗”，笔者认为，这稍显夸张的用词似是作者暗示清宫内权力争斗的残酷性和复杂性，尤其暗指雍正帝通过一系列的内部残酷斗争夺取皇位，以及夺取皇位后立即残酷地迫害与自己争夺皇位的诸兄弟和异己的政治势力。

我愿吃长斋念佛！”肚子里的胎儿被打下来后，尤二姐元气大伤，一时很难形成气候，这时王熙凤借口说这一切都是因为一个属兔的人的“冲犯”，以此来打发秋桐，从此秋桐销声匿迹。这样，王熙凤的两个眼中钉非死即伤，再也威胁不到王熙凤了。

小说中体现王熙凤狡猾奸诈、心狠手辣的例子还有很多：

小说第七回，总管赖二派焦大送秦钟回家，焦大抱怨赖二欺软怕硬，王熙凤看到这个情景就不客气地说，应该将焦大远远地打发到庄子上去，贾蓉则不耐烦地叫人把焦大捆起来，这直接激怒了焦大，所以焦大说了一些贾蓉不肖、不懂得感恩的气话。这时王熙凤对贾蓉说：“以后还不早打发了这个没王法的东西！留在这里岂不是祸害？倘或亲友知道了，岂不笑话咱们这样的人家，连个王法规矩都没有？”设想，如果王熙凤能够及时劝阻贾蓉，焦大就应该不会有后面的“混吣”（犹胡说）。正如我们所看到的，贾蓉和王熙凤都是在自取其辱，尤其是贾蓉，因为焦大所说的养小叔子是指王熙凤和贾蓉有不正当关系，焦大所说的爬灰是指贾蓉的媳妇秦可卿和贾蓉的父亲贾珍有不正当关系，也许正是因为焦大“爬灰的爬灰”这句话让秦可卿和贾珍之间的奸情暴露，从而让贾珍失去了“打着灯笼也没地方找去”的好儿媳，也致使贾珍这个长房“绝灭无人”了。

小说第十一、十二回，王熙凤几次捉弄贾瑞致其死亡，在贾瑞病重临死的时候，王夫人叫王熙凤送二两人参给贾瑞，王熙凤假托说没有了，王夫人叫她到邢夫人或贾珍那里看看有没有，并说那是救命的药，王熙凤“只得将些渣末泡须凑了几钱”，命人送去，并说那是王夫人送来的，再也没有了，但她回王夫人时说：“都寻了来，共凑了有二两送去。”

小说第二十九回，贾母、王熙凤等人到清虚观打醮时，一个十二三岁的剪灯花的小道士没有及时躲开，不想一头撞在王熙凤的怀里，“凤姐便一扬手，照脸一下，把那小孩子打了一个筋斗”。第四十四回“变生不测凤姐泼醋”，王熙凤“扬手一掌”打在一个小丫头的脸上，那小丫头一栽，另外一边脸上又被打了一下，登时小丫头的两腮都紫胀起来，后来王熙凤又一扬手，另一个丫头被打了一个趔趄，王熙凤的几次“扬手”之重，足见其心狠手辣；听到鲍二家的和贾琏同时称赞平儿，王熙凤回身就来打平儿；鲍二家的吓得回去就上吊自杀了，她家人要告王熙凤，王熙凤听说喝道："死了罢了，有什么大惊小怪的！"又说："只管让他告去。告不成到问他个'以尸讹诈'！"

小说第六十一回，因为王夫人的房里丢失了一瓶玫瑰露，王熙凤出主意说，将"太太屋里的丫头都拿来，虽不便擅加拷打，只叫他们垫着磁瓦子跪在太阳地下，茶饭也别给吃。一日不说跪一日，便是铁打的，一日也管招了"。第七十二回，贾琏向鸳鸯借当，王熙凤要从中分一二百两银子，贾琏说"你们太也狠了"，也许王熙凤意识到自己确实有些过分，就转移话题说："我因为我想着后日是尤二姐的周年，我们好了一场，虽不能别的，到底给他上个坟烧张纸。"可见王熙凤不但狠心，而且无情。

纵观《红楼梦》前 80 回，贾瑞被王熙凤捉弄致死，王熙凤"弄权铁槛寺"致使守备公子和张家小姐双双自尽，鲍二家的被王熙凤吓得上吊自尽，尤二姐及她肚子里的胎儿又死于王熙凤之手，王熙凤利用张华大闹一场后又要杀人灭口……

可以看出，王熙凤没有一点怜悯之心，其心狠毒无比，用一个"辣"字来形容是远远不够的。

4. 贪恋钱财、作风轻浮

王熙凤贪恋钱财是显而易见的。

小说第二十四回，贾芸到荣国府谋取差事，王熙凤将一个贾琏已经答应给贾芸的差事硬是要回去给了贾芹，贾芸看到必须直接在王熙凤身上下功夫才行，后来他带着下了血本的"礼品"去见王熙凤时，王熙凤"满脸是笑"，第二天，王熙凤就将大观园种树的差事交给了贾芸。

王熙凤发现金钏死后不时有人来"孝敬"自己，平儿告诉王熙凤说一定是她们瞄准了金钏的空缺，王熙凤叫平儿装作不知道，等她们把东西送足了再和王夫人提金钏空缺的问题。

小说第三十九回，平儿向袭人透露了一些王熙凤赚钱的秘密："这几年拿着这一项银子，他的月例、公费放出去，利钱一年不到，上千的银子呢！"

贾琏向鸳鸯借当，王熙凤要从中抽取好处，可见王熙凤的无情、心狠、性贪。

王熙凤对贾琏没有多少情感，但她和贾蓉、贾蔷之间有说不清的关系。小说第六回，贾蓉在刘姥姥面前和王熙凤嬉皮笑脸；第七回，王熙凤看到秦钟“眉清目秀，粉面朱唇，身材俊俏，举止风流”，也喜欢得不知如何是好；第七回，焦大在贾蓉面前点着贾蓉的名字说贾府里的人爬灰的爬灰，养小叔子的养小叔子，这养小叔子显然是指王熙凤与她的小叔子贾蓉之间有说不清的关系；第十二回，贾蓉、贾蔷敲诈贾瑞时要贾瑞写一张文契，贾蔷“翻身出来，纸笔现成，拿来贾瑞写”，“纸笔现成”，这分明是告诉人们敲诈贾瑞是贾蓉、贾蔷和王熙凤合谋的，王熙凤将那样的事向贾蓉、贾蔷说，这更增加了人们对王熙凤的怀疑；第十六回，贾蓉在贾琏面前“悄拉凤姐的衣襟”。“蓉大爷才是他的正经侄儿呢”，结合焦大的醉骂和这里周瑞家的对刘姥姥的提醒，更能看出王熙凤和贾蓉的不正当关系。

贾瑞为什么胆敢觊觎王熙凤？首先当然是王熙凤长得很漂亮，色胆包天的贾瑞看到那样的王熙凤就迷上了，但这绝对不是全部原因，因为王熙凤的厉害谁都知道，贾瑞纵使有一百个心思，相信他也没有这个胆量。俗话说，苍蝇不叮无缝的蛋，贾瑞应该是知道王熙凤和贾蓉、贾蔷甚至贾珍等人有不正当关系，认为王熙凤容易上手。贾瑞第一次在假山石后“邂逅”王熙凤时，聪明的王熙凤猜测一定是因为贾瑞知道她和贾蓉兄弟两个人的事（“凤姐儿是个聪明人，见他这个光景，如何不猜透八九分呢”），这时王熙凤应该在想，既然贾瑞知道那些事，那一定还有很多其他人知道。有鉴于此，王熙凤认为必须要狠狠惩治一下贾瑞，以此了断贾瑞及其他人的念想，如果不这样，那以后必然还有更多贾瑞这样的“苍蝇”来骚扰自己，后果不堪设想，所以王熙凤要“毒设相思局”。因为王熙凤相信贾瑞知道她和贾蓉兄弟的事，所以她这样在贾瑞面前夸贾瑞：“果然你是个明白人，比贾蓉两个强远了。我看他那样清秀，只当他们心里明白，谁知竟是两个胡涂虫，一点不知人心。”王熙凤的话无异于主动承认她和贾蓉、贾蔷之间的不正当关系。第十一回，王熙凤听说秦可卿得了严重的病时，“眼圈儿红了半天”，可以想象，这对王熙凤来说是个很大的触动，应该说这也是王熙凤下决心要整治贾瑞的重要原因，所以从那以后作者再也没有写王熙凤的作风问题了。当然，王熙凤对贾瑞下此毒手，再也没有人胆敢觊觎王熙凤了。

5. 胆大妄为、碌碌无为

王熙凤背着贾母和王夫人“弄权铁槛寺”、弄死尤二姐、借官府替自己出气、推迟发放月钱，这都体现了王熙凤的胆大妄为。在王熙凤生病期间，管理荣国府的重任落在了探春的身上，探春很快就发现很多管理上的问题，从而在大观园风风火火地开源节流、兴利除弊，可见王熙凤的碌碌无为。

所以，作为荣国府的管理者，王熙凤对荣国府的衰败负有双重责任：胆大妄为和碌碌无为。

抄检大观园，王熙凤带王善保家的、周瑞家的等人搜查探春时，探春说：“可知这样大族人家，若从外头杀来，一时是杀不死的，这是古人曾说的‘百足之虫，死而不僵’，必须先从家里自杀自灭起来，才能一败涂地！”显然，探春的话是针对王熙凤说的：首先，王熙凤带头搜查探春，对个性鲜明的探春来说绝对是一种侮辱，所以王熙凤对探春说明来意后探春非常生气，于是她很不给王熙凤面子；其次，探春深知抄检自己人有损家族内部团结，这极容易成为家族衰败的前兆，所以王熙凤的所作所为令探春非常伤心；再次，王熙凤在荣国府管理上的问题探春看在眼里，正因为如此，探春才会在大观园里“兴利除宿弊”，但探春的“兴利除宿弊”很快就不了了之，可以想象，在探春“兴利除宿弊”不了了之的问题上，王熙凤一定起着不光彩的作用，所以探春对王熙凤很有意见。

（二）王熙凤的真面目

王熙凤是一个什么样的人，贾府里除了贾母和王夫人，其他人早就看透了她的嘴脸。作者也通过贾琏的小厮兴儿准确、直接、全面地告诉了我们：

> （兴儿）又说：“提起我们奶奶来，心里歹毒，口里尖快。我们二爷也算是个好的，那里见得他？到是跟前的平姑娘为人狠好，虽然和奶奶一气，他到背着奶奶常作些个好事。小的们凡有了不是，奶奶是容不过的，只求求他去就完了。如今合家大小除了老太太、太太两个人，没有不恨他的，只不过面子情儿怕他。皆因他一时看的人都不及他，只一味哄着老太太、太太两个人喜欢。他说一是一，说二是二，没人敢拦他。又恨不得把

银子钱省下来堆成山，好叫老太太、太太说他会过日子，殊不知苦了下人，他讨好儿。估着有好事，他就不等别人去说，他先抓尖儿；或有了不好事，或他自己错了，他便一缩头推到别人身上来，他还在傍边拨火儿。如今连他正紧婆婆大太太都嫌了他，说他‘雀儿拣着旺处飞，黑母鸡一窝儿，自家的事不管，倒替人家去瞎张罗’。若不是老太太在头里，早叫过他去了。”

兴儿连忙摇手说：“……嘴甜心苦，两面三刀，上头一脸笑，脚下使绊子，明是一盆火，暗是一把刀：都占全了。”

兴儿道：“不是小的吃了酒放肆胡说，奶奶便有礼让，他看见奶奶比他标致，又比他得人心，他怎肯干休善罢？人家是醋罐子，他是醋缸醋瓮。凡丫头们二爷多看一眼，他有本事当着爷打个烂羊头。”

兴儿道：“……这平儿是他自幼的丫头，陪了过来一共四个，嫁人的嫁人，死的死了，只剩了这个心腹。他原为收了屋里，一则显他贤良名儿，二则又叫拴爷的心，好不外头走邪的。又还有一段因果：我们家的规矩，凡爷们大了，未娶亲之先都先放两个人伏侍的。二爷原有两个，谁知他来了没半年，都寻出不是来，都打发出去了。别人虽不好说，自己脸上过不去，所以强逼着平姑娘作了房里人。那平姑娘又是个正经人，从不把这一件事放在心上，也不会挑妻窝火的，到一味忠心赤胆伏侍他，才容下了。”（第六十五回）

小说第四十四回，王熙凤在她的生日宴会上喝多了，她带平儿回去时发现贾琏在家和鲍二家的偷情，王熙凤听到贾琏和鲍二家的夸平儿并说把平儿扶正时就来打平儿。后来，李纨、探春等众姐妹来找王熙凤做“监社御史”时，李纨和王熙凤开起了玩笑：“昨儿还打平儿呢，亏你伸的出手来！……气的我只要给平儿打报不平儿……”王熙凤回敬道：“竟不是为诗为画来找我，这脸子竟是为平儿来报仇的。竟不承望平儿有你这一位仗腰子的人。早知道，便有鬼拉着我的手打他，我也不打了。平姑娘，过来！我当着大奶奶、姑娘们替你赔个不是，担待我酒后无德罢！”

王熙凤岂止是“酒后无德”！

争强好胜是王熙凤的另一个重要特点。小说第七回，秦可卿说秦钟来了叫贾宝玉去看看，王熙凤说怎么不叫秦钟过来让她也瞧瞧，尤夫人和王熙凤开玩笑说：“人家的孩子都是斯斯文文的惯了，乍见了你这破落户，还被人笑话死了呢！”凤姐则笑道：“普天下的人，我不笑话就罢了，竟叫这小孩子笑话我不成？”这虽然是王熙凤的玩笑话，但小说中的王熙凤确实是一个“宁教我负天下人，休教天下人负我”的好强之人。正是因为争强好胜，喜欢卖弄自己，所以王熙凤才主动接受协理宁国府的任务。王熙凤的好强在官场中都是出了名的（“官场中都知道我利害吃醋”），更别说听到贾琏和鲍二家的同时称赞平儿就回身动手打平儿了。

因为好强，所以王熙凤处处算计别人，为此王熙凤树敌不少，这样她就必须处处防范别人，这正如她对平儿所说：“再要穷追苦克，人恨极了，他们笑里藏刀，咱们两个才四个眼睛两个心，一时不防，到弄坏了。”王熙凤虽然有时也意识到自己的问题，但她已经骑虎难下，所以我们看到的是王熙凤变本加厉地对人“穷追苦克”，比如在处理贾琏偷娶尤二姐的问题上，王熙凤一开始唆使张华状告贾琏，以此来吓唬、惩罚贾琏、贾珍、贾蓉而为自己出口恶气；王熙凤的恶气已出，她又担心张华将这一切告诉别人而产生祸患，于是王熙凤又要置张华于死地以斩草除根。人们常说“聪明反被聪明误”，又说“常在河边走哪能不湿鞋”，像王熙凤那样“平生争强斗智”“机关算尽”的人必将有“反算”自己的那一天（“机关算尽太聪明，反算了卿卿性命”）。

争强好胜，加上突出的才干，这往往是一个人成就大事所必需的品质，但王熙凤道德败坏、狡猾奸诈、本性贪婪，所以王熙凤不但没有拯救处于危机中的贾府，反而加速了贾府的衰败，并最终导致贾府完全坍塌。王熙凤得到权势和金钱以后，不是为他人服务，而是简单地满足自己的贪欲，所以王熙凤本质上是极端自私的。

王熙凤作恶多端，所有这些罪恶都是在贾母的眼皮底下进行的，贾母非常精明，非常有能耐，她为什么没有识破王熙凤的阴谋呢？因为王熙凤非常狡猾，且善于伪装。

小说第五十一回，袭人回家奔丧时王熙凤看到王夫人非常看重袭人，所以对袭人格外关心，看到袭人穿的褂子“太素了些”，建议袭人穿一件大毛的褂子，袭人说没有大毛的，王熙凤想送一件大毛的褂子给袭人，但她不直接说，而是说：“我到有一件大毛的，我嫌风毛儿出不好了，正要改去。也罢，先给你穿去罢。等年下太太给作的时节我再作罢，只当你还我一样。”王熙凤的话非常中听，因为她身边有一大群马屁精，比如周瑞家的就在现场，她们看到这些，一定会在王夫人和贾母那里说王熙凤如何如何，以讨好王熙凤。后来王熙凤又私下叫平儿送一件衣服给邢岫烟，她要让别人觉得平儿可以随便将她的东西送给别人，以显示自己的贤良。

小说第二十四回，贾芸“贿赂”王熙凤，王熙凤看到贾芸“孝敬”她的冰片和麝香非常高兴，立即叫她的丫鬟丰儿送回去，并准备马上给贾芸安排差事，但王熙凤突然想：“我如今要告诉他那话，到叫他看着我见不得东西似的，为得了这点子香，就混许他管事了。今儿先别提起这事。”所以王熙凤第二天才给贾芸安排差事。

这就是王熙凤的狡猾之处，凭借这样的伎俩，王熙凤完全骗过了贾母，贾母对其言听计从。

二、贾母

小说第五十四回“史太君破陈腐旧套”，贾母的一席话让两个女说书人也佩服不已，这足见贾母的精明和见识。

小说第七十三回，探春向贾母报告贾府里婆子们赌博的事，贾母立刻意识到事情的严重性：“你姑娘家，如何知道这里头的利害！你自为耍钱常事，不过怕起争端。殊不知夜间既耍钱，就保不住不吃酒，既吃酒，就免不得门户任意开锁，或买东西，寻张觅李。其中夜静人稀，趋便藏贼、引奸、引盗？何等事作不出来？况且园内的姊妹们起居所伴者皆系丫头、媳妇们，贤愚混杂，贼盗事小，再有别事，倘略沾带些，关系不小！这事岂可轻恕？”并且贾母还怪罪探春：“你既知道，为何不早回我们来？”贾母命令“即刻查了头家赌家来，有人出首者赏，隐情不告者罚”。结果赌博的事很快就被查了个水落石出，贾母还命人“将骰子、牌一并烧毁，所有的钱入官分散与众人。将为首者每人四十大板，撵出，总不许再入。从者每人二十大板，革去三月月钱，拨入圊厕行内”。可见，贾母做事有方法，且雷厉风行，是一个能干大事的人。

因为贾母是一个开明、精明、有能耐的人，并且贾母是贾府地位最尊的长辈，所以贾府上下都围着贾母转，但是贾母已经年老体衰，很少直接管事。

作为一个长辈，贾母很疼爱贾宝玉、王熙凤等晚辈。贾宝玉是贾母的心头肉，这是有目共睹的，除了贾宝玉，贾母最娇惯的就是王熙凤了。王熙凤不但长得好看，而且能说会道，最会哄贾母开心，所以深得贾母的喜爱，贾母对其言听计从。

王夫人和邢夫人都是贾母的儿媳妇，但贾母明显偏心王夫人，在探春、迎春、惜春、林黛玉、薛宝钗等众姐妹中，贾母起初非常疼爱自己的外孙女林黛玉，但薛宝钗来贾府后，贾母很快就偏心薛宝钗（比如贾母亲自为薛宝钗操办生日），而在迎春、探春、惜春三姐妹中，贾母又偏心探春。此外，在一起来到贾府的李纹、李绮、宝琴、邢岫烟这四个亲戚中，贾母又偏爱宝琴。小说第七十一回，贾母八十大寿，很多偏房的孙女在一起给贾母祝寿，贾母又偏爱喜鸾和四姐儿，叫她们到榻前和宝钗、黛玉等人同坐。可见，说贾母对人偏心并不冤枉她。

“凤儿嘴乖，怎么怨得人疼他”，贾母偏心、偏信王熙凤，主要是因为王熙凤能说会道，会哄她开心。贾母偏爱薛宝琴，因为她看薛宝琴顺眼，所以贾母让宝琴“爱怎样就怎样”。贾母偏爱贾宝玉，因为贾宝玉是自己的心头肉，对于贾宝玉，贾母也施加自己的影响：小说第八回，李嬷嬷说到贾宝玉喝酒，“有一日老太太高兴了，又尽着他吃，什么日子又不许他吃”；贾政管教贾宝玉，贾母爱贾宝玉心切，让贾政毫无立足之地，以至于贾政再也不敢管教贾宝玉了。可见，贾母做事全凭自己的喜好，她时时刻刻都以自己为中心，贾母是一个高高在上、自以为是的老太婆。对于这样的贾母，与其说她喜欢别人，不如说她欣赏自己，贾母的偏心是她自以为是的最直接体现。

贾母偏爱贾宝玉和王熙凤，这让很多人嫉妒，所以贾母在很大程度上要为贾宝玉和王熙凤遭遇马道婆的“魇魔法”负责。贾母偏心王夫人，所以贾府内部出现了以王夫人和邢夫人为首的两个小集团，周瑞家的和王善保家的分别是这两个小集团的最得力干将，这两个小集团明争暗斗，矛盾不断。应该说，如果没有这两个小集团之间的争斗，绣春囊事件必将不了了之，这样也就没有了后来的抄检大观园；如果没有这两个小集团之间的争斗，“嫌隙人有心生嫌隙”事件也就不会一次次升级。可见，贾府内部重重矛盾的形成，贾母负有不可推卸的责任。

小说中多次暗示贾母偏心引起他人心里不平。贾母偏爱宝琴，将一个野鸭子头上的毛做的斗篷送给了她（另一件孔雀毛的雀金裘送给了贾宝玉），这让史湘云心里有些失落：“湘云又瞅了宝琴半日，笑道：‘这一件衣裳也只配他穿，别人穿了，实在不配。’”后来贾母又让人传话说宝琴还小，叫她想怎样就怎样，这甚至引起了宝钗的妒忌。宝钗对宝琴说：“我就不信我那些儿不如你。”第七十一回，南安太妃要见探春姐妹，“贾母又只令探春出来，迎春竟似有如无”，这让邢夫人“心内早已怨忿不乐”。贾母大张旗鼓地为王熙凤过生日更是直接让邢夫人“害火眼”（害火眼俗称红眼病，而妒忌别人也被戏称为得了红眼病），此后邢夫人和王熙凤的矛盾开始成为作者的重要着笔点。

小说第二十九回，贾母、王熙凤等人到清虚观打醮，一个小道士躲闪不及，一头撞到王熙凤的怀里，王熙凤一掌打得那个小道士翻了一个筋斗，众人都叫打，但贾母说：“快带了那孩子来，别唬着他……他老子娘岂不疼的慌？”刘姥姥来到荣国府，贾母对她也非常亲热。可见，贾母确实是个“惜老怜贫”的人。

慈祥、善良的贾母好像关心、疼爱每一个人，其实不然。小说第四十六回，贾赦要娶鸳鸯，鸳鸯告到贾母面前，贾母“气的浑身打战”，贾母是要替鸳鸯鸣不平吗？贾母是要狠狠教训贾赦吗？都不是。贾母说：“我通共剩了这么一个可靠的人，他们还要来算计！”又说：“你们原来都是哄我的！外头孝敬，暗地里盘算我。有好东西也来要，有好人也要，剩了这么个毛丫头，见我待他好了，你们自然气不过，弄开了他，好摆弄我！”后来贾母又向邢夫人说：“他（贾赦）要什么人，我这里有钱，叫他只管一万八千的买，就只这个丫头不能。留下他伏侍我几年。”原来贾母不是关心鸳鸯，更不是替鸳鸯打抱不平，而是舍不得鸳鸯，她要留着鸳鸯服侍她。鸳鸯孤注一掷也没有换来贾母的真正同情，贾母只在乎自己的得失。小说第六十九回，王熙凤把尤二姐带到贾母面前，贾母“上下瞧了一遍”，又戴上眼镜，叫鸳鸯和琥珀“把那孩子拉过来，我瞧瞧肉皮儿”，贾母把尤二姐细瞧了一遍后，又叫琥珀把尤二姐的手拿出来给她“瞧瞧”。在贾母无情的审视下，尤二姐仿佛就是一只待宰的羔羊。尤二姐死了，贾母说：“谁家痨病死的孩子不烧了一撒，也认真的开丧破土起来！既是二房一场，也是夫妻之分，停五七日抬出来，或一烧，或乱葬地上埋了完事。”

所以，贾母慈祥的背后其实是冷漠，是自以为是。

贾母一直生活在荣华富贵之中，所以贾母的生活里只有吃喝玩乐，对贾母来说，赏月是正经，斗牌是正经。

小说第三十九回，刘姥姥见贾母时，“只见满屋里珠围翠绕，花枝招展，并不知都系何人。只见一张榻上歪着一位老婆婆，身后坐着一个纱罗裹的美人一般的一个丫嬛在那里捶腿”，寒暄了几句后，刘姥姥说：“我们生来是受苦的人，老太太生来是享福的。若我们也这样，那些庄家活也没人作了。”贾母的房间“满屋里珠围翠绕”，给贾母捶腿的人是“一个纱罗裹的美人”，可见贾母生活的奢侈。刘姥姥的话虽然是在奉承贾母，但我们很容易品味出作者对贾母贪图享乐的批判。元春省亲时一再告诫家人不可奢华，但贾母对此完全没有意识到。

小说第七十五回，王夫人说甄家已获罪被抄家，贾母听了“不自在”，她点头叹道：“咱们别管人家的事，且商量咱们八月十五日赏月是正经。”贾母高高在上，听惯了奉承话、吉利话，所以听到甄家被抄的不吉利话就很不自在。甄家被抄，和甄家“连络有亲”的贾府应该不久也会大祸临头，但贾母一点也没有危机意识，她心里筹划的仍然是如何赏月。得知甄家获罪后，贾母吃饭时仍然“负手看着取乐”，那次贾母吃的是红稻米粥，她见尤夫人吃的是下人吃的白粳米饭，因而责问为什么不把自己的粥给尤夫人吃。王夫人回道：“这一二年旱涝不定，田上的米都不能按数交的。这几样细米更艰难了，所以都可着吃的多少关去。”贾母听了一点也没感觉，依然和他人开起了玩笑：“这正是‘巧媳妇做不出没米的粥’来。”

“上了年纪”，“放着身子不保养，官儿也不好生做”，“左一个小老婆右一个小老婆，放在屋里”，“成日和小老婆喝酒”，这是贾母的儿子贾赦——一个不折不扣的“禄蠹”“国贼禄鬼”。贾赦看上了鸳鸯，要娶鸳鸯，最后他虽然没有娶到鸳鸯，但贾母出钱给他买了一个小妾。贾母没有把鸳鸯送给贾赦不是要教训贾赦，而是舍不得鸳鸯，为了留住鸳鸯，贾母自己掏钱给贾赦买小妾，可见贾母的自私及她对贾赦的放纵。冷子兴演说荣国府时说荣国府“主仆上下安富尊荣者尽多，运筹谋画者无一”，再加上贾母对儿孙的娇惯与放纵，这是贾府“一代不如一代”的最重要原因。

贾母热衷于找乐：初结海棠社，探春、林黛玉等人赏桂花、吃螃蟹，贾母一请就到；芦雪庵争联即景诗，贾母也冒雪来凑热闹；小说第二十九回，王熙凤邀贾宝玉、林黛玉等人去看戏，贾母知道了也要去，不仅如此，贾母还邀上薛姨妈、薛宝钗等人，结果差不多整个荣国府的人都到了清虚观，贾母一行人浩浩荡荡，惊动了京城的远亲近友，他们都厚礼相送，贾母这才有点后悔不该如此兴师动众。年迈体弱的贾母还常常通宵取乐，如此看来，如果说贾母是贾府的最高统治者，那么说贾母是个“昏君”一点也不为过。

综合来看，贾母是一个高高在上、自以为是的享乐主义者，自以为是、贪图享乐是贾母最大的缺点，贾母偏心、偏信王熙凤而被王熙凤蒙蔽是贾母最大的问题。

三、王夫人

王夫人逼死了金钏，撵走了晴雯、司棋、四儿、芳官，所以很多人非常痛恨王夫人，但小说中说王夫人“宽仁慈厚”（第三十回）、“天真烂漫”（第七十四回）、“好善”（第七十七回），这都是反话吗？

应该说，王夫人掌权荣国府与贾宝玉是贾母的心头肉有很大关系，贾宝玉是王夫人的护身符，但贾宝玉整天不务正业，王夫人对他真是恨铁不成钢，想管宝玉，又怕得罪自己的婆婆，所以金钏在王夫人面前的言行让王夫人非常生气。王夫人打金钏脸时，当然想不到金钏会去跳井，并且王夫人还确实为金钏之死流过眼泪。薛宝钗安慰王夫人说可能是金钏自己失足掉下井去的，或是金钏气性大而做出了糊涂事，王夫人听了还是不安心，很快赏了金钏家里人五十两银子，并将金钏的月钱发给她的妹妹玉钏，还亲自设法弄了两套新衣服给金钏做妆裹，所以不能因为金钏的死就说王夫人狠毒，相反，我们可以看出薛宝钗的冷酷与无情。

不仅如此，小说中多次出现王夫人善良的一面。比如：袭人向王夫人谏言时说了几句心疼宝玉的话，王夫人就“滚下泪来”，“心内越发感爱袭人不尽”，后来王夫人和薛姨妈说到袭人时含着泪说：“你们那里知道袭人那孩子的好处？比我的宝玉强十倍！”王夫人自掏腰包给袭人加月钱，私自给袭人种种赏赐，且不需要袭人给她磕头；赵姨娘那么小心眼，也没有看到王夫人对她有什么不好。

那么，王夫人这样一个慈善的人为什么做出了那么多残酷无情的事呢？因为王夫人没有主见，抄检大观园，撵走晴雯、芳官和四儿都是那些婆子挑唆的结果。

小说第七十三回“痴丫头误拾绣春囊”后，邢夫人让王善保家的把那个绣春囊送给王夫人，以此挑拨王夫人和王熙凤之间的关系，并杀杀王熙凤的威风，王夫人信以为真，以为那个绣春囊真的是王熙凤的，但王熙凤的一番话又让王夫人马上消除了对她的怀疑。王熙凤希望能够将绣春囊的问题查个水落石出，以还自己一个清白，所以她建议王夫人“暗暗访察”，王夫人找来周瑞家的、吴兴家的、郑华家的、来旺家的、来喜家的这五个陪房准备“暗地访拿”。这时王善保家的来了，王善保家的因为大观园里的丫鬟们“不大趋奉他”，“心里大不自在”，她想以此来杀杀那些丫头的威风，于是她向王夫人说：“不是奴才多话，论理这事该早严紧的。”又说：“别的都还罢了。太太不知道，一个宝玉屋里的晴雯，那丫头仗着他生的模样儿比别人标致些，又生了一张巧嘴，天天打扮的像个西施的样子，在人跟前能说惯道，掐尖要强。一句话不投机，他就立起两个骚眼睛来骂人，妖妖娆娆，大不成个体统。”王夫人听了，“猛然触动往事”，在王熙凤添油加醋下，她才将晴雯和她曾经看着很不舒服的那个“水蛇腰”“削肩膀”“眉眼又有些像你林妹妹”的丫头联系到一起。

王善保家的还不甘心，说：“太太请养息身体要紧，这些小事只交与奴才。

如今要查这个主儿也极容易，等到晚上园门关了的时节，内外不通风，我们竟给他们个猛不防，带着人到各处丫头们房里搜寻。想来谁有这个，断不单只有这个，自然还有别的东西。那时翻出别的来，自然这个也是他的。”王夫人听了她的话，说：“这话到是。若不如此，断不能清的清白的白。”应该说，这时候王夫人还没有拿定主意，所以她问王熙凤，王熙凤只得回答说：“太太说的是，就行罢了。”王熙凤把这个皮球踢回给了王夫人，最后王夫人只能糊里糊涂地拍板：“这主意狠是，不然，一年也查不出来。”

绣春囊事件充分说明王夫人是一个没有主见的人。

小说第二十五回，贾环故意烫伤贾宝玉，王夫人骂贾环，王熙凤“赵姨娘时常也该教导教导他”的话使王夫人意识到问题的根源在赵姨娘，于是她把赵姨娘叫过来骂道：“养出这样黑心不知道理下流种子来，也不管管！”第七十一回“嫌隙人有心生嫌隙”，周瑞家的擅自捆起那两个婆子，王熙凤对此毫不知情，但王夫人听信了邢夫人的一面之词就来指责王熙凤，这也能看出王夫人的“没脑筋”。

除了在“培养”袭人的问题上表现得很坚定，人们很难看到王夫人有多少主见。综合看来，王夫人算不上狠毒，也不是很虚伪，但她无能且没有主见。因为无能且没有主见，所以王夫人容易被别有用心的小人操纵利用。

笔者认为，王夫人虽然善良，但她也是个无情人。王夫人是贾宝玉的母亲，作者不便直接将她写得非常不堪，但在《芙蓉女儿诔》里贾宝玉说王夫人是“悍妇”，并说“剖悍妇之心，忿犹未释”。对贾宝玉来说，王夫人确实是个“悍妇”，比如撵走晴雯、司棋时，贾宝玉丝毫不敢为她们伸张正义。

四、“双悬日月照乾坤”

“双悬日月照乾坤”是“金鸳鸯三宣牙牌令”时史湘云说的一句话。这句话来自李白的一首诗，其本意是说唐朝安史之乱时唐明皇逃到了四川，但此时太子李亨在宁夏灵武称帝，这样天下就有了两个皇帝，这正好与《红楼梦》中贾府的权力结构一致。

透过“双悬日月照乾坤”这句话及王熙凤的所作所为，可以看出作者有意将贾府刻画成一个小“乾坤”，用这个小“乾坤”来比喻当时的封建大“乾坤”。

贾府的一切权力都集中在贾母身上，贾母是一个精明、能干且很有威信的领导者、长者，贾府所有人都要看贾母的脸色行事。毫无疑问，贾母是贾府的最高领导者。

贾府的很多事都是由王熙凤来执行，但很少看到王熙凤直接向贾母汇报工作，她经常向王夫人说明问题，王夫人也经常询问王熙凤一些事务，比如林黛玉进贾府时，王夫人就问王熙凤月钱发放了没有。可以看出，贾母虽然是荣国府最高领导者，但她已将权力下放给了王夫人，王夫人是荣国府的真正掌权人。所以，如果将贾府比作一个封建小社会的话，那么贾母就是这个小社会的“太上皇”，王夫人是这个小社会的“皇帝”，而王熙凤则是这个小社会的“当权大臣”。

作为贾府的“皇帝”，王夫人无能且没有主见，没有能力对手下的“臣子”进行管束和制约，更谈不上教育和培养，这样的“皇帝”身边难免充斥各种小人。正是因为王夫人的无能，所以才有王善保家的、周瑞家的这样的“小泥鳅”在贾府掀起层层波浪。与王夫人的无能相对应，王夫人也是一个碌碌无为的人，在《红楼梦》前80回，我们只看到王夫人做了一件令人“称道”的事——“培养”袭人！

应该说，没有贾宝玉，贾母就不会将大权交给王夫人，如此说来，贾宝玉是王夫人掌权的重要保障，为此，王夫人需要寻找一个让她放心的人来看护好贾宝玉，主动找上门来的袭人当然是王夫人的最佳选择。如果说王夫人只做了“培养”袭人这一件事的话，那么也可以说王夫人只做了紧紧抓住权力这一件事。贾母“发现”袭人，王夫人“培养”袭人，在袭人问题上贾母与王夫人的承袭关系从侧面反映了贾府权力的承袭关系。

虽然精明、能干，但贾母已经年老体衰，再加上贾母是一个高高在上的享乐主义者，这样的人很难真正关心他人的疾苦。在《红楼梦》前80回，我们也只看到贾母做了一件实事——抓赌。更重要的是贾母偏心，贾母偏心是她偏信王熙凤的重要原因，可以说，王熙凤的一切罪恶行为都是在贾母的庇护下进行的。

应该说，在贾母偏心、王夫人无能的情况下出现一个胆大、心狠、性贪的王熙凤不完全是偶然的。王熙凤骗取了贾母和王夫人对她的信任，掌握很多实际权力后在贾府为所欲为。在贾府，媚上欺下是王熙凤的专长，专权弄权是王熙凤的最爱，王熙凤是个不折不扣的“大奸臣”，所以王熙凤对贾府的衰败负有重要责任。李纨说王熙凤是“水晶心肝玻璃人”，“天下人都被你算计了去”，也许作者是要表达贾府将来要毁在王熙凤手里。秦可卿临死时托梦给王熙凤，这显然是在提醒、告诫王熙凤，但王熙凤完全没有把它当回事。

在贾府这个封建小社会里，两个统治者一个懦弱、无能，一个高高在上、贪图享乐，这样的社会必然“奸臣”（王熙凤）当道，“小人”（周瑞家的、王善保家的等众多婆子）横行，难怪贾府里的晴雯、司棋、四儿、芳官、金钏、茜雪等一个个好女儿的命运都如此悲惨。

小说第三十八回，贾母说自己小时候曾失足掉进水里，木钉把头碰破了，“如今这鬓角上那指头顶大一块窝儿就是那残破了”。针对贾母头顶上的“窝儿”，王熙凤拍起了马屁：“那时要活不得，如今这大福可叫谁享呢！可知老祖宗从小儿的福寿就不小，神差鬼使碰出那个窝儿来，好盛福寿的。寿星老儿头上原是一个窝儿，因为万福万寿盛满了，所以狠凸高出些来了。”“完美”的贾母头顶上碰出了一个“窝儿”，这不由让人想到贾母的一个缺点——偏心，这个“窝儿”在头顶上，暗示贾母的缺点虽小，但带来的问题很大。王熙凤借贾母的“窝儿”拍马屁，这就如同她利用贾母的缺点钻空子。

人都是有缺点的，贾母如此精明，如此有见识，但有偏心这一个“小小”的缺点，就被王熙凤钻了极大的空子。贾宝玉说“那朝廷是受命于天，他不圣不仁，那天地断不把这万儿重任与他了”，可见作者认为“贾母”是不能胜任“天下”的重任的。

第四节　邢夫人的不平

笔者认为，小说第四十四回众人给王熙凤过生日是邢夫人性格的重要转折点，此前的邢夫人谨小慎微，比如，第二十四回，邢夫人看到贾宝玉就主动站了起来，邢夫人喜欢贾宝玉甚至招来贾环的嫉妒，但此后邢夫人愤愤不平、戾气冲天。

贾母说要为王熙凤过生日，在凑钱为王熙凤过生日时，王熙凤看到贾母另外承担了林黛玉和贾宝玉的份子钱，提出让邢夫人和王夫人另外各承担一个人的份子钱，为此赖大的母亲为王夫人、邢夫人“打抱不平”，说王熙凤不向着自己的姑姑（王夫人）和自己的婆婆（邢夫人），倒向着贾母，这样内侄女不像是内侄女，倒像是“外侄女”，儿媳妇不像是儿媳妇，倒像是陌路人。

在王熙凤的生日宴会上，贾母说一定要让王熙凤好好痛快痛快，贾母想去看戏，她叫王熙凤坐首席，王熙凤不肯就座，贾母叫尤夫人一定要把王熙凤拉上首席，尤夫人把王熙凤拉上了首席并按住她让她坐了下来，这样，邢夫人和王夫人都坐在了王熙凤的下面。随后尤夫人又端过一杯酒来敬王熙凤，说：“一年到头难为你孝顺老太太、太太和我。我今儿没什么疼你的，亲自斟杯酒，乖乖儿的在我手里喝一口。”邢夫人是王熙凤的“正紧婆婆”（第六十五回），但尤夫人唯独说漏了邢夫人。

“邢夫人自为要鸳鸯之后讨了没意思，后来见贾母越发冷淡了他，凤姐的体面反胜自己。”（第七十一回）显然，邢夫人对贾母将大权交给王夫人和王熙凤而冷淡自己是有些想法的。贾母如此大张旗鼓地为王熙凤过生日，并让王熙凤直接爬到了自己的头上，这让邢夫人多少有些不爽；在凑钱为王熙凤过生日时，王熙凤的多嘴可能让比较在乎金钱的邢夫人对她产生了厌恶，在此基础上，赖大母亲的玩笑和尤夫人的漏嘴都可能会刺痛邢夫人。

贾赦娶鸳鸯，无论是贾母那边还是鸳鸯那边，都是邢夫人在积极替他“出头”，可以看出贾赦是受了邢夫人的怂恿：贾府里有很多非常漂亮的小姑娘，贾赦为什么唯独看上容貌并不是非常出众的鸳鸯，这不太合乎情理；贾母离不开鸳鸯，所以鸳鸯被邢夫人看成荣国府权力天平上的重要砝码，如果贾赦能娶到鸳鸯，贾府的权力天平就会向邢夫人这边倾斜。“邢夫人自为要鸳鸯之后讨了没意思”，这个“要”字直接告诉了人们不是贾赦看中了鸳鸯，而是邢夫人想把鸳鸯“要”到自己这边来。换个角度看，如果真的是贾赦要娶鸳鸯而没有娶成的话，“讨了没意思”的应该是贾赦，而不是邢夫人。对于贾赦娶鸳鸯的问题，薛姨妈就道出了问题的根本：“老太太偏心，多疼小儿子媳妇，也是有的。”

可以想象，心里本来就有些不平的邢夫人在“要”鸳鸯“讨了没意思”后心里会更加不平，所以她很快就“害火眼”了。

邢夫人没有胆量挑战贾母，王夫人大权在握，邢夫人也不敢轻易直接挑衅王夫人，况且王夫人对她小心翼翼，她很难直接抓到王夫人的过错。邢夫人的不满主要是因为王熙凤不把她这个“正紧婆婆”放在眼里，所以邢夫人把她的不满几乎全部发泄到了王熙凤的身上。

贾琏偷娶尤二姐，王熙凤还没有来得及出气时贾赦又将秋桐赏给贾琏，这让王熙凤“心中一刺未除，又平空添了一刺”。尤二姐流产，王熙凤叫人给自己算命说是秋桐冲犯了自己，王熙凤叫秋桐出去躲几个月，和贾琏正如胶似漆的秋桐如何咽得下这口气，所以她向邢夫人哭诉，为此，邢夫人将王熙凤数落了一顿。贾赦将秋桐赏给贾琏时邢夫人在场，秋桐受了委屈时她又向邢夫人哭诉，这都应该是作者暗示将秋桐赏给贾琏是邢夫人的幕后操作，其目的也是发泄她对王熙凤的怨恨。

小说第七十一回，邢夫人当着众多人的面大声地向王熙凤求情，这让王熙凤非常难堪。第七十三回，邢夫人看到迎春不争气的样子非常生气：“总是你那好哥哥好嫂子，一对儿赫赫扬扬，琏二哥、凤奶奶，两口子遮天盖日，百事周到，竟通共这一个妹子，全不在意！”这虽然是在说迎春，但邢夫人字字都指向王熙凤。后来有人报王熙凤来了，邢夫人冷笑两声，命人出去说“请他自去养病，我这里不用他伺候”。这里邢夫人不想见王熙凤，可见她对王熙凤的厌恶。

得到了傻大姐误拾的绣春囊，邢夫人叫她的心腹王善保家的把绣春囊送给王夫人，为此王夫人“气色更变”（第七十四回）地来到王熙凤的房里，并在王熙凤面前“泪如雨下”。可见，王夫人当时认定绣春囊是那个“不长进下流种子”贾琏的，也可以想象，邢夫人在将绣春囊交给王善保家的时一定说了不少贾琏的坏话。显然，邢夫人把绣春囊交给王夫人的目的是要抹黑王熙凤，杀杀王熙凤的威风，挑拨王熙凤和王夫人之间的关系。

可见，邢夫人的不平有她自己心胸狭窄的原因，有贾母偏心的原因，也有王熙凤目中无人，确实没有把她这个“正紧婆婆”放在眼里的原因。赵姨娘看到贾母宠爱贾宝玉，所以才有了“魇魔法姊弟逢五鬼”，可以看出，贾母的偏心严重影响了家族的团结，贾母在一定程度上要为邢夫人和赵姨娘的不堪负责。

小说第四十四回“变生不测凤姐泼醋”，王熙凤过生日时贾琏在家偷情别的女人，王熙凤由此醋意大发。殊不知，在王熙凤“泼醋”时她的婆婆邢夫人也在对她“泼醋”。

第五节　贾雨村与甄士隐

一、伪才子

孤苦无依的贾雨村寄居葫芦庙时与甄士隐成为近邻，有一次贾雨村“翻弄书籍解闷”时听见窗外女子的咳嗽声，这触碰到了他的“愁”处，贾雨村为此赋诗一首：

> 未卜三生愿，频添一段愁。闷来时敛额，行去几回头。
> 自顾风前影，谁堪月下俦？蟾光如有意，先上玉人楼。

做完诗，贾雨村想到自己“平生抱负，苦未逢时”，于是“搔首对天长叹”，并高吟一联：

> 玉在匮中求善价，钗于奁内待时飞。

贾雨村的长叹让甄士隐听到了，甄士隐觉得贾雨村“抱负不浅”，于是邀请贾雨村到自己家中做客。在席间，贾雨村又对月寓怀：

> 时逢三五便团圆，满把晴光护玉栏。
> 天上一轮才捧出，人间万姓仰头看。

贾雨村的口占一绝让甄士隐由衷地对他发出“必非久居人下者”的赞叹，果然，在甄士隐的资助下贾雨村考场十分得意，中了进士。

看起来贾雨村是一个不折不扣的才子，但笔者认为他是一个浮躁的读书人，是一个伪才子，因为他耐不住寂寞，也耐不住凄凉。因为“三生愿”还没有实现（可见贾雨村对功名的渴望），再加上其本身的浮躁，所以贾雨村感觉很“闷”。因为很“闷”，所以贾雨村无心看书（“翻弄书籍解闷”）；因为很“闷”，所以贾雨村对异性格外敏感；因为很“闷”，所以贾雨村“搔首对天长叹”来发泄他的烦闷；“未卜三生愿，频添一段愁”，贾雨村的这一句诗更是将其耐不住寂寞、凄凉而渴求“功名”“姣妻”的心态暴露无遗（“功名”“金银”“姣妻”是《好了歌》里世人都想追求的东西）。

一个读书人耐不住寂寞就很难有真正的学问，或只有舞文弄墨的“时尚之学”，这些东西不能称之为学问，只能拿去“沽名”“充数”（“若论时尚之学，晚生也或可去充数沽名”，这虽是贾雨村自谦之词，却是作者真正要说的话）。可以想象，这样的读书人和一般庸俗的“世人”没有什么差别（“世人都晓神仙好”），甚至比很多庸俗的“世人”更加庸俗，因为他们把出人头地当成人生目标，把追求功名、利禄、美色和封妻荫子当成人生目标，恰恰相反，他们把一个读书人应有的为国为民、以天下为公的理想和抱负抛之脑后。

“久居人下”的贾雨村的“平生抱负”是做一个“人间万姓仰头看”的“天上一轮”，这决定了贾雨村只能是一个普通的封建读书人，这几乎也决定了贾雨村必将成为一个替统治者统治百姓、欺压百姓的封建官吏。贾宝玉说“凡读书上进的人”都是“禄蠹”，说读书是为了“钓名沽誉”，读书人要成为“国贼”“禄鬼”，这些话听起来很荒唐，其实真有内在的道理，因为很多封建读书人都是像贾雨村那样——热衷于功名而读书上进。

二、真小人

中进士后，贾雨村经历了做官、升职、被革职，后来在贾府的帮助下贾雨村复职成为应天府的知府，贾雨村上任应天知府后接手的第一个案子就是“葫芦案”。在“葫芦案”中贾雨村是一个实实在在的小人：原告诉说自己的主人被薛家豪奴活活打死，告了一年的状，竟无人作主，贾雨村听了“大怒”道：“岂有这样放屁的事！打死人命，就白白的走了，再拿不来的？”贾雨村正要发签时却注意到“案边立的一个门子，使眼色儿”，贾雨村“心下甚为疑怪，只得停了手”。

贾雨村曾因为“贪酷之弊”让人抓住把柄而被革职，显然，这里的贾雨村吸取了以前的经验教训，明白了做事要小心、做人要圆滑的道理，所以贾雨村的大怒是装腔作势，其实其内心在发怵，他要看看周围人的反应，于是看到了那个门子向他使眼色。贾雨村即时退堂，在密室里那个门子笑道：“老爷真是贵人多忘事，把出身之地竟忘了，不记当年葫芦庙里之事？”贾雨村听了“雷震一惊”，显然，刚刚复职的贾雨村如同惊弓之鸟，可见贾雨村不是一个坦荡荡的君子。

贾雨村听那个门子说被拐卖的人就是自己恩人甄士隐的女儿时，也没有什么特别的表示，只是说了些冯渊如何偏只看准了英莲之类无关痛痒的话，显然他只关心怎样解决这个棘手问题，所以急切地问那门子：“且不要议论他（英莲），只目今这官司，如何剖断才好？”

门子笑道："老爷当年何其明决，今日何反成了个没主意的人了！小的闻得老爷补升此任，亦系贾府、王府之力。此薛蟠即贾府之亲，老爷何不顺水行舟，作个整人情，将此案了结，日后也好去见贾府、王府。"雨村道："你说的何尝不是。但事关人命，蒙皇上隆恩，起复委用，实是重生再造，正当殚心竭力图报之时，岂可因私而废法？是我实不能忍为者。"门子听了，冷笑道："老爷说的何尝不是大道理，但只是如今世上是行不去的。岂不闻古人有云'大丈夫相时而动'，又曰'趋吉避凶者为君子'。依老爷这一说，不但不能报效朝廷，亦且自身不保，还要三思为妥。"（第四回）

"殚心竭力图报""岂可因私而废法""实不能忍为"，这显然都是虚假之词，那个门子替贾雨村出了一个"极好的主意"，后来贾雨村完全按照门子那个"极好的主意"了断了这个"糊涂"案，但这里贾雨村仍然说"不妥，不妥"，可见贾雨村的虚伪。

贾雨村"徇情枉法，胡乱判断了此案"后，急忙写信给贾政和王子腾，说判断"葫芦案"的主意是"葫芦庙内之沙弥新门子"所出，贾雨村还将那个门子"远远的充发"。这里的贾雨村又是一个趋炎附势、胆小怕事、落井下石的小人。

此前贾雨村曾差人叫甄士隐的丈人封肃到县衙，封肃说到甄士隐的女儿看灯弄丢了时，贾雨村说："不妨，待我差人去，务必找寻回来。"但贾雨村从那个门子那里得知了英莲的下落时，似乎忘记了自己曾经说过的话。显然，不是贾雨村忘记了自己说过的话，而是他自己说话像"放屁"，这里的贾雨村又是一个是非不分、忘恩负义的小人。

经过林如海的引荐，贾雨村傍上了贾政，不久他又傍上了贾赦，后来我们还看到贾雨村为了讨好贾赦而勒索石呆子，并将石呆子投进监狱，贾雨村的官职也一升再升。

除了虚伪、狡猾、忘恩负义、落井下石以外，贾雨村还极力钻营：贾雨村被革职后听到"都中奏准起复旧员"的消息，"自是欢喜"，贾雨村还担心消息不够确切，于是“忙寻邸报看真确了”，才放下心来。冷子兴献计贾雨村，叫贾雨村“央烦”林如海，转向都中去“央烦”贾政，贾雨村自然“领其意”。贾雨村补授了应天府知府后接手“葫芦案”，很“智通”地判断了葫芦案，事后他还修书给贾政和王子腾，修书的目的有巴结示好，有邀功请赏，还应该有推卸责任。

总之，贾雨村成了一个是非不分、忘恩负义、虚伪狡猾、投机钻营的奸佞小人。

三、从才子到奸人

贾雨村看到娇杏回头看自己就认定娇杏是个“巨眼英雄”，是自己的红颜知己，可见贾雨村的自负。

贾雨村因为没钱才羁留葫芦庙，甄士隐送他银两作为盘缠后，贾雨村来不及向甄士隐告别就踏上了他的功名之路，可见贾雨村的无情及其对功名的渴求。中进士当上了县太爷的贾雨村看到甄士隐的丫鬟娇杏时，没有想到要去拜访甄士隐，更不用说专程去葫芦庙甄士隐家里感谢了，他只是“差人来传人问话”，可见对于曾经葫芦庙发生的故事，贾雨村只惦记着娇杏，他既没有把自己的恩人放在心上，也没有把自己的恩人放在眼里，这时的贾雨村已经是一个忘恩负义、重色轻友、高傲自大的小人。可见，被革职之前贾雨村的小人心态就已有所显现。

小说第二回，贾雨村的官没当多久就被革职：

> （贾雨村）虽才干优长，未免有些贪酷之弊，且又恃才侮上，那些官员皆侧目而视。不上一年，便被上司寻了个空隙，作成一本，参他“生情狡猾，擅纂礼仪，且沽清正之名，而暗结虎狼之属，致使地方多事，民命不堪”等语。龙颜大怒，即批革职。该部文书一到，本府官员无不喜悦。那雨村心中虽十分惭恨，却面上全无一点怨色，仍是嘻笑自若。

被革职前的贾雨村虽不算正人君子，但考虑到他个人的抱负及其科场、官场的得意，贾雨村应该不至于一上任就大肆贪污受贿、胡作非为。笔者认为贾雨村的“贪酷之弊”应该这样理解：贾雨村在其任内查办了一些不法之徒，并坚持原则对一些不法之徒施以酷刑，而没有像其他官员一样完全睁一只眼、闭一只眼，这难免得罪一些人，甚至是其上司，这就是贾雨村的“酷”；在有机会贪得一些小便宜时，贾雨村自然很难完全拒绝，这应该就是贾雨村的“贪”；贾雨村的上司和同僚多是无能之辈，所以贾雨村相对较好的表现让他的上司和同僚嫉妒，再加上贾雨村的高傲与自负，这成就了贾雨村的“恃才侮上”。所以贾雨村被革职的真正原因应该是没有完全和他人同流合污，以至于被他们“侧目而视”，最终被上司“寻了个空隙”，这样就不难理解为什么贾雨村被革职后“心中虽十分惭恨”，但“面上全无一点怨色，仍是嘻笑自若”。所以，贾雨村被革职不一定说明贾雨村有多大问题，但能够反映出当时官场的黑暗与肮脏。

贾雨村被革职后云游天下，一次他无意中游览了“智通”寺：

> 这日，偶至郭外，意欲赏鉴那村野风光。忽信步至一山环水旋，茂林深竹之处，隐隐的有座庙宇，门巷倾颓，墙垣朽败，门前有额，题着“智通寺”三字，门旁又有一副旧破的对联，曰：身后有余忘缩手，眼前无路想回头。
>
> 雨村看了，因想到：“这两句话，文虽浅近，其意则深也。曾游过些名山大刹，到不曾见过这话头，其中想必有个翻过筋斗来的，亦未可知。何不进去试试？”想着，走入看时，只有一个龙钟老僧在那里煮粥。雨村见了，便不在意。及至问他两句话，那老僧既聋且昏，齿落舌钝，所答非所问。

“玉在匮中求善价，钗于奁内待时飞”，从贾雨村把自己视作美玉、金钗，以及贾雨村看到娇杏回头看了一下自己就认定娇杏是个“巨眼英雄”的情况来看，游览智通寺前的贾雨村是个高傲自负的人（这是没有什么社会经历的年轻人的通病），但游览智通寺后判断“葫芦案”时，高堂之上的贾雨村小心翼翼，能够看到一个门子向他使眼色，并且后来在密室里贾雨村能够“虚心”向那个门子请教，这才让贾雨村很“智通”地判断了葫芦案。判断葫芦案后，贾雨村写信给贾政和王子腾，并将那个门子“远远的充发”，这更让人看到了贾雨村的“智通”。所以笔者认为，贾雨村游览“智通”寺的情节简单而又形象地展示了贾雨村从“不智通”到“智通”的转变过程。从高傲自负到谨慎小心的同时，贾雨村也从能够坚持一些原则和自我的人变成了毫无原则的彻底的自私自利、随波逐流的人。

遭受挫折后，坚强的人往往愈加坚强，软弱的人往往更加软弱，显然贾雨村不是那种内心强大的人。坚定的人生信念、崇高的人生理想能够使人意志坚定，使人内心强大，“求取功名，再整基业”的读书目的说到底就是为了个人出人头地，这很容易让人走向自私自利，这样的人在困难面前很难不低头，在利益的诱惑下很难经受住考验，在官场中很难不随波逐流。“偶因一着错”，贾雨村便认定娇杏是自己的红颜知己，看到娇杏，贾雨村没有想到要去拜访甄士隐，而只是“差人来传人问话”，贾雨村的这种无情的小人心态是他没有能够坚持原则、坚持自我的重要原因。缺乏坚定的人生信念和崇高的人生理想，这几乎也决定了贾雨村只能是一个封建读书人的命运。

“身后有余忘缩手，眼前无路想回头”，智通寺这副旧破对联及庙里煮粥的老僧很容易让人联想到黄粱美梦的故事[①]，只是那里的煮黄粱饭变成了这里的煮粥。显然，这个煮粥的老僧和黄粱美梦故事中的吕翁一样，也是个看破红尘的高人。如果是这样，这副对联就是在告诫贾雨村，人的欲望是一个陷阱，应该及早醒悟，回头是岸。贾雨村心想自己“曾游过些名山大刹，到不曾见过这话头，其中想必有个翻过筋斗来的，亦未可知”，他看到这副对联有所感悟，但看到那个煮粥的和尚老态龙钟，“既聋且昏，齿落舌钝”，便不在意、不耐烦，贾雨村错失了受到高人指点的机会。

---

① 黄粱美梦故事的大意是：道士吕翁是一个得道高人，有一次他在一个旅舍碰到穷困少年卢生，言谈之中吕翁发现卢生是个名利客。卢生想闭上眼睛睡一会儿，吕翁拿出一个枕头递给卢生，说用这个枕头睡觉就能实现自己的梦想，这时店家正准备用黄粱米煮饭。卢生在睡梦中梦到自己步步高升，享受了几十年荣华富贵，但醒来时发现自己只是做了一场梦，而店家的黄粱饭还没有熟。后用“黄粱美梦”比喻虚幻的好事或欲望的破灭。

经过被革职的教训，贾雨村“智通”了。显然，这里的“智通”就是某些人所认为的“聪明”，说到底，他们的“聪明”就是虚伪、世故。虚伪、世故，是因为缺乏人生信念，缺乏基本的做人原则，虚伪、世故造就了很多人的自私与贪婪之性。

四、甄士隐

甄士隐遭遇的火灾是天灾（这对甄士隐来说是天灾，但天灾的背后其实也是人祸），而其女儿丢失是人祸，遭遇天灾人祸后的甄士隐不是没法过日子，但最终让甄士隐过不下去的是他的岳丈封肃。甄士隐无家可归投奔封肃时将他的一切都交给了封肃，封肃对甄士隐“半哄半赚”，这样甄士隐“勉强支持了一二年，越觉穷了下去”，穷困并不是最可怕的，最可怕的是封肃的“现成话”，这最终让甄士隐看破红尘，跟着那个道士出家了。

封肃如此势利，显然，封肃的名字是暗示封肃的“势利”（“十里街”，“十里”谐音“势利”）在其“大如州”是一种风俗（“封肃”谐音“风俗”），而“大如州”这三个字又在暗示当时整个社会都是如此。曹雪芹开篇从天上的神仙写到地下的世俗社会，而世俗社会的第一个落脚点就是“十里街”，这显然是暗示社会上到处都是“势利街”，到处都有封肃那样的势利小人。

因为“势利街”“人情巷”“糊涂庙”里的某个和尚“不加小心”，酿成了一场大火，“将一条街烧得如火焰山一般”，致使很多家庭无辜遭殃。在“葫芦案”中，也许还是造成那一场大火的那个葫芦僧的“一片好心”（葫芦僧好心帮贾雨村判断葫芦案，但被贾雨村“远远的充发”），再加上贾雨村的“格外小心”，使得甄士隐、甄英莲一家的冤情永远得不到昭雪，使得薛蟠那样的罪人永远逍遥法外，贾雨村曾经寄居的葫芦庙几乎成了一切罪恶的发源地。

“禀性恬淡，不以功名为念”，甄士隐是个与世无争的善良之人。人善良没有错，但善良的另一方面往往是懦弱和无能，所以无原则的善良往往是是非不分的糊涂。正因为如此，甄士隐的善良既成就了贾雨村的个人野心（资助贾雨村考取功名），又成就了封肃的自私与贪婪，所以小说中甄士隐之家与“糊涂庙”近邻，但甄士隐明白这一切时为时已晚。

第六节 “一从二令三人木”

“凡鸟偏从末世来，都知爱慕此生才；一从二令三人木，哭向金陵事更哀。”王熙凤判词中的“一从二令三人木”很让人费解，笔者认为，“二令”合起来是“冷”，指冷子兴，“三人木”合起来是繁体字“來”，也就是说，《红楼梦》80回后冷子兴的到来让王熙凤“哭向金陵”。

冷子兴是周瑞家的女婿，小说第六回提到周瑞曾经和别人争买田地，第七回又说冷子兴因为卖古董和别人打官司，为了摆平官司，冷子兴叫他的女人到贾府讨情分，周瑞家的求了一下王熙凤就摆平了那个官司。从上面的细节可以看出，冷子兴这次没有和王熙凤产生直接联系，由此可以猜测，《红楼梦》前80回冷子兴都没有和王熙凤及贾府产生直接联系。至于冷子兴为什么会让王熙凤“哭向金陵”，请听笔者慢慢道来。

小说第七十一回“嫌隙人有心生嫌隙”，周瑞家的是众多嫌隙人之中最有嫌隙的那个人；抄检大观园搜查司棋的箱子时，王善保家的说搜过并没有什么东西，但周瑞家的还是“伸手掣出一双男子的锦带袜并一双缎鞋来”，可见周瑞家的眼有多贼、心有多狠；司棋被撵走时，周瑞家的对贾宝玉和绣橘等人极其蛮横，对司棋极其凶恶，贾宝玉怕周瑞家的等婆子还要生事，所以只有等她们走远后才敢对着她们的背影恨道：“奇怪，奇怪！怎么这些人只一嫁了汉子，染了男人的气味，就这样混账起来，比男人更可杀了！”在这些婆子之中，作者只点出了周瑞家的一个人的名字，可见作者眼里第一个“可杀”的就应该是周瑞家的。

贾赦和贾雨村合伙勒索石呆子的古扇，冷子兴作为贾雨村的“好友”（第七回）对此不可能不知，因为古扇也是古董，这在冷子兴的职业认知范围内。此前冷子兴因卖古董和别人打官司，结果他依仗王熙凤摆平了那个官司，这对另一方来说几乎等同于敲诈勒索。由此可以猜测，这次因为古扇而勒索石呆子很可能是冷子兴从头到尾在幕后操纵，贾赦和贾雨村只是被其利用。“雨村最赞这冷子兴是个有作为大本领的人”（第二回），可以看出冷子兴是一个很有手段的人。这样看来，冷子兴姓冷，这极有可能是作者暗示冷子兴是《红楼梦》中最为冷血的人。

小说第八十回，众人听了迎春哭诉孙绍祖的种种恶行都对迎春表达了一定的同情，唯独最应该同情迎春的邢夫人却“本不在意”。考虑到邢夫人爱财如命，由此很容易猜测，在为5000两银子将迎春送到“中山狼”嘴里的问题上，一定有很多邢夫人的“功劳”，但这笔账记在了贾赦的头上。同样，贾赦娶鸳鸯，邢夫人很有可能也是幕后操纵者，所以在敲诈勒索石呆子的问题上，贾赦也应该是被冷子兴操纵、利用。

周瑞家的虽然只是一个陪房，但她对荣国府了如指掌，是个不折不扣的“贾府通”，正因为如此，她的女婿冷子兴不进荣国府也能如此“演说荣国府”。贾母那里收藏了很多值钱的宝贝，那些宝贝中当然不乏古董，作为“贾府通”的周瑞家的对此不可能不知，冷子兴对此也很难不感兴趣，当然，冷子兴还应该对王熙凤的“小金库”感兴趣，所以在贾府大厦将倾之际，周瑞家的和她的女婿冷子兴最有条件也极有可能来趁火打劫。通行本《红楼梦》第一〇四回回目是“醉金刚小鳅生大浪”，笔者认为，曹雪芹笔下如果有一条或几条能够生大浪的小泥鳅的话，这些小泥鳅应该包括周瑞家的和冷子兴，也许贾府这条在风浪中行将沉没的破船就是在周瑞家的和冷子兴等小泥鳅掀起的又一个大浪下最终完全倾覆。王善保家的在抄检大观园的问题上起着重要作用，笔者认为，《红楼梦》80回后周瑞家的在贾府倾覆的问题上一定也起着重要作用。

王熙凤本身就有很多很大的问题，比如私设“小金库”、逼死尤二姐、打压秋桐、弄权铁槛寺、串通官府为自己出气，以及对下人太过苛责严厉从而导致下人对其有仇恨。当然作者还有可能“赋予”王熙凤新的问题，而王熙凤身边有个对王熙凤和贾府无所不知、无所不晓的周瑞家的。周瑞家的虽然有时候有求于王熙凤，但她对王熙凤的真正态度是怎样的呢？比如，在带刘姥姥去见王熙凤之前，周瑞家的曾特地对刘姥姥说王熙凤“待下人未免太严些个”，周瑞家的这样说显然她就难以接受王熙凤的苛责严厉，后来周瑞家的带刘姥姥早已站到王熙凤面前时，王熙凤头也不抬，当王熙凤终于抬头看到周瑞家的带的两个人已经跪在地上时，王熙凤又“嗔着”周瑞家的怎么不早说。

在处理秋桐的问题上王熙凤很有可能得罪了贾赦，因为秋桐曾经是贾赦的人，贾赦娶鸳鸯不成也有可能迁怒王熙凤，王熙凤利用胡太医打掉尤二姐肚子里已经成形的男胎则更有可能激怒贾赦，因为这对于贾赦来说很可能就意味着断子绝孙，由此可以想象贾赦对王熙凤的态度，而邢夫人和王熙凤更是就差撕破脸皮了。邢夫人不满贾母娇惯王熙凤，贾赦也公然指责贾母偏心；邢夫人竭力帮贾赦娶鸳鸯；为了帮邢夫人出气，贾赦也割舍了秋桐。种种迹象表明，贾赦和邢夫人早已“同穿一条裤子”，所以邢夫人很容易与贾赦团结一致来对付王熙凤。

“嫌隙人有心生嫌隙”，邢夫人的话使王熙凤“回房哭泣”，可以猜想，在王熙凤“哭向金陵”的问题上邢夫人仍然要扮演重要角色。小说第六十五回，贾琏的小厮兴儿说：“如今连他正紧婆婆大太太都嫌了他，说他‘雀儿拣着旺处飞，黑母鸡一窝儿，自家的事不管，倒替人家去瞎张罗’。若不是老太太在头里，早叫过他去了。”可以想象，贾母死后邢夫人很可能第一时间把王熙凤“叫”过去，并最终让王熙凤“哭向金陵”，因为贾母去世之日既是邢夫人向王熙凤报仇雪耻之日，也是邢夫人和王熙凤夺财、争权之时。夺财，是因为贾母那里有很多值钱的宝贝，其中当然不乏古董，既然涉及古董，这能没有“有作为大本领”且和贾赦曾经合作过的冷子兴的事吗？

贾蓉暗示贾琏说尤二姐是被王熙凤害死的，贾琏明白后对王熙凤咬牙切齿，他发誓一定要替尤二姐报仇。由此可以想象，王熙凤害死尤二姐在贾府是司马昭之心——路人皆知，并且贾琏不会姑息、包庇王熙凤。当然，他也包庇不了王熙凤。经常在王熙凤左右、对王熙凤了如指掌，并且直接见证了王熙凤如何将“苦尤娘赚入大观园”的周瑞家的应该比别人更加清楚王熙凤是怎么害死尤二姐的，王熙凤打掉尤二姐肚子里成形的男胎也应该逃不过她的耳目，所以笔者认为，邢夫人和贾赦最有可能利用王熙凤逼死尤二姐的问题让贾琏休弃王熙凤，从而让王熙凤“哭向金陵”，因为金陵是王熙凤的娘家。周瑞家的掌握王熙凤的很多秘密，周瑞家的女婿冷子兴先前就曾经与贾赦合作过，如果冷子兴将周瑞家的所知道的王熙凤的秘密统统与贾赦、邢夫人"分享"，王熙凤当然只有"哭向金陵"了。

贾赦需要冷子兴时把冷子兴请进贾府，但他把冷子兴送走估计就没有那么容易了，因为王熙凤的"小金库"很可能满足不了冷子兴的胃口，所以贾赦把冷子兴请进贾府的结果很可能是引狼入室、惹火烧身，这就像他娶鸳鸯一样——羊肉没吃到，惹得一身膻。

周瑞家的和邢夫人的一次"有心"使王熙凤"回房哭泣"，也许周瑞家的和邢夫人下一次的"有心"就会使王熙凤"哭向金陵"。这样看来，小说第七十一回王熙凤"回房哭泣"是她后来"哭向金陵"的一条线索或一次预演。上一次贾琏因为冷子兴破相（冷子兴"操纵"贾雨村、贾赦敲诈勒索石呆子，贾琏的脸被贾赦打破了两处），下一次贾琏就可能因为冷子兴破婚，所以石呆子的扇子也可能是"一从二令三人木"的一条线索。因为贾琏的破相，平儿骂贾雨村是"半路途中那里来的饿不死的野杂种"（第四十八回），她显然不知道冷子兴才是幕后的主谋，如果知道，她该用什么语言来形容她低头不见抬头见的周大娘的女婿呢？如果冷子兴的到来使得贾琏休弃王熙凤，这很可能意味着平儿要被扶正，那么，被扶正的平儿对冷子兴又该作何感想呢？

第七节　袭人

作者笔下的袭人是在发展变化的。

一、"花袭人"

袭人被卖到贾府后首先服侍贾母，善于阅人的贾母看到袭人"心地纯良，克尽职任"（第三回），因贾母疼爱宝玉，所以把袭人给了宝玉。袭人第一次出场时，小说第三回这样介绍袭人：

> 这袭人亦有些痴处，伏侍贾母时，心中眼中只有一个贾母，如今服侍宝玉，心中眼中又只有一个宝玉。

第一，袭人心地纯良。

小说第三回，林黛玉初进荣国府，贾宝玉看到天仙一样的林妹妹没有玉，所以狠命摔自己的通灵宝玉，事后林黛玉很伤心，袭人劝道："姑娘快休如此，将来只怕比这个更奇怪的笑话儿还有呢！若为他这种行止你多心伤感，只怕你伤感不了呢。快别多心！"

小说第六回，宝玉从太虚幻境回来后强与袭人初试云雨情，"袭人素知贾母已将自己与了宝玉的，今便如此，亦不为越礼，遂和宝玉偷试一番，幸得无人撞见"。这里袭人表现出了其单纯、懵懂的一面。

小说第九回，宝玉上学前，"袭人早已把书笔文物包好，收什的停停妥妥，坐在床沿上发闷"。袭人的"发闷"给人以无限的遐想。可以看出，这里的袭人对宝玉有很大的依恋，这说明和宝玉初试云雨情不久后的袭人仍然无比纯真，后来袭人对宝玉的嘱咐也很有人情味："这是那里话。读书是极好的事，不然就潦倒一辈子，终久怎么样呢。但只一件：只是念书的时节想着书，不念的时节想着家些，别和他们一处顽闹，碰见老爷不是顽的。虽说是奋志要强，那工课宁可少些，一则贪多嚼不烂，二则身子也要保重。这就是我的意思，你可要体量。"

小说第八回，因为李嬷嬷喝掉了贾宝玉的枫露茶，贾宝玉气得摔碎了手中的杯子，并跳起来质问茜雪，虽然贾母遣人来问时袭人揽下了责任，但茜雪还是被撵走了。尽管如此，李嬷嬷仍然将茜雪被撵的账记在了袭人的头上，所以她后来骂袭人："谁不是袭人拿下马来的！我都知道那些事。"李嬷嬷如此对待袭人，但我们没有看到袭人记恨李嬷嬷。第十九回，李嬷嬷吃了宝玉留给袭人的酥酪，袭人为避免再次出现"茜雪之茶"之类的事件，撒谎说自己想吃栗子，把宝玉的注意力引开。第三十一回，宝玉要撵晴雯，袭人跪下来阻拦，显然她还是在避免出现"茜雪之茶"之类的事件。综合这三件事就可以看出袭人的善良。

能够体现袭人善良的地方还有很多。小说第十九回，袭人小时候家里很穷，为了不“看着老子娘饿死”，袭人同意家里人将自己卖掉，换“几两银子”；第三十回，挨了宝玉“窝心脚”的袭人反过来安慰宝玉；第五十八回，袭人不会和人拌嘴；第五十九回，何婆子要挨板子，她央告袭人，“袭人见他如此，早又心软了”。

第二，袭人克尽职任。

小说第八回，“袭人伸手从他项上摘下那通灵玉来，用自己的手帕包好，塞在褥子底下，次日带时便冰不着脖子”；第十七、十八回，宝玉“大观园试才题对额”回来，袭人立即发现宝玉身上的佩物一件无存；第十九回，袭人家里提出给袭人赎身的想法，袭人想到“宝玉性格异常……仗着祖母溺爱，父母亦不能十分严紧拘管”，所以借赎身之论规劝宝玉；第二十一回，宝玉“无晓夜”和林黛玉、史湘云厮混，袭人担心她们带坏了宝玉，所以“贤袭人娇嗔箴宝玉”；第二十九回，因张道士给宝玉提亲，黛玉和宝玉大闹了一场，“袭人见他两个哭，由不得守着宝玉也心酸起来。又摸着宝玉的手冰凉”。

袭人的克尽职任正如她对林黛玉所说：“林姑娘，你不知道我的心事，除非一口气不来死了到也罢了。”所以贾宝玉看到麝月有责任心时感叹麝月“又是一个袭人”。

“花气袭人知骤暖”，如果身边有一个袭人这样心地纯良、克尽职任的人为自己服务，真是如同生活在温暖的春天里。心地纯良、克尽职任的袭人是“花袭人”。

二、“贤袭人”

（一）袭人和贾宝玉

对贾宝玉来说，袭人只是他的一个丫头，贾宝玉对袭人没多少情感可言，尽管他和袭人已有云雨之情，比如：小说第八回，和贾宝玉初试云雨情后不久，袭人“故意妆睡，引宝玉来怄他顽耍”，但贾宝玉浑然不觉；第十三回，林黛玉回苏州了，贾宝玉“因近日林黛玉回去，剩得自己孤恓，也不和人顽耍，每到晚间便索然睡了”；第十九回，贾宝玉看到茗烟和一个女孩子“也干那警幻所训之事”时才想起袭人，于是他叫茗烟带他到袭人家里去看袭人，并且那一天晚上和袭人“情切切”。所以贾宝玉和袭人之间没有爱情，有的只是“云雨情”，不客气地说，袭人只是贾宝玉偶尔发泄欲望的对象。

同样，除了与贾宝玉初试云雨情后不久对贾宝玉有一些依恋以外，袭人对贾宝玉一直没有什么好感，更谈不上情感。小说第三回，贾宝玉看到林黛玉没有玉，狠命摔自己的通灵宝玉，林黛玉很伤心，袭人对林黛玉说：“将来只怕比这个更奇怪的笑话儿还有呢！若为他这种行止你多心伤感，只怕你伤感不了呢。快别多心！”第十九回，“如今且说袭人自幼见宝玉性格异常，其淘气憨顽自是出于众小儿之外，更有几件千奇百怪口不能言的毛病儿。近来仗着祖母溺爱，父母亦不能十分严紧拘管，更觉放荡弛纵，任性恣情，最不喜务正”。第五十七回，“慧紫鹃情辞试莽玉”，袭人看到宝玉傻了，哭道：“不知紫鹃姑奶奶说了些什么话，那个呆子眼也直了，手脚也冷了……”可以看出，贾宝玉在袭人眼里差不多一直是个非常可笑的家伙。

小说第十九回，贾宝玉去袭人家里看她：

> （花自芳）在院内嚷道：“宝二爷来了！”别人听见还可，袭人听了，也不知为何，忙跑出来迎着宝玉，一把拉着问：“你怎么来了？”宝玉笑道：“我怪闷的，来瞧瞧你作什么呢。”袭人听了，才放下心来。

显然，袭人是担心贾宝玉是不是出了什么问题才来找她，如果出了问题，贾母和王夫人就会怪罪自己，所以袭人放心不下。已经和贾宝玉产生“云雨情”的袭人对贾宝玉到来的第一反应不是惊喜，不是幸福，而是惊慌，这里我们同样几乎看不到袭人对贾宝玉的情感，而只看到她对贾母和王夫人的敬畏。

小说第三十三回，贾宝玉被贾政打得皮开肉绽，而“袭人满心委屈，只不好十分使出来，见众人围着，灌水的灌水，打扇的打扇，自己插不下手去，便越性走出来到二门前，令小厮们找了焙茗来细问”。这里的袭人仍然看不到明显的悲伤，只是“满心委屈”，可见袭人想到的仍是贾母和王夫人会不会责备自己，会不会撵自己出去，为了不被惩罚，袭人叫小厮们找来焙茗细问宝玉被打的原因，否则不好向贾母、王夫人交代。贾政将贾宝玉打了个半死，但事后袭人在王夫人面前说："论理，我们二爷也须得老爷教训两顿。"

在林黛玉眼里，贾宝玉"面若中秋之月，色如春晓之花，鬓若刀裁，眉如墨画，面如桃瓣，目若秋波。虽怒时而若笑，即嗔视而有情"；在"老封建"贾政眼里，贾宝玉"神彩飘逸，秀色夺人"，并且有些歪才，有时对他也有一些喜爱之情；但在袭人眼里，贾宝玉简直"口不能言"，更别说与之有情感了。

（二）袭人和王夫人

宝玉挨打后，袭人到了王夫人的房里看到王夫人"这般悲感"，自己也不觉"伤了心"，但她此前直接面对受伤的宝玉时只是"满心委屈"。在说到宝玉被打的原因时，袭人说："论理，我们二爷也须得老爷教训两顿。若老爷再不管，将来不知做出什么事来呢。"王夫人听到这话心头为之一颤：

> 王夫人一闻此言，便合掌念声"阿弥陀佛"，由不得赶着袭人叫了一声："我的儿，亏了你也明白，这话和我的心一样。我何曾不知道管儿子，先时你珠大爷在，我是怎么样管他，难道我如今到不知管儿子了？只是有个原故：如今我想，我已经快五十岁的人，通共剩了他一个，他又长的单弱，况且老太太宝贝似的，若管紧了他，倘或再有个好歹，或是老太太气坏了，那时上下不安，岂不到坏了，所以就纵坏了他。我常常掰着口儿劝一阵，说一阵，气的骂一阵，哭一阵，彼时他好，过后儿还是不相干，端的吃了亏才罢了。若打坏了，将来我靠谁呢！"说着，由不得滚下泪来。（第三十四回）

"我已经快五十岁的人……若打坏了，将来我靠谁呢！"对于王夫人来说，贾宝玉绝对不能有任何闪失，她要寻找一个能够替她看住宝玉的人，王夫人看到袭人的"心"和自己的"心"一样，于是袭人成为她心里的最佳人选。后来王夫人赏给袭人"两碗菜"，并不让她去磕头，弄得袭人"不好意思"；王夫人又把袭人的待遇提高到赵姨娘、周姨娘的水平，袭人知道后，又"不好意思”，随即宝钗就看到袭人给宝玉做“好鲜亮活计”的兜肚。那天“夜间人静”后，袭人将王夫人提高她待遇的事告诉贾宝玉，夜深了她还在和贾宝玉说个没完没了：“（袭人）只拣那宝玉素喜谈者问之。先问他春风秋月，再谈及粉淡脂莹，然后谈到女儿如何好……”

袭人和王夫人之间有着良好的互动，显然，袭人对王夫人充满着感激。

（三）奴性

袭人小时候家里很穷，她家不得已将她卖给贾府，家境好转时袭人家里人就想着要将袭人赎出来，但袭人断然掐灭了她家里人给她赎身的念头。袭人家里提出给她赎身的想法恰好是在她和贾宝玉“情切切良宵花解语”之前，此时虽然贾宝玉因为袭人和他有云雨之情而视袭人“更比别个不同”，但客观地说，那时的袭人在贾府并没有多么光明的前景。丫鬟是伺候主子的“奴儿”（第六十回），不但地位低下，而且身家性命都捏在别人手里，如小说前面的茜雪和后面的金钏，对她们来说，摆脱“奴儿”的身份是求之不得的事情，但袭人甘当“奴儿”。贾宝玉“强袭人同领警幻所训云雨之事”，袭人却主动为贾宝玉开脱，并且心安理得，后来袭人和王夫人又产生了良好的互动，这一切都不得不使人联想到一个名词——奴性。显然，袭人是一个奴性很深的人。

因为奴性，袭人敬畏贾母和王夫人，所以她服侍宝玉时，“心中眼中只有一个宝玉”；因为奴性，袭人敬畏权势，追求权势，所以袭人无论如何也不想离开贾府；因为奴性，袭人和王夫人心有灵犀，在王夫人眼里，袭人不但听话，而且还会做事，更难得的是袭人还很有“心胸”，比她的宝玉“强十倍”。于是，王夫人很放心地把贾宝玉交给了袭人。

王夫人眼里的袭人是贤袭人，我们且叫她“贤袭人”。袭人之“贤”，“贤”在她深深的奴性。

（四）奴才

贾宝玉的“窝心脚”让袭人口吐鲜血，“袭人见了自己吐的鲜血在地，也就冷了半截，想着往日常听人说：‘少年吐血，年月不保，纵然命长，终是废人了。’想起此言，不觉将素日想着后来争荣夸耀之心尽皆灰了，眼中不觉滴下泪来”，“没嘴的葫芦”（第七十八回）里装的却是一颗“争荣夸耀”的心，这样一个“争荣夸耀”且很有“心胸”的人在宝玉挨打后，抓住机会向王夫人谏言，这样袭人巴结上了王夫人，成为王夫人的好奴才。

巴结上王夫人以后，王夫人很快就将袭人“提拔”为“准宝二姨娘”，袭人对此很满足，对王夫人非常感激。小说第三十五回，王夫人赏给她“两碗菜”，还不让她去磕头，弄得袭人“不好意思”；第三十六回，王夫人把袭人的待遇提高到赵姨娘、周姨娘的水平，袭人知道后，又“不好意思”，随即宝钗就看到袭人给宝玉做“好鲜亮活计”的兜肚；第三十七回，众丫头讨论王夫人将剩下的衣服赏给哪个“西洋花点子哈巴儿”了，袭人主动承认。可见袭人对能够巴结上王夫人并得到王夫人的赏识而深感荣幸。显然，袭人已经是一个自我感觉良好的奴才。

袭人认为将来的宝二奶奶是薛宝钗，所以她把薛宝钗当作自己将来的顶头上司来巴结，给薛宝钗创造了一次为贾宝玉“赶蚊子”的机会。宝玉挨打后，薛宝钗和林黛玉都去看望了宝玉，但袭人“心内着实感激宝钗”。袭人追求权势，她希望登上“宝二姨娘”甚至“宝二奶奶”的宝座，可以看出，袭人一直在为这个目标而努力。

在《红楼梦》前80回，第五十一回的袭人走到了她人生最光辉的时刻：死了母亲的袭人回家奔丧时，王夫人赏了袭人四十两银子，袭人和跟随袭人的奴仆分乘大小两辆车，袭人梳洗、吃住一概不用娘家的用具。显然，王熙凤在王夫人的示意下给了袭人“姨娘”的礼数：

> 半日，果见袭人穿戴来了，两个丫头与周瑞家的拿着手炉与衣包。凤姐儿看袭人头上戴着几枝金钗珠钏，到华丽；又看身上穿着桃红百子刻丝银鼠袄子，葱绿盘金彩绣绵裙，外面穿着青缎灰鼠褂。

“头上戴着几枝金钗珠钏”，周瑞家的等人在左右伺候，袭人的奴才相和奴才味都很足。

王熙凤看到王夫人看重袭人，所以她也不得不对袭人另眼相看，把她“昨日”还在穿的石青刻丝八团天马皮褂子送给了袭人。那衣服王熙凤“昨日”还在穿，说明那衣服王熙凤很喜欢穿且经常穿，可见王熙凤对袭人的看重。王熙凤觉得这样还不够，又送给袭人一个玉色绸里的哆啰呢的包袱，并包上一件雪褂子。

三、“嫌隙人”

（一）嫌隙人

小说第七十一回，尤夫人看到大观园的正门和各处角门都没有关，于是叫一个小丫头去找人，小丫头去了只看到两个婆子在忙碌，小丫头叫她们传话，这两个婆子见是宁国府的尤夫人来使唤她们，所以对那个小丫头很不客气，并和她发生了争吵。小丫头回来气狠狠地向尤夫人说了那两个婆子的蛮横无理。宝琴、湘云和地藏庵的两个尼姑等人听了怕尤夫人生气，说没有那回事，那两个尼姑还善意地对那个小丫头说不该回糊涂老嬷嬷们说的话。袭人笑着拉出那个小丫头说：“好妹子，你且出去歇歇，我打发人叫他们去。”尤夫人说：“你不要叫人，你去就叫这两个婆子来，到那边把他们家的凤儿叫来。”袭人笑道：“我请去。”两个尼姑和宝琴、湘云都劝慰尤夫人，尤夫人说：“不为老太太的千秋，我断不依。且放着就是了。”

袭人早已派了一个丫头去园门外找人，这个小丫头看到周瑞家的，就把事情告诉了她，周瑞家的听了便跑到怡红院，一面“飞走”，一面说：“气坏了奶奶了，可了不得……”尤夫人见周瑞家的那样多事，担心把事情闹大，反觉得不好意思。周瑞家的把事情的经过告诉了王熙凤，并在王熙凤那里说了那两个婆子的一些坏话，周瑞家的还自作主张捆起了那两个婆子送到了马圈。

那两个婆子的女儿哭着向林之孝家的求情，林之孝家的也没有办法，叫她们去找费婆子。费婆子是邢夫人的陪房，因为贾母近来不大“作兴”邢夫人，费婆子看到王夫人这边有些体面的人都虎视眈眈，如今听到周瑞家的捆了她亲家，越发火上浇油，她仗着酒兴，指着隔断的墙大骂一阵后又来求邢夫人。

自从贾母那次高调给王熙凤过生日后，邢夫人对王熙凤的怨恨与日俱增，所以她故意当着王夫人等众多人的面大声地向王熙凤求情，这让王熙凤很没有面子，王夫人也因此责备了王熙凤。王熙凤从没有受过如此委屈，所以她“由不得越想越气越愧，不觉的灰心转悲，滚下泪来，因赌气回房哭泣，又不使人知觉”。后来贾母也知道了这些事。

上面是“嫌隙人有心生嫌隙”事件的经过，整个过程涉及很多人，作者究竟要说谁是嫌隙人呢？事情因那两个婆子而起，这两个欺软怕硬、惹是生非的婆子当然是嫌隙人，周瑞家的无事生事、小题大做，费婆子挑唆邢夫人，邢夫人借机出气，她们也都是嫌隙人。

尤夫人本来已经宽恕了那两个婆子，事情差不多到此为止，但袭人派了一个丫头到大观园外找人，那小丫头碰到周瑞家的就把那两个婆子顶撞尤夫人的事告诉了她，这才有了事件的后续发展，可见事件的恶化与袭人有关（这虽然与袭人没有直接关系，但可以看出作者在暗示袭人的问题）。尤夫人说要请王熙凤来整治那两个婆子时，两个尼姑和宝琴、湘云都劝慰尤氏，但袭人一面要去叫那两个婆子来受训，另一面又毫不犹豫地要去请凤姐，袭人在两面讨好。这里的袭人再也不是以前那个愿意息事宁人的袭人，她只想到怎样讨好尤夫人，怎样在凤姐面前卖乖。与宝琴、湘云等女儿相比，与以前的袭人相比，这里的袭人明显多了一些世故，少了一些善良。可见，这里的嫌隙人也包括袭人。

（二）袭人与婆子

袭人有了很多媳妇、婆子的最重要特征——奴性，媳妇、婆子的其他特征在她身上也都有不同程度的体现。

1. 钻营

袭人从一个小丫头到“准宝二姨娘”的过程就是她投机钻营的过程。

袭人与宝玉初试云雨情后，宝玉视袭人“更比别个不同”，这样，本来和晴雯、麝月一样身份的袭人逐渐成为怡红院的大管家，总揽怡红院的“经济”和“人事”：小说第二十一回，袭人给四儿改名；第五十一回，晴雯感冒需要吃药，宝玉叫麝月称银子给医生，但她不认识秤，袭人却认识，可见袭人独揽怡红院的“经济”。此外，坠儿该不该被撵走，五儿能不能进怡红院都必须经过袭人同意。从与麝月、晴雯、媚人一样身份的丫头一跃成为怡红院的“一姐”，这显然是袭人一点一点“钻”的结果。

袭人抓住宝玉挨打的机会向王夫人谏言，这样，袭人成了“准宝二姨娘”，袭人的这次投机十分成功。袭人的母亲死了，这对袭人来说本来是一件悲痛的事，但王夫人给了袭人“准宝二姨娘”的礼数，从此再也没有人能够与袭人争夺“宝二姨娘”的位置了，袭人又成为受益者。

贾宝玉因为晴雯被撵走而悲痛不已，但袭人禁不住内心的喜悦，先后多次发笑，因为这时候的袭人再也找不到对手，她的地位已无可动摇。

2. 贪婪

袭人对权势和地位的贪求是显而易见的。小说第三十一回，挨了贾宝玉“窝心脚”的袭人看到自己吐在地上的鲜血，“不觉将素日想着后来争荣夸耀之心尽皆灰了”，可见袭人对权势和地位的渴求。袭人母亲死后不久，贾宝玉听到袭人对鸳鸯说：“我也想不到能彀看父母回首。太太又赏了四十两银子，这到也算养我一场，我也不敢妄想了。”袭人真的不想成为宝二姨娘？显然不是，恰恰相反，我们因此看到袭人内心深处对权势和地位的渴求。

3. 妒忌

晴雯被撵走后，贾宝玉看到袭人在那里“垂泪”，但袭人在随后与贾宝玉不太长的对话中，藏不住内心的喜悦，先后多次发笑，可见袭人“垂泪”是装给贾宝玉看的。当贾宝玉把晴雯比作海棠的时候，袭人非常气愤，说：“真真的这话越发说上我的气来了。那晴雯是个什么东西，就费这样心思，比出这些正经人来！还有一说，他纵好，也灭不过我的次序去。”可以看出，袭人对晴雯的妒忌由来已久。

小说第七十回，晴雯、麝月、芳官相互膈肢，后来宝玉也加入，袭人看“四人裹在一处到好笑”，从这个“到”字也隐约看到袭人与晴雯、芳官等小丫头们之间的距离。

小说第七十七回，宝玉和四儿的私自顽话“同日生日就是夫妻”传到了王夫人的耳朵里，芳官叫宝玉去要柳五儿也让王夫人知道了，这样芳官、四儿都被撵走了，是谁告密的呢？袭人显然是最大的嫌疑人。“诼谣謑诟，出自屏帏”，贾宝玉在《芙蓉女儿诔》里暗示陷害晴雯的流言蜚语来自怡红院内，显然，袭人就是那个制造流言蜚语并将流言蜚语传到王夫人的耳朵里的人。如果说王夫人是陷害晴雯的那个“悍妇”，王善保家的是陷害晴雯的那个“蛊虿”的话，袭人则是陷害晴雯的那个“诐奴”（诬陷别人的奴才）。

4. 无知

袭人几乎时时刻刻都在贾宝玉身边，和贾宝玉接触最多，但她对贾宝玉一点也不理解，而尤三姐和贾宝玉只见过一两面就看出贾宝玉是“只不大合外人的式”。

小说第四十九回，邢岫烟、李纹、李绮、薛宝琴等人来到了贾府，宝玉看到她们都非常好看，回来告诉袭人、麝月、晴雯，叫她们也去看看。贾宝玉感叹说：“你们成日家只说宝姐姐是绝色的人物，你们如今瞧瞧他这妹子，更有大嫂嫂这两个妹子，我竟形容不出了。老天，老天，你有多少精华灵秀，生出这些人上之人来！可知我井底之蛙，成日家自说现在的这几个人是有一无二的。”宝玉一面说，一面自笑自叹。袭人以为贾宝玉着了魔，不肯去瞧。晴雯去看了回来向袭人道：“你快瞧瞧去！大太太的一个侄女儿，宝姑娘一个妹妹，大奶奶两个妹妹，到像一把子四根水葱儿。”袭人还是不信，她问探春：“他们说薛大姑娘的妹妹更好，三姑娘看着怎么样？”探春也说薛宝钗的妹妹比薛宝钗更好看，袭人听了，很“诧异”，说：“这也奇了，还从那里再好的去呢？我到要瞧瞧去。”

贾宝玉说自己是井底之蛙，其实袭人才真是“贾府之蛙”。

5. 无情

贾宝玉被贾政打个半死，但袭人对王夫人说宝玉该打“两顿”；晴雯、四儿、芳官、司棋被撵走后，袭人不但没有同情她们，反而对晴雯表现出了强烈的妒忌。晴雯被撵走后，宝玉请求袭人把晴雯的东西送给晴雯，并送几吊钱给晴雯养病，袭人听了笑道：“你太把我们看的又小器又没人心了……我才已将他素日所有的衣裳以至各什各物总打点下了……且等到晚上，悄悄的叫宋妈给他拿出去。我还有攒下的几吊钱也给他罢。”宝玉听了，感谢不尽，袭人笑道：“我原是久已出了名的贤人，连这一点子好名儿还不会买来不成！”晴雯刚被撵走，袭人就立即将晴雯的东西收拾好。袭人怎么知道晴雯不会回来？袭人这样做安的是什么心？袭人对晴雯有没有一点同情心？应该说，袭人本来没有出钱为晴雯养病的意思，但为了继续蒙骗宝玉，她装出同情晴雯的样子。“我原是久已出了名的贤人，连这一点子好名儿还不会买来不成”，可以看出，自诩为贤人的袭人沉浸在胜利的喜悦中。

（三）“半个婆子”

在晴雯被撵走后，宝玉哭道：“我究竟不知晴雯犯了何等滔天大罪！”袭人回道：“太太只嫌他生的太好了，未免轻佻些。在太太是深知这样美人似的人必不安静，所以恨嫌他，像我们这粗粗笨笨的到好。”从袭人的话可以看出，她也认为晴雯因为“生的太好了”，所以“轻佻”“必不安静”“不正经”，在这一点上，袭人与王夫人的想法又完全一致，当然这也能看出袭人对晴雯的妒忌。如果没有袭人对贾宝玉的挑逗，就应该没有她和贾宝玉的初试云雨情，所以“轻佻”“不安静”的是袭人自己，袭人的贼喊捉贼和不自知都很让人气愤。

如果说茜雪被撵袭人没有责任，那么袭人向王夫人告密，强烈妒忌晴雯，则说明袭人已经不是原来那个袭人了。小说第五十九回，春燕引宝玉的话：“女孩儿未出嫁，是颗无价之宝珠。出了嫁，不知怎么就变出许多的不好的毛病来，虽是颗珠子，却没有光彩宝色，是颗死珠了。再老了，更变的不是珠子，竟是鱼眼睛了。分明一个人，怎么变出三样来？”按照贾宝玉的这个逻辑，袭人已经“嫁”给了宝玉，并且她在妒忌、无情、贪婪、无知、钻营等方面都有所体现，已经表现出很多“婆子”的特征，也就是说，袭人已经“变出许多的不好的毛病来”，是一个“死珠子”了。可以想象，如果袭人能够继续留在贾府，等她老了，也就自然地变成贾宝玉所讨厌的“鱼眼睛”。从这个角度看，袭人在《红楼梦》中扮演着一个重要角色——女儿怎样变成婆子。换个角度看，这句话在一定程度上主要是针对袭人说的，所以，在袭人母亲死后，成为事实上的“准宝二姨娘”，并且嫉妒晴雯、向王夫人告密的袭人应该算“半个婆子”。袭人本名“珍珠”，显然，这里作者有“珍珠”要变成“死珠”、变成“鱼眼睛”的意思。

四、袭人的发展变化

从“花袭人”到“贤袭人”，从“贤袭人”再到“嫌隙人”，袭人一直在发展变化，袭人从“花袭人”到“嫌隙人”的过程其实就是她从一个纯真、善良的女儿变成“半个婆子”的过程。与此同时，袭人也从一个被买来的小丫头变成比赵姨娘还体面的“准宝二姨娘”。袭人是怎样发展变化的呢？

（一）天生的奴性

可以想象，袭人是带着奴性被卖到贾府的，在穷苦中煎熬的袭人从小就对荣华富贵、权势充满着渴望。刚进贾府，对于一个没有任何优势和地位且奴性明显的小丫头来说，让她服侍贾母，其心中、眼中只有一个贾母，让她服侍宝玉，其心中、眼中又只有一个宝玉，这是很自然的。

自与袭人初试云雨情，贾宝玉“视袭人更比别个不同”，这时的袭人明显有些恃宠而骄，所以枫露茶事件之前贾宝玉问袭人在哪里，晴雯向里间炕上努嘴，原来袭人在故意装睡引宝玉来和她玩耍。小说第十九回，李嬷嬷看到贾宝玉留给袭人的酥酪就嚷着要吃，一个丫头道：“快别动！那是说了给袭人留着的，回来又惹气了，你老人家自己承认，别带累我们受气。”从晴雯的努嘴和那个小丫头对李嬷嬷的抱怨可以看出，袭人因为宝玉视她“更比别个不同”就恃宠而骄，所以她胆敢公开或半公开地勾引宝玉，也经常在其他丫头面前摆大小姐的架子。

可以猜想，在和贾宝玉初试云雨情后的一段时间里，袭人经常“妆狐媚子哄宝玉”，也经常摆大小姐的架子，以致有一次袭人生病在床，李嬷嬷以为袭人又在“妆狐媚子哄宝玉”，所以大骂袭人：“忘了本的小娼妇！我抬举起你来，这会子我来了，你大模大样的躺在炕上，见我来也不理一理，一心只想妆狐媚子哄宝玉，哄的宝玉不理我。”

小说第十九回，袭人回家吃年茶时她家里人和她说起了赎身的问题，此前，袭人和贾宝玉之间除了偶尔有云雨之情外也看不出有多少特别的感情（比如袭人装睡引贾宝玉和她玩耍，贾宝玉浑然不觉；林黛玉回苏州时，贾宝玉晚上也不和袭人玩耍），但袭人断然掐灭了她家人为她赎身的念头，可见袭人是把贾府而不是把她眼里荒诞可笑的贾宝玉当成自己的归宿。

差不多就在袭人家里人和袭人谈起赎身问题的同时，贾宝玉看到茗烟和一个女孩子“也干那警幻所训之事”，这时他想到了袭人，于是贾宝玉叫茗烟带他去袭人家里去看袭人。贾宝玉从袭人家里回来后不久，袭人也回来了，袭人和贾宝玉“彼此相见”，并且当晚两人“情切切良宵花解语”。

可以想象，“情切切良宵花解语”之前贾宝玉少不了要和袭人做“警幻所训之事”，应该说，这一次贾宝玉真正尝到了“爱”的滋味，所以袭人用赎身之论骗贾宝玉时贾宝玉“泪痕满面”，天下第一“情”人的贾宝玉对袭人动情了。贾宝玉如此动情，但袭人看到贾宝玉“泪痕满面”时只是轻松地一笑而过，因为悬在袭人心头的问题是自己能不能留在贾府，袭人从贾宝玉身上看到自己有留下来的希望时，她趁热打铁，继而向贾宝玉开出自己留下来的三个条件。总体来说，这三个条件无非都是要挟贾宝玉。袭人看到贾宝玉“泪痕满面”时一笑而过，但她后来向王夫人谏言，见王夫人“这般悲感”时，她自己“也不觉伤了心，陪着落泪”；在袭人眼里贾宝玉满是缺点与问题；袭人还要挟贾宝玉：这都说明袭人对贾宝玉没有什么感情，但她对贾府、对王夫人很有感情。

袭人的“情切切”是对贾府、对王夫人，而不是对贾宝玉。当然，因为贾宝玉的存在，袭人才把贾府当成自己的归宿，从这个角度看，完全忽略袭人对贾宝玉的情是不可能的，但袭人对贾宝玉的情就像一张纸那样薄得可怜。这样看来，作者给袭人戴上“情切切”“花解语”的高帽都有讽刺袭人的意味。

前一天晚上贾宝玉和袭人“情切切”，第二天早上贾宝玉就与林黛玉“意绵绵”，贾宝玉和林黛玉“意绵绵”后不分昼夜地和林黛玉、史湘云厮闹，并在黛玉房里梳洗，袭人非常生气，于是“贤袭人娇嗔箴宝玉”。“情切切良宵花解语”，此前贾宝玉需要袭人基本上只是发泄一时的生理欲望，并且袭人的“情切切”主要是对贾府、对王夫人，而不是对贾宝玉，所以袭人和贾宝玉之间没有多少情可言，而“意绵绵静日玉生香”则是贾宝玉和林黛玉彼此情意的自然萌发。因为彼此情意已经萌发，所以那段时间贾宝玉和林黛玉如胶似漆，但作者不是正面描写贾宝玉和林黛玉的如胶似漆，而是从袭人的角度说贾宝玉不分昼夜地和林黛玉、史湘云厮闹，在林黛玉房里梳洗。显然，“贤袭人娇嗔箴宝玉”主要是指袭人吃醋。

小说第三十二回，贾宝玉对林黛玉“诉肺腑”却错说给了袭人，袭人“吓得魄消魂散”，她猜想“将来难免不才之事，令人可惊可畏”，想到这里袭人不觉怔怔地滴下泪来，这一次袭人内心受到了极大的震撼，由此也可见袭人对林黛玉的真实态度及对宝黛爱情的真实态度。

贾宝玉将袭人给他的松花汗巾送给了别人（蒋玉菡），再加上贾宝玉对“林黛玉”的“诉肺腑”，袭人受到一连串的打击，所以在挨了贾宝玉的“窝心脚”受伤以后，袭人顺便将贾宝玉的“夜晚一应茶水起坐呼唤之任”都交给了晴雯。可以看出，袭人对贾宝玉再也没有以前那么尽心尽力了，应该说，这时的袭人再也不对贾宝玉抱有多大希望了。

和贾宝玉“情切切”的第二天，袭人生病在床，李嬷嬷以为袭人又在“妆狐媚子哄宝玉”，所以将袭人大骂一顿。虽然这一次袭人是被冤枉的，但可以想象，袭人曾经经常“妆狐媚子哄宝玉”。李嬷嬷骂袭人被王熙凤听到了，这距离王夫人知道此事只差一步，如果小心多疑的王夫人知道此事后再稍做调查，袭人必将身败名裂。

（二）从奴隶到奴才

袭人对贾宝玉不抱希望，不等于袭人没有了希望。小说第三十一回，贾宝玉给了袭人一个“窝心脚”，袭人看到自己吐血了，“不觉将素日想着后来争荣夸耀之心尽皆灰了”，袭人的“灰心”恰恰透射出她的“进取之心”。

宝玉挨打，这对袭人来说真是个千载难逢的好时机，袭人抓住机会向王夫人谏言，从此袭人被王夫人赏识，王夫人也“钦点”袭人为“准宝二姨娘”。在那一段时间里，袭人和王夫人配合得相当默契，王夫人给袭人一点小恩小惠，袭人就感激不尽，多次“不好意思”，而这正中王夫人的下怀，这样，袭人顺利成为王夫人的“好奴才”。

显然，从奴隶到奴才，这对于敬畏权势、追求权势的袭人来说是求之不得的，所以宝玉挨打后，王夫人叫人传话，说要一个“跟二爷的人”：“袭人见说，想了一想，便回身悄悄告诉晴雯、麝月、檀云、秋纹等说：‘太太叫人，你们好生在房里，我去了就来。’”就这样，袭人接近了王夫人。对袭人来说，能够成为王夫人的奴才是她的荣幸、她的造化。

应该说，枫露茶事件和金钏之死对袭人也都有重要影响。茜雪因为枫露茶事件被无声无息地撵走，袭人目睹了事件的全过程，她清楚地看到权势的重要性，也看到丫头命运的脆弱。金钏之死给了袭人极大的震撼：袭人听说金钏跳井死了，“唬了一跳，忙问那个金钏儿”，后来她“点头赞叹，想素日同气之情，不觉流下泪来”。金钏之死使袭人意识到自己和金钏一样，都是贾府的丫头，金钏的今天也许就是自己的明天，所以“不觉流下泪来”（除了对王夫人，袭人很少流泪）。通过这两件事，袭人更加清楚地看到权势和地位的重要性，也意识到贾母和王夫人对她来说意味着什么，所以在宝玉挨打后，王夫人要一个“跟二爷的人”，于是袭人“悄悄”地接近了王夫人。

总之，在袭人的“下层路线”已走到尽头的情况下，其“上层路线”出奇顺利，命运之神再次眷顾了袭人，让袭人顺利成为王夫人的“好奴才”。

（三）从普通奴才到“半个婆子”

从普通奴才到“半个婆子”，袭人也不是一朝一夕实现的。

贾宝玉和袭人初试云雨情后视袭人“更比别个不同”，这使袭人不免产生非同寻常的优越感，但很快就被李嬷嬷泼了一盆冷水，巴结上王夫人以后，袭人感受到王夫人赋予她的真正的优越感，正如赵姨娘所说：“我这屋里熬油似的熬了这么大年纪……这会子连袭人都不如了，我还有什么脸？”同样，袭人也会认为自己对宝玉那么认真负责，为宝玉做了那么多事情，也该“熬”出头了，晴雯算什么东西？①

小说第六十四回，晴雯、芳官、麝月、秋纹、碧痕、紫绡等抓子儿赢瓜子，而袭人独自在屋里打结子；第七十回，贾宝玉、晴雯、麝月、芳官相互膈肢，袭人虽然觉得“四人裹在一处到好笑”，但她一点也没有想加入其中的冲动。可以看出，袭人因为王夫人视其为“准宝二姨娘”让她从心理上拉远了同其他丫头之间的距离，所以袭人母亲死后很少看到袭人和怡红院的其他丫头玩耍，但经常看到她和鸳鸯、香菱、平儿等和她地位相仿的大丫头们一起说笑。可见，袭人在慢慢脱离“群众”，越来越靠近王夫人了。靠近了王夫人，成为事实上的“准宝二姨娘”之后，袭人认为自己的身份再也不和晴雯、四儿、芳官等小丫头等同了，所以袭人不把她们放在眼里，并且晴雯、芳官、四儿整天

---

① 小说第七十七回，袭人说：“那晴雯是个什么东西，就费这样心思，比出这些正经人来！还有一说，他纵好，也灭不过我的次序去。”

与宝玉厮混，所以在袭人眼里她们都是“不正经的人”。“这一二年间袭人因王夫人看重了他了，越发自要尊重。凡背人之处，或夜晚之间，总不与宝玉狎昵。”一个懂得尊重自己也懂得尊重他人的人才能真正赢得别人的尊重，这才是真正的自尊，但袭人的“自尊”一方面是心理作怪，另一方面是做贼心虚。

虽然已经获得“宝二姨娘”之实，但还没有得到“宝二姨娘”之名，袭人的地位还不是非常稳固。晴雯、四儿和芳官都很漂亮、可爱，贾宝玉很喜欢她们，她们都是“宝二姨娘”的潜在竞争者，袭人很难不妒忌她们。袭人特别嫉恨晴雯，因为晴雯对自己的威胁最大，但袭人对她无可奈何，所以在晴雯被王夫人撵走以后，袭人长嘘了一口气，在宝玉伤心不已的时候，袭人禁不住内心的喜悦，先后多次发笑。

五、袭人的情感世界

（一）袭人与平儿、香菱、鸳鸯、紫娟的比较

贾雨村和贾赦合伙敲诈勒索石呆子殃及了贾琏，平儿因此对贾雨村咬牙切齿：“都是那贾雨村什么风村，半路途中那里来的饿不死的野杂种！认了不到十年，生了多少事出来！”在平儿对贾雨村的恨里人们能够清楚地看到她对贾琏的爱。平儿向宝钗要棒疮药时说：“不知拿什么混打一顿，脸上打破了两处。我们听见姨太太这里有一种丸药，上棒疮的，姑娘快寻一丸子给我。”可以看出，贾琏伤得不重，但平儿痛在心里，所以她希望宝钗赶快拿药给她，好尽快回去给贾琏敷上。

被柳湘莲痛打，薛蟠“脸上身上虽有伤痕，并未伤筋动骨”，但是薛姨妈和宝钗都看到香菱眼睛哭肿了。

贾宝玉被贾政打个半死，袭人只是“满心委屈”，她“见众人围着，灌水的灌水，打扇的打扇，自己插不下手去，便越性走出来到二门前”，这里的袭人把自己当成外人一般，“袭人见贾母王夫人等去后，便走来宝玉身边坐下”。可见，袭人一点都不把宝玉的疼放在心上，事后袭人还嫌贾政把贾宝玉教训得不够，所以她向王夫人说贾政应该教训贾宝玉“两顿”。

从《红楼梦》前80回的故事发展来看，鸳鸯必定会为贾母送终，鸳鸯能

够对贾母从一而终，而袭人不能对一个“神彩飘逸，秀色夺人”且产生过云雨情的年轻公子哥儿从一而终。

紫鹃和黛玉相互知心，而袭人眼里的贾宝玉疯疯癫癫，简直“口不能言”，她对贾宝玉及其“疯话”一点都不理解，更不用说成为贾宝玉的知己了。薛蟠娶亲，香菱“巴不得（夏金桂）早些过来”，而袭人明明知道贾宝玉心里只有林黛玉，但她仍然妒忌林黛玉，所以，“贤袭人娇嗔箴宝玉”，并建议王夫人让宝玉搬出大观园，后来袭人又撮合薛宝钗与贾宝玉。

因为“慧紫鹃情辞试莽玉”，林黛玉“‘哇’的一声，将腹中之药一概呛出，抖肠搜肺、炽胃扇肝的痛声大嗽了几阵，一时面红发乱，目肿筋浮，喘的抬不起头来”。显然，黛玉真将宝玉放在心里，而袭人只是“满面急怒”，不见伤心。小说第十九回，贾宝玉到袭人家里去看她的时候，袭人的第一反应不是喜悦而是惊慌，可见袭人的无情。

小说第三十六回，王夫人给袭人加月钱时说：“以后凡事有赵姨娘、周姨娘的，也有袭人的。”袭人很高兴，她在“夜间人静”的时候将此事告诉贾宝玉，贾宝玉喜不自禁，以为这样就留住了袭人，袭人则笑道：“……难道作了强盗贼，我也跟着罢？”袭人这不经意的一句话将她追求权势、追求荣华富贵、不忠于爱情、对宝玉没有情感等问题全都暴露了。

小说第十九回，袭人借赎身之论骗宝玉，并装出一定会回去的样子。宝玉自思道：“谁知这样一个人，这样薄情无义。”这里说袭人无情无义当然是假，因为袭人是在骗宝玉，但这是作者真正要说的话。

（二）袭人对其他人的情感

小说第十九回，袭人家里人说要赎她回去，袭人一口回绝：“至死也不回去的。”又说：“当日原是你们没饭吃，就剩我还值几两银子，若不叫你们卖，没有个看着老子娘饿死的理……权当我死了，再不必起赎我的念头！”为此袭人还哭闹了一阵，可见袭人的无情与绝情。

袭人服侍过史湘云，史湘云也曾抱怨袭人“你就不像先待我了”，宝玉无晓夜和林黛玉、史湘云厮闹时，袭人也毫不留情地将醋意泼向史湘云。

小说第五十一回，袭人回家奔丧时不紧不慢，与凤姐等人谈笑风生，可见袭人对她的母亲也没有多少情感。

袭人认为薛宝钗是自己将来的顶头上司——“宝二奶奶”，所以她“心内着实感激宝钗”，并给薛宝钗创造了一次为贾宝玉“赶蚊子”的机会；袭人还认为薛宝钗是个绝对的完人。袭人对薛宝钗和王夫人有感情，这种感情其实就是对权势的感情，这就是奴性。

六、袭人的心机与心计

容貌不如晴雯，歌舞比不上芳官，袭人能从一个贾府买来的小丫头变成让很多人羡慕的“准宝二姨娘”，这离不开她的心机与心计。

和贾宝玉初试云雨情时，袭人对贾宝玉有明显的引逗，其间袭人三次害羞，每次害羞都可以让她逃离贾宝玉的“魔掌”，但袭人一次都没有逃。袭人与宝玉发生云雨情是不是她的心机，这很难说，但是自从枫露茶事件及被李嬷嬷大骂一顿以后，袭人的确“聪明”了不少，可以经常看到袭人展露她的心机与心计。

与袭人初试云雨情后不久，贾宝玉就冷落了袭人，袭人看在眼里、急在心里，却没有办法，正好这个时候她家里提出了给她赎身的想法，袭人立即想到借赎身之论试探贾宝玉。宝玉整天与林黛玉、史湘云厮闹，在黛玉房里梳洗，袭人醋意大发，所以“贤袭人娇嗔箴宝玉”。

小说第三十二回，宝玉向黛玉“诉肺腑”却错说给了袭人，袭人心里暗自揣摩如何处理方免此“丑祸”。表面上袭人和林黛玉关系不错，宝玉也经常让袭人去看望林黛玉、劝慰林黛玉，其实袭人心里早就在提防林黛玉，所以她向王夫人建议让贾宝玉搬出大观园。

袭人服侍过史湘云，贾宝玉无晓夜和林黛玉、史湘云厮闹，袭人也毫不犹豫地将醋意泼向史湘云，可见袭人也在提防史湘云。史湘云有了婆家后，袭人才对她表现出了少有的客气：“连忙迎下来，携手笑说一向久别情况。”后来袭人还央求史湘云为贾宝玉做鞋。

贾宝玉挨打后，王夫人说要一个“跟二爷的人”：“袭人见说，想了一想，便回身悄悄告诉晴雯、麝月、檀云、秋纹等说：‘太太叫人，你们好生在房里，我去了就来。’”袭人明明知道宝玉挨打也有金钏的原因，但袭人在王夫人面前假装不知道，后来袭人的一席话说到了王夫人的心坎上，说得王夫人“这般悲感”。

小说第七十一回，袭人一面讨好尤夫人，一面又到凤姐面前卖乖。第七十七回，袭人很早就选择“粗粗笨笨”的麝月加以“培养”。

贾宝玉感情脆弱，很容易上当受骗，袭人经常欺骗宝玉且几乎从不失手。比如，小说第十九回，宝玉看到袭人的两姨表妹长得很好看，希望她也能来贾府，袭人假装一脸正气，让宝玉不好答言；晴雯被撵走后，袭人又假装垂泪。

所以，袭人从一个小丫头到“准宝二姨娘”的过程，就是其耍心机、设心计的投机钻营的过程。晴雯被撵走后，袭人长嘘了一口气，当贾宝玉把晴雯比作海棠时，袭人气愤地说：“她纵好，也灭不过我的次序去。”不知道袭人说这话的时候有没有想到她也没有“灭过赵姨娘的次序”：赵姨娘的兄弟赵国基死了，探春只赏给二十两银子，赵姨娘很不服气，说：“这会子连袭人都不如了，我还有什么脸？”赵姨娘的话显然是针对袭人说的。可以说，无论袭人怎么争荣夸耀，无论怎样投机钻营，无论怎样耍心机、设心计，她还没有成为真正的姨娘，也就是说袭人还没有翻越赵姨娘这座“大山”，从这个角度看，袭人的可悲形象暴露无遗。

七、袭人与贾雨村的比较

不难想象，很多封建读书人都像贾雨村那样热衷于功名利禄而读书上进，所以贾宝玉说读书上进的人是“禄蠹”，这样看来，贾雨村刻苦攻读就是为了投机钻营。贾雨村“央烦”林如海，又“央烦”贾政，后来他又傍上贾赦，这更是直接的钻营。袭人和贾雨村对于权势和地位都极力钻营，他们后来也都“跌”了下来（一般认为80回后袭人下嫁蒋玉菡），可见袭人和贾雨村有可比性。

（一）袭人和贾雨村的权势之路有些相似

袭人小时候家里穷得没饭吃，她家不得已将她卖给贾府，袭人伺候贾宝玉时与贾宝玉产生云雨之情，自此贾宝玉视袭人“更比别个不同”。贾雨村穷得没有路费而羁留葫芦庙，因为甄士隐的慷慨和热心，贾雨村才得以踏上他的功名之路，科场“十分得意”的贾雨村自然也“更比别个不同”。

被上司“寻了个空隙”而被革职，可见贾雨村并无大错，这里的贾雨村大体上是被冤枉的。小说第二十回，李嬷嬷以为袭人又在“妆狐媚子哄宝玉”且怠慢自己，所以大骂袭人，这一次袭人确实是因为生病而躺在床上，李嬷嬷还以为茜雪是因袭人而被撵走的，这里的袭人也是被冤枉的。

为抓住起复旧员的机会，贾雨村“央烦林如海”“央烦贾政”后，最终补授了应天府知府。袭人抓住宝玉挨打的机会向王夫人谏言，自此赢得了王夫人的信任，被王夫人预定为“宝二姨娘”。

在“葫芦案”中，贾雨村得知自己大恩人甄士隐女儿的下落后仍然无动于衷，但他送了贾政一次人情。袭人成为“准宝二姨娘”后不久她母亲就死了，袭人回家奔丧时不见着急，也不见悲伤，但她自己风光了一次。

（二）袭人和贾雨村都善变

贾雨村判断“葫芦案”时的变脸让人印象深刻：原告诉说薛蟠打死人仍逍遥法外，他告了一年的状，竟无人作主，雨村听了大怒道：“岂有这样放屁的事！打死人命，就白白的走了，再拿不来的？”贾雨村的“一脸正气”让人肃然起敬。然而贾雨村正要发签缉拿犯人时看到旁边一个门子给他使眼色，“雨村心下甚为疑怪，只得停了手”，贾雨村的“一脸正气”就这样荡然无存了。

小说第十九回，贾宝玉在袭人家里看到一个穿红色衣服的女孩“实在好的狠”，想让她来贾府。袭人冷笑道：“我一个人是奴才命罢了，难道连我的亲戚都是奴才命不成？定还要拣‘实在好’的丫头才往你家来？”宝玉听了，忙笑道：“你又多心了。我说往咱们家来，必定是奴才不成？说亲戚就使不得？”袭人道：“那也搬配不上。”贾宝玉被袭人的“一脸正气”所吓倒，不知所措。然而，袭人后面说话的语气就变了：“怎么不言语了？想是我才冒撞冲犯了你。明儿赌气花几两银子买他们进来就是了。”袭人的“一脸正气”瞬间也烟消云散。后来袭人看宝玉进退两难，就说那红衣女孩的嫁妆都准备好了，明年就要出嫁，以此来打消贾宝玉的念头。

另外，袭人“细挑身材”“容长脸面”，贾雨村“腰圆背厚”“面阔口方”，总体来说，袭人是一个典型女性的身材和容貌，贾雨村是一个典型男性的身材和容貌。

《红楼梦》全书塑造了众多人物，很多人物都在发展变化着，其中贾雨村的变化最为明显，袭人的变化最为微妙，贾雨村和袭人的发展变化一明一暗，相互辉映，一外一内，相互补充，大大增强了贾府内小社会和贾府外大社会的立体感，也增强了贾府内小社会和贾府外大社会的可比性。

八、尴尬的袭人

（一）小说前80回作者对袭人的态度

袭人是“花袭人”，袭人也是“贤袭人”和“嫌隙人”。“贤袭人”是作者批判的袭人，“嫌隙人”是作者痛恨的袭人。

《红楼梦》是女儿的世界，“花袭人”是其中的一个重要女儿，但在刘姥姥进贾府让《红楼梦》故事真正展开之前，袭人和贾宝玉发生了云雨情，这样袭人成了“半个女儿”，后来她又成为“半个婆子”。《红楼梦》前80回，作者在袭人身上花费了那么多笔墨主要也是为了展示袭人如何从“半个女儿”慢慢进化成“半个婆子”。

如果大观园里有一个“狐狸精”的话，袭人才是真正的“狐狸精”，但袭人贼喊捉贼，把晴雯、四儿、芳官都当成不正经的人，并让晴雯背上“狐狸精”的骂名，这样的袭人让人痛恨。

小说第十九回，“情切切”和“花解语”都是在讽刺袭人；前一天晚上袭人和贾宝玉“情切切”，第二天早上贾宝玉就和林黛玉“意绵绵”，这同样有讽刺袭人的意味。

小说第二十一回，“贤袭人娇嗔箴宝玉”，袭人的怒气里有吃醋的成分，这里的“贤袭人”已经有些“嫌隙人”的味道了。

小说第三十四回，袭人向王夫人谏言，王夫人口口声声说“我的儿”，袭人的奴才之相让世人有目共睹。

小说第四十一回，刘姥姥醉卧怡红院，面对满屋的“酒屁臭气”，袭人“些须收拾收拾”，这又将袭人置于十分尴尬的境地。

小说第五十一回，装扮回家的袭人的奴才相和奴才味都很足。

小说第六十二回，史湘云说："这鸭头不是那丫头，头上那讨桂花油？"笔者认为，这也应该是作者针对袭人说的，说袭人已不配称"女儿"，不配擦桂花油。第六十三回，芳官说她也姓花，这可能是暗示这里的袭人已不配姓"花"。

小说第七十一回，袭人已是"嫌隙人"。

小说第七十七回，贾宝玉正为晴雯被撵而伤心不已，但袭人先后多次发笑，其中最后一次发笑是贾宝玉恳求袭人瞒上不瞒下，悄悄把晴雯的东西送给她，再送几吊钱给晴雯养病，不知道袭人同意不同意。袭人听了笑道："我原是久已出了名的贤人，连这一点子好名儿还不会买来不成！"这时候的袭人还自诩为"贤人"！晴雯被撵，宝玉对袭人产生怀疑时作者说："这一二年间袭人因王夫人看重了他了，越发自要尊重。凡背人之处，或夜晚之间，总不与宝玉狎昵，较先幼时反到疏远了……故迩来夜间总不与宝玉同房。"这样作丑作怪的袭人令人生厌。

（二）袭人的判词及小说80回以后的袭人

刘心武认为，曹雪芹大体完成了《红楼梦》全书的创作，全书大约108回。[①]《红楼梦》80回后袭人被忠顺王之子看中，这时贾府有把柄落入忠顺王之手，忠顺王借此要挟贾府将袭人送给其子，贾雨村为了讨好忠顺王主动从中斡旋。几乎贾府所有的人认为袭人一定会誓死不从，但袭人看到贾府即将败落，所以挺身而出，这出乎很多人的意料。贾政和王夫人非常感激袭人，把袭人当成贾府的救命恩人，到忠顺王府后袭人被忠顺王辗转送给了蒋玉菡。

小说第二十八回，冯紫英邀请贾宝玉、薛蟠、蒋玉菡等人到他家喝酒，席间蒋玉菡说了一句"花气袭人知昼暖"的辞令，众人都知道了袭人是贾宝玉的"宝贝"。可以想象，袭人因此慢慢名声在外，以至于传到忠顺王之子耳朵里，所以袭人被忠顺王之子看中并不一定是袭人有多么漂亮。

可以猜想，袭人下嫁蒋玉菡，多年的苦心经营成了徒劳，袭人痛定思痛，

① 刘心武：《刘心武揭秘古本〈红楼梦〉》，人民出版社2006年版。

又变成一个好“女儿”，袭人“回归”了。所以后来宝玉落魄的时候，袭人不忘旧情，和蒋玉菡一起供奉贾宝玉。

袭人的回归可能是深层次的回归，也可能是浅层次的回归：深层次的回归是袭人下嫁蒋玉菡后，真正意识到了贪求权势和地位的害处，真正懂得了“登高必跌重”的道理，这样，袭人又变成一个真正的“女儿”；浅层次的回归是袭人下嫁蒋玉菡后，只是简单的良心回归，在宝玉落魄的时候，能够和蒋玉菡一起供奉宝玉。笔者认为，袭人奴性那么深，很难做到深层次的回归，但从脂砚斋对袭人的推崇，以及袭人“堪羡优伶有福，谁知公子无缘”的判词来看，袭人也不应是很浅层次的回归。笔者猜想，袭人经历了贾府的衰败，也经历了人生的一些风浪，这对袭人的思想或多或少能产生一些影响，所以，嫁给蒋玉菡的袭人意识到了贾宝玉当年对自己的好，自己却“抛弃”贾宝玉，这时候的袭人对贾宝玉反而有些真正的感情了。

袭人又变成一个好“姑娘”，但她已嫁给了蒋玉菡，所以对宝玉来说，他只有感叹“堪羡优伶有福，谁知公子无缘”，这样，袭人的命运和她的判词就完全一致了。

（三）尴尬的袭人

让袭人戴上“花袭人”“贤袭人”的高帽，作者却着笔于袭人的奴性，所以袭人是一个令人尴尬的袭人。袭人的尴尬之处有很多。

袭人第一次出场，小说中这样介绍袭人：“伏侍贾母时，心中眼中只有一个贾母，如今服侍宝玉，心中眼中又只有一个宝玉。”袭人服侍过贾母、史湘云、贾宝玉，那么袭人还会服侍第四、第五个人吗？刘心武、周汝昌都认为，袭人到忠顺王府后要“服侍”忠顺王或忠顺王之子，后来袭人又下嫁蒋玉菡，也就是“服侍”蒋玉菡了。乍一看好像袭人是个重情感的人，恰恰相反，这显示了袭人对情感的不专一。袭人姓花，所以袭人又是一个“花姑娘”（第四十三回）。

作者将贾宝玉和袭人初试云雨情的情节放在全书的前面，这也凸显了袭人的尴尬。

小说 80 回以后，由贾雨村牵线，袭人去了忠顺王府，这两个尴尬人碰到了一起，无疑都增加了两个人的尴尬。袭人去忠顺王府，对袭人来说可能是一个艰难、痛苦的选择，但袭人“挺身而出”。对于贾政、王夫人来说，袭人确实是他们的救命恩人，袭人的“挺身而出”是伟大的献身。本来可能是一个艰难、痛苦的选择，袭人为什么能如此果断地做出非常“正确”的选择呢？因为袭人深知贾府的根基已经腐朽，而忠顺王那边依然一派生机，所以对于袭人来说，她选择去忠顺王府不是“舍身”，而是“求升”。至于贾宝玉，袭人对他本来就没有什么感情，并且贾宝玉一心都在林妹妹身上，袭人曾经无数次劝说贾宝玉立身扬名，不要老是在“女儿国”里鬼混，贾宝玉一点也听不进去，所以在袭人眼里，贾宝玉是个不可救药的人。看来，袭人选择去忠顺王府的时候不会在贾宝玉的问题上花费什么心思。笔者还猜想，袭人离开贾府时不一定和贾宝玉有依依惜别，但她和王夫人应该有郑重的告别，“好歹留着麝月”就应该是袭人在这个时候和王夫人说的。这句话不是袭人对贾宝玉的留恋，而是她对王夫人的最后交代，袭人永远是王夫人眼里的“贤袭人”。小说第三十六回，王夫人自掏腰包给袭人加月钱，这样袭人被王夫人预定为“宝二姨娘”，贾宝玉以为这样就留住了袭人，但袭人说：“从此以后，我是太太的人了，我要走，连你也不必告诉，只回了太太便走。”可以猜想，袭人离开贾府时很可能没有和贾宝玉告别。

作者让袭人面对是否去忠顺王府的时候，无疑是将袭人置于一个极为尴尬的境地，但“尴尬人”面对尴尬的问题反而不尴尬了，在作者眼里，这或许才是袭人最大的尴尬。

袭人下嫁戏子蒋玉菡，“花袭人”和戏子合并到一起就成了“花戏人”，这在一定程度上也能暗示作者对袭人的态度。

袭人作为一个小丫头被卖到贾府，成为令人羡慕的“准宝二姨娘”，后来袭人抛弃贾宝玉投奔忠顺王府，又下嫁蒋玉菡。尽管一直在苦心经营，袭人还是没能钻进上层社会，作者以此清楚地向人们展示了她的奴性。

九、袭人的名字

可以猜想，作者对“袭人”这个“刁钻”名字是别有用意的，袭人的名字可能有如下解释：

第一，承袭可卿“使命”之“袭人”。宁荣二公之灵“剖腹深嘱”警幻仙子，希望她用情欲声色来警醒贾宝玉，太虚幻境里的可卿就充当了这个“情欲声色”。袭人给从太虚幻境回来的贾宝玉换衣服时和其初试了云雨情，这样，袭人就承袭了太虚幻境里可卿留下的“使命”，充当贾宝玉的“情欲声色”。

第二，嫌隙人之“隙人”。袭人嫉妒晴雯、芳官和四儿，讨好王夫人、薛宝钗、王熙凤，这样的袭人是嫌隙人。

第三，“花戏人”之“戏人”。袭人经常在宝玉面前“演戏”，比如用赎身之论骗宝玉，假装流泪，宝玉感情脆弱很容易被袭人欺骗；作者安排袭人嫁给蒋玉菡，两人合在一起就成了名副其实的“花戏人”。

第四，破席之“席人”。小说袭人的判词前有“一簇鲜花，一床破席”句，那么这里的“破席”应该是指袭人无情无义，轻易与贾宝玉发生关系，后来又轻易离开贾宝玉。

第五，偷袭、袭击之“袭人”。袭人“袭击”了晴雯、四儿、芳官后还自诩为贤人，后来她又“袭击”（抛弃或背叛）了贾宝玉。

第六，回归之“昔人”。袭人“回归”以后又变成一个“好姑娘”，对于贾宝玉来说，袭人又成了“昔人”。

第七，承袭之“袭人”。袭人承袭了封建社会大多数人所有的奴性，也就是说，袭人是一个普通而又典型的封建人[①]。贾母“发现”袭人，王夫人“培养”袭人，这种承袭关系在一定程度上也反映了贾府权力的承袭关系，这应该是袭人名叫袭人的原因之一。

第八，珍惜、尊重他人之“惜人”。作者以此希望人与人之间应该平等相待，相互尊重，彼此珍惜。

第九，“花姑娘”。袭人“伏侍贾母时，心中眼中只有一个贾母，如今服侍宝玉，心中眼中又只有一个宝玉”。袭人还会离开宝玉而一心一意服侍其他人吗？当然会，所以袭人又是一个“花姑娘”。

---

① 本书中的“封建人”是指生活在封建社会且具有封建社会特性的人。

总体来说，袭人是一个普通的封建人。作为一个普通的封建人，袭人身上到处都贴有封建的标签，所以深刻认识袭人对于我们认识以反封建为主题的《红楼梦》，其意义不可估量。换句话说，袭人代表了当时封建社会的大多数人，对于《红楼梦》这样一部能够深刻揭示封建社会矛盾的伟大著作来说，不去认识能够代表社会大多数人的袭人，而去大谈其他一些特殊人物，这就如同在空中建造楼阁。

更直接地说，人们对于袭人的态度在很大程度上决定了人们对于“封建”的态度。从封建道德、封建礼教的角度看，袭人是一个标准的贤人，从反封建的角度看，袭人又是一个值得批判的人。当然，批判袭人不是目的，目的是批判袭人这种现象——在封建道德、封建礼教压迫下造就的必然的奴性。笔者认为，对于我们现代人来说，批判袭人更大的意义在于自我批判、自我认识和自我提高。

第八节　焦大、赖大和刘姥姥

一、焦大和赖大

当年焦大跟贾府的太爷出生入死，把贾府的太爷从死人堆里背出来，可以说，没有焦大就没有贾府的一切，贾府早已辉煌，但七十多岁的焦大还是一个不受待见且随意被人打发的下人；因为遭遇不公而抱怨，焦大被贾府太爷的子孙们用马粪塞嘴。

赖大是贾府的奴才，但赖大这个奴才已经非同一般了，比如，在贾府赖大家的比包括王熙凤在内的很多年轻的主子还体面，王熙凤对他们也必须恭敬有加（“贾府风俗，年高伏侍过父母的家人，比年轻的主子还有体面”）；赖大家里也有一个园子，赖大家里的园子虽然不到大观园一半大，但那也不是一般人所能拥有的；赖大的儿子赖尚荣被贾府放了出去做了主政一方的县官。

为什么焦大和赖大的命运如此迥异呢？这正如赖嬷嬷“教训”儿子时所说：“你那里知道那奴才两字是怎么写的！”不难想象，赖大一家人浑身都烙着“奴才”这两个字，赖大一家如此风光，也都是因为他们会做奴才。赖嬷嬷“教训”儿子时主子、奴才不离口，可以看出赖嬷嬷曾经是一个更会做奴才的人。

做奴才的最大好处莫过于像赖大那样依“赖”主子而逐渐坐“大”，贾府日渐“消瘦”，赖大那里却日益“肥壮”。不出意外，赖大一家会逐渐坐大，迟早超过贾府。赖大一家是贾府的奴才，但赖尚荣被贾府放出去做了县官，成了一个不小的主子，赖大他们自己也有一个很大的家，他们家里也一定有很多他们自己的奴才，他们是那些奴才的主子。所以，在不平等的社会里只有两种人——主子和奴才，有的人是主子，有的人是奴才，有的人既是主子也是奴才。奴才坐大后成为主子，所以要成为主子，先要学会做奴才，这是“奴才哲学”的全部内容，这一切都刻在赖大一家人的脸上。

尽管焦大厥功至伟，但他不会做奴才，不会做奴才的人当然不受主子们的待见（“连老爷都不理他的，你珍大哥哥也不理他”），在主子的屋檐下，不受主子待见的人与死人有什么差别（“全当一个死的就完了”）。焦大不甘任人任意驱使，所以焦大是一个想做“人”的人，在这一点上焦大值得一定的尊敬与同情，但焦大居功自傲，且没有自知之明，所以焦大又是一个不知道怎么做“人”的人，这才是焦大的悲哀之处。

赖大在自己家的园子里实行了承包制，探春在大观园“兴利除宿弊”显然是借鉴了赖大的成功经验，偌大的贾府被治理得井井有条，这有很多赖大的功劳，所以赖大是一个会做事的人。无论赖大取得多大成就，只要贾府没有覆灭，他终究是贾府的奴才，所以赖大没有成“人”。赖大成事不成人，焦大既不成人也不成事，而刘姥姥是《红楼梦》中唯一一个既能成人又能成事的人。

二、刘姥姥

刘姥姥膝下无儿无女，其女婿狗儿接她过去，刘姥姥就“一心一计”帮衬女儿女婿，可见刘姥姥心态不错。狗儿不求上进，刘姥姥对其教导的话让人心服口服。刘姥姥还给狗儿出了一个解决经济困难的主意——去贾府攀亲戚，这主意不错，但狗儿又不愿意出头，这时又是刘姥姥勇敢地站出来，这才有了刘姥姥一进荣国府。

刘姥姥一进荣国府时，王熙凤对她很傲慢，也没有什么表示，刘姥姥没有退路，她只有直接向王熙凤表明其“打抽丰”的来意，王熙凤才勉强答应给刘姥姥二十两银子，刘姥姥见自己的目的已经达到，高兴得“浑身发痒”。侯门深似海，刘姥姥敢于踏进侯门，并且在王熙凤面前还有点不依不饶的味道，所以尽管刘姥姥紧张得不太会说话，但我们依然能感受到她的胆魄。二进荣国府，刘姥姥只想送一些新鲜的瓜果蔬菜给王熙凤，可见刘姥姥二进贾府的主要目的是感谢王熙凤的二十两银子，刘姥姥有感恩之心。

一进荣国府时刘姥姥紧张得不太会说话，二进荣国府刘姥姥和贾母攀谈起来后很快就没有了以前的紧张。不仅如此，她在贾母、王夫人及很多其他人面前还能够“信口开河”，刘姥姥的“信口开河”甚至连王夫人也都“听住了”，可见，刘姥姥虽是个乡村老妪，但她不仅有见识（“生来的有些见识”，“世情上经历过”），而且机智过人。在贾母、王夫人、贾宝玉等众多人面前，刘姥姥“信口开河”地说了“妙龄少女雪下抽柴”和“拜佛虔诚老来得子”这两个故事，这两个故事基本上是三四句话，也可以说不能称之为故事。不难猜测，刘姥姥的第一个故事是她看到薛宝钗、林黛玉等美丽少女而临时瞎编的，第二个故事是她看到美少年贾宝玉而随口瞎说的，可见刘姥姥的机智。

在大观园，王熙凤把刘姥姥打扮成一个老妖精，刘姥姥顺势说自己是个老风流，“金鸳鸯三宣牙牌令”的时候，刘姥姥很配合王熙凤和鸳鸯，故意逗人开心，可见刘姥姥的随和与坦荡。一次次看到贾府的奢侈靡费就一次次念佛，可见刘姥姥是一个懂生活的人。虽然久居贫困，但刘姥姥在贾府的富贵面前没有迷失自我，她更没有因为自己是一个庄稼人就觉得低人一等，所以刘姥姥又是一个顶天立地的“人”。

一进荣国府时刘姥姥脑筋转得慢，二进荣国府时刘姥姥已经多了一个心眼，她在贾府住的日子不多，但“把古往今来没见过的、没吃过的、没听见过的，都经验了”，可见刘姥姥还是个有心人，善于学习，有一颗年轻的心。给巧姐取名，也可见刘姥姥心智的灵巧。对于巧姐，刘姥姥临走前嘱咐王熙凤说：“富贵人家养的孩子多太娇嫩，自然禁不得一些儿委曲；再他小人儿家，过于尊贵了，也禁不起。以后姑奶奶少疼他些就好了。”这里刘姥姥又成了一个懂人情、通人性的睿智长者。小说八十回以后，刘姥姥不惜代价救出巧姐，所以刘姥姥无私又无畏。

虽然外表丑陋，但刘姥姥内心光明；虽然年迈体弱（刘姥姥喝了点酒就闹肚子，并且还摔了一跤），但刘姥姥机智、勇敢；虽然是一个“村野人”，但刘姥姥有超人的眼光；虽然久居穷困，但刘姥姥依然乐观；虽然站在低处，但刘姥姥能像巨人一样俯视着贾府；虽然有时候不得不低头，但刘姥姥始终保持一个胜利者的姿态。刘姥姥是一个真正具有大智慧的人，林黛玉眼里的“母蝗虫”值得很多人尊敬和学习。

空有理想（贾宝玉的理想是“补天”）和思想，胆小怕事且没有什么才能的贾宝玉注定要成为一个彻底的失败者，这也应该是贾宝玉那样贬低自己的重要原因。小说第六十一回“投鼠忌器宝玉瞒赃”，笔者认为作者真正的目的不是突出贾宝玉的高尚品德，而是要暗示贾宝玉的重要缺陷——胆小怕事。然而，刘姥姥是个勇敢且战无不胜的人：成功地走进侯门，成功地说服王熙凤收获二十两银子，成功地走近贾母，成功地救出巧姐。

虽然有大智慧，但刘姥姥是一个平凡的人。如果说刘姥姥与普通人有什么不同的话，笔者认为刘姥姥主要就是有一颗平常心，一个有平常心的人做事能够拿得起，也能够放得下，这样的人很容易成为智慧之人。刘姥姥“世情上经历过”，成为一个有大智慧的人；焦大从战场走出来，曾经直接面对生死的考验，从道理上说焦大的经历应该更丰富，但焦大不善于学习，不能将经历转化为真正的人生阅历，不客气地说，焦大那么大的年纪是白活了，那么多的功劳也是白得了。

从某种程度上说，《红楼梦》是一部“教”人做“人”的教科书（焦大即“教大”），教人做“人”也应该是作者的重要写作目的，而刘姥姥是一个普通人成功做人的典范。刘姥姥已经二进荣国府，不难猜测，作者笔下的刘姥姥还会三进荣国府，三进荣国府是在贾府衰败之后，也就是说，刘姥姥要经历贾府的衰败，相信作者会通过这个“世情上经历过”且见证了贾府衰败的刘姥姥告诉人们一些深刻的道理，所以刘姥姥是《红楼梦》主题思想的重要承载者。贾宝玉是《红楼梦》的中心人物，《红楼梦》可以简单地看成神瑛侍者转世投胎成贾宝玉，经历人世间的人情冷暖和世态炎凉的故事，贾宝玉当然是《红楼梦》主题思想的最重要承载者。这样看来，刘姥姥和贾宝玉是《红楼梦》里的两个重要人物，这也许是“母蝗虫”多次出现在《红楼梦》前80回的回目，并且“母蝗虫”的每次出现，必定都有“好皮囊”的贾宝玉陪着的重要原因（小说第六回回目是“贾宝玉初试云雨情，刘姥姥一进荣国府”，第三十九回回目是“村姥姥是信口开合，情哥哥偏寻根究底”，第四十一回回目是“栊翠庵茶品梅花雪，怡红院劫遇母蝗虫”①）。

《红楼梦》里很多中老年妇女都是令人讨厌的婆子，这可能招来非议，刘姥姥的出现很好地弥补了这个缺陷。笔者认为，“母蝗虫”是《红楼梦》里最为完美的一个人。

这样看来，为什么《红楼梦》故事的真正展开是从刘姥姥一进荣国府开始，为什么作者将那么多笔墨用于描写刘姥姥二进荣国府，这都不难理解了。二进荣国府，刘姥姥虽然只给荣国府带来一点乡村野味，但她给贾府留下的是新鲜、淳朴的乡土气息；刘姥姥虽然在贾宝玉的床上留下了很多“酒屁臭气”，但她给大观园留下的是永恒的芳香。刘姥姥走后，这个香气仍然在大观园弥漫，“潇湘子雅谑补余香”，林黛玉散发的香气也只能算是刘姥姥走后留下的“余香”。如此说来，作者对刘姥姥的评价不是一般的高。

第九节 迎春和惜春

迎春的奶母偷拿迎春的累丝金凤去赌钱，这是不可原谅的，但迎春知道了

① 第四十一回回目一作“贾宝玉品茶栊翠庵，刘姥姥醉卧怡红院”。

也不追究，别人设法帮她追回，她却说宁可没有了，又何必生气。抄检大观园时，在惜春那里搜到小姑娘入画私藏的一些碎银子，入画是清白的，只是私藏银子有点不应该。对于入画的行为，一般人都会选择原谅她，但惜春坚决不原谅。惜春先是找到王熙凤说要撵走入画，王熙凤没有答应；惜春想到入画是从宁国府过来的，所以她看到尤夫人就将入画私藏银子的事“细细”地告诉了尤夫人，说入画丢了她的脸，要撵走入画，为此惜春还与尤夫人发生了争吵，这就是第七十四回的“矢孤介杜绝宁国府”。

如果说迎春的心像豆腐一样软的话，惜春的心则像坚冰一样又冷又硬，她们恰好是性格完全相反的两个人。迎春因为心太软而“躲是非”，因为麻木而不辨是非，因为无能而害怕是非。显然，“戳一针也不知嗳哟一声”的“二木头”既麻木又无能，这样的人怎么能把握自己的命运呢。“肌肤微丰，合中身材，腮凝新荔，鼻腻鹅脂”，迎春看上去让人感觉很舒服（“观之可亲”），这样的迎春就如同“饿狼”眼前的肥肉，“饿狼”吃起来也很舒服，“饿狼”遍地都是，所以迎春被虐的命运几乎不可避免。

水至清则无鱼，“孤介太过”的惜春必然很难融入社会，很难融入社会的人很容易被社会抛弃，所以惜春出家不难理解。人非圣贤，孰能无过，把别人的小错当成大错，并且不肯放过别人的一点错误，这既是无知也是无情。可以想象，一个眼睛里揉不得半点沙子的人在一个浑浊不堪的环境中所感受到的无奈与恐惧，惜春在看到她三个姐姐的悲剧后，这种恐惧必将彻底击垮她，于是惜春内心没有经过多少挣扎就选择了出家。如此说来，惜春出家不是她看透了社会，而是畏惧社会而逃避社会（“勘破三春景不长，缁衣顿改昔年妆”）。“身量未足，形容尚小”，作者说惜春年龄小，身体还没有发育好，笔者认为作者真正想说的是惜春年龄小，心智没有发育好。

在元、迎、探、惜四春姐妹中，元春是老大且为正出，可以想象，元春此前得到了更多的宠爱，后来进入皇宫的元春更是承载了贾府的希望。迎春、探春、惜春都是庶出，显然，她们得到的关爱远远不及元春。缺少关爱的人很容易产生自卑心理，迎春的懦弱显然来自她的自卑；缺少关爱的人对周围冷漠、无情，这样的人也很容易变得冷漠与无情，惜春的冷漠与无情显然也是因为缺少关爱；探春有才能、有个性（“探春有心的人”），所以尽管探春不被重视，但她仍然能够抓住一些机会表现自己。而对于迎春和惜春那样没有“心”的人来说，她们是在等待自己的悲剧，性格决定命运，所以惜春和迎春的悲剧也是她们性格的悲剧。当然，迎春和惜春的悲剧更是社会的悲剧，因为在不平等的社会，能够得到关爱和尊重的人永远只是少数。

迎春的累丝金凤被她的奶母偷走了，她的丫头绣橘帮她争辩时和她奶母的儿媳妇王住儿家的发生了争吵，这本来是迎春的事，但迎春不闻不问，反而拿了一本《太上感应篇》自个儿去看。后来王住儿家的看到平儿来了自然也就蔫了，平儿问迎春怎么处置王住儿家的，迎春这时在和宝钗看她的《太上感应篇》，竟然没有听到平儿的话。《太上感应篇》是道教经典，其主要内容是劝人们行善以求长生乃至成仙，迎春的麻木真是到了荒唐可笑的程度。薛宝钗这个时候和迎春一起看《太上感应篇》，这显然也是作者对薛宝钗的极大讽刺。

从迎春自己的角度来看，她不过问累丝金凤是因为她人好、心善，这和《太上感应篇》所宣扬的道理很吻合。迎春的奶母正是看到迎春的懦弱才胆敢偷拿迎春的累丝金凤，完全不占道理的王住儿家的还大言不惭地和迎春的丫头们论理，这更是不把迎春放在眼里。“虎狼屯于阶陛尚谈因果”，林黛玉对这件事的点评很到位。迎春的奶母、王住儿家的像虎狼一样，对迎春已经张开了血盆大口，但这个时候的迎春仍然不闻不问，其麻木的程度真是荒唐可笑。

第二章

大旨谈情

第一节　情天情海

空空道人说《红楼梦》“大旨谈情”，不难想象，“情”是《红楼梦》的重要关键词。《红楼梦》里最显眼的情当然是贾宝玉和林黛玉之间的爱情，而本节将要讨论“情天情海幻情身”的秦可卿的情。

一、秦可卿之死

根据脂批，作者写秦可卿之死的原题是《秦可卿淫丧天香楼》，而小说中秦可卿则是因病而亡。尽管秦可卿已经不是“淫丧天香楼”，但小说中仍然残留了一些“淫丧”的痕迹，比如对秦可卿的死，贾府上下“无不纳罕，都有些疑心”，“疑心”一词让人想到秦可卿是突然死亡，而不是久病而亡，更让人联想到焦大的醉骂。

对秦可卿的病，她的公公贾珍“心里着实着急”，脸上也有“抑郁之色”，不仅如此，贾珍对秦可卿的穿衣和用药也都很上心。贾珍找来“学问最渊博的，更兼医理极深，且能断人的生死”的张太医给秦可卿看病，张太医看了后说秦可卿因为有“不如意”的事而“思虑太过”，从而伤了肝和脾，也就是说秦可卿的病是心病。秦可卿的心病“传染”给了贾珍，这不由让人怀疑秦可卿和贾珍之间的关系。

小说第十回，张太医给秦可卿看病时，贾蓉两次干巴巴地问秦可卿的病能不能治好；第十一回，王熙凤问贾蓉秦可卿的病情怎么样了，贾蓉不耐烦地皱着眉头说：“婶子回来瞧瞧去，就知道了。”显然贾蓉没有把秦可卿的病放在心上。

秦可卿病重王熙凤去看她时，秦可卿言语之间满是对生命的热爱、对贾府的眷恋，秦可卿临死前托梦给王熙凤所说的也都是对贾府前途和命运的关心

（比如秦可卿叫王熙凤做好置办祭祀和私塾的产业），可以看出秦可卿死得无怨无悔（“治得病，治不得命”，秦可卿只怨自己的命不好）。秦可卿从生病到死亡，小说中自始至终都找不到贾蓉对她的关心，那么，还有什么能够让秦可卿死得无怨无悔呢？恐怕只有用她对贾珍的“情”来解释了。脂批也说小说原文里有“更衣”“遗簪”的情节，“更衣”“遗簪”这些充满情趣的用词很容易让人想到，在秦可卿和贾珍发生不伦之恋的过程中，秦可卿很有可能不是完全被动。

在秦可卿的葬礼上作者直接让贾蓉“隐身”，而贾珍不顾其公公的身份，也不顾其三品爵威烈将军的地位，“哭的泪人一般”，别人问他秦可卿的丧事怎么料理，贾珍拍手道：“如何料理，不过尽我所有罢了！”贾珍的情绪就要失控了，后来，“恨不能代秦氏之死”的贾珍为秦可卿大肆操办了一场非常隆重的丧事：停灵七七四十九天；为超度亡灵请了 108 位僧人、99 位全真道士打 49 日解冤洗业醮；请 50 位高僧和 50 位道士按七做好事。贾珍还不顾贾政等人的反对给秦可卿用了一个“万年不坏”的樯木棺材。

所以笔者认为，秦可卿不仅和贾珍发生了不正当关系，他们之间还产生了“情”，是“情”让秦可卿死得无怨无悔，是“情”让贾珍对秦可卿那么用心、用情和甘心付出。

秦可卿、秦钟姐弟虽不是同一父母所生（秦可卿是秦业从养生堂抱养的），但他们在很多方面非常相似，尤其是在情色问题上。由此笔者猜想，作者在用秦钟和智能儿的情爱关系来影射贾珍和秦可卿的情爱关系。秦钟和智能儿彼此都已有情，作为天生情种的秦钟自然不会放过那次去馒头庵的机会，他趁天黑无人时来找智能儿，秦钟看到智能儿就急不可耐地对智能儿又亲又搂，很快智能儿就“少不得”依了秦钟，秦钟正在“得趣”时贾宝玉过来不动声色地按住了他们两个。此后两人经常幽会。智能儿私逃进城来找秦钟，由此秦钟和智能儿的情事被秦钟的老父亲秦业知晓。笔者猜想，和贾蓉没有多少情分的秦可卿与贾珍彼此都有些情意，贾珍寻得一个机会轻薄秦可卿，秦可卿也“少不得”依了贾珍，秦可卿“得趣”后经常和贾珍幽会。秦可卿与贾珍的幽会难免被人发现，以至于宁国府里的人议论纷纷，并被焦大醉骂时公开骂了出来。

秦钟和智能儿偷情被贾宝玉逮个正着，茗烟和一个女孩子偷情被贾宝玉碰个正着，作者这样写隐约有秦可卿和贾珍偷情也被贾宝玉碰个正着的意味；焦大醉骂后作者马上就写到贾宝玉想去宁国府，但“恐搅的秦氏等人不便”，这个“不便”也有贾宝玉曾经撞见过秦可卿丑事的意味。瑞珠和宝珠是秦可卿的丫鬟，她们最容易成为知情者，这两个丫鬟一个触柱而亡，一个甘为义女，她们不同寻常的表现也加深了人们对秦可卿的怀疑，她们都有可能是撞见秦可卿和贾珍偷情的丑事并将其泄露出去的人。

秦可卿和贾珍的情违背了道德人伦，可以想象，贾母眼里“极妥当”“温柔和平”“重孙媳中第一个得意之人”的秦可卿的奸情一旦暴露，她只有等待着封建道德对她的审判。王熙凤和贾蔷、贾蓉，甚至和贾珍等人都可能有不正当关系，但王熙凤是个心狠、无情之人，所以“情”对王熙凤来说完全不是问题，但“情天情海”的秦可卿跨不过一个“情”字，所以秦可卿一方面是为情而死，另一方面是被强大的封建道德碾压致死。

开明、慈爱无法掩饰贾母严厉封建家长的本质，令贾母如此中意的秦可卿显然是一个有“理”之人；秦可卿房间里的《燃藜图》及两边“世事洞明皆学问，人情练达即文章”的对联也暗示秦可卿是一个有“理”之人；“情天情海幻情深”，秦可卿也是一个有“情”之人。秦可卿与贾珍的奸情暴露时秦可卿必然要直接面对“情”与“理”的冲突，可以想象，有“情”有“理”的秦可卿一方面对贾珍爱得无怨无悔，另一方面又不敢正视自己和贾珍的不伦之恋，秦可卿就这样被“情”和“理”撕裂，这才应该是秦可卿悲剧的根本所在。王熙凤无“情”无“理”，唯我独尊，不受任何羁绊（比如她对贾瑞下狠手），情深、心软的秦可卿根本做不到这一点，这才应该是秦可卿羡慕王熙凤，称王熙凤是“脂粉队里的英雄”的真正原因。

“好色即淫，知情更淫。是以巫山之会，云雨之欢，皆由既悦其色、复恋其情所致也。”不难想象，秦可卿之所以和贾珍产生淫乱，首先是贾珍看上了秦可卿的美色，在和贾蓉没什么情分的情况下，秦可卿对贾珍因爱生情是很容易的，以至于到了后来无法收拾的地步。

在封建社会，女人重情，所以女性很容易经不住诱惑而“妄动风月之情”，从而导致悲剧，司棋、智能儿的悲剧也是如此。她们的悲剧还可能带来更大更多甚至是无穷无尽的悲剧，所以作者以此告诫人们“戒妄动风月之情”。

秦可卿把秦钟、贾宝玉都当成完全不懂事的孩子，所以她毫不忌讳贾宝玉和秦钟睡到自己的床上，事实证明秦可卿大意了，因为贾宝玉从太虚幻境回来后很快就和袭人产生了云雨情，而从秦钟很快和智能儿发生云雨情及其他表现来看，年纪轻轻的秦钟早已是风月场里的老手。可以想象，秦可卿就是这样的一个“大意”（不够自重）之人，而贾珍很有可能就是利用了秦可卿的“大意”乘虚而入，从而酿成了悲剧。

二、秦可卿的判词

“情天情海幻情身，情既相逢必主淫。漫言不肖皆荣出，造衅开端实在宁。”秦可卿的判词让人费解。笔者认为，在了解了秦可卿与贾珍之间的情之后就不难理解秦可卿的判词了。

“嫩寒锁梦因春冷，芳气笼人是酒香”[①]，作者说秦可卿房内的这副对联是北宋著名文学家、“苏门四学士”之一的秦观写的（秦观并没有写这两句诗，这是作者杜撰），秦观又字太虚，可以看出秦可卿的房间是一处“情”（秦）地。太虚幻境大门上的横批是“孽海情天”，下面的对联是“厚地高天，堪叹古今情不尽；痴男怨女，可怜风月债难偿”，从警幻仙子的“司人间之风情月债，掌尘世之女怨男痴”和“布散相思”的职责来看，太虚幻境也是一个“情”地，它掌管着人世间的“情”——男女之间的爱情，人与人之间的情缘也都来自太虚幻境警幻仙子的“布散”。因为精神上存在的“情”与客观存在的物质相比是虚幻的东西，所以作者将这个“情”地称为“太虚幻境”非常恰当。贾宝玉是在“秦”可卿的引导下，看着“秦”太虚秦观的对联来到太虚幻境的，这都是在暗示太虚幻境的“情”的属性。尤三姐拔剑自刎之后，柳湘莲在似梦非梦之中看到尤三姐来诉衷情，尤三姐说她是奉警幻之命到太虚幻境“修注案中所有一干情鬼”，最后尤三姐还说她“来自情天，去由情地”。此外，警幻仙子也

① “芳气笼人是酒香”一作“芳气袭人是酒香”。

曾过问神瑛侍者下凡及其与绛珠仙草的还泪之情的事，这都是在印证太虚幻境是一个“情”地。

对于男女之情，两情相悦，情可以让人同生同死，两情之间若有差错（比如尤三姐的“热”情碰上了柳湘莲的“冷”情，比如贾珍和秦可卿的情违背了伦理道德，比如因为智能儿是尼姑，所以她和秦钟的情被世俗所不容），情又很容易制造冤孽（“宿孽总因情”）。古今之情无穷无尽，浩瀚的“孽海”大多来自广阔无边的“情天”，所以作者说太虚幻境是“孽海”“情天”，“情天”变成“孽海”的同时必然要造就无数的“痴男”“怨女”。男女之情又称为风月，所以因男女之情而产生的冤孽又可以形象地称为“风月债”。在封建社会，“风月债”对男女双方造成的伤害往往非常巨大且很难弥补，并且陷入“风月债”之中的人很容易被人贴上违背封建道德的标签而难以洗刷干净，所以作者说“风月债难偿”。尤其是在有“理”无“情”的封建社会，“情”极容易被人当成“淫”，但《红楼梦》正好相反，天下第一“淫”人的贾宝玉其实是天下第一“情”人。

当然不应该将所有问题都归结到风月之情上。智能儿看上了秦钟的“人物风流”，而秦钟也喜欢智能儿的“妍媚”，两人之间很快就产生了情和爱。虽然秦钟和智能儿都稍显轻薄，但他们相爱本身没有错，而直接制造悲剧的是秦钟的老父亲秦业的粗暴与无情。秦业是“情孽”的谐音，作为“理”的代言人的秦业一手制造情孽，这显然是作者暗示封建之“理”才是“情天”变成“孽海”的罪魁祸首。棒打鸳鸯，秦业亲手制造秦钟和智能儿的“情孽”，秦业生的秦钟和他养的秦可卿都有了“情孽”，所以秦业才是名副其实的“情孽”制造者。

因为风月之情，司棋和她的表兄潘又安在大观园落下了一个绣春囊，大观园因此被抄检，司棋也被撵走，并且晴雯的悲剧也与这个绣春囊直接有关。被人“误拾”的绣春囊成了某些奴性小人挟私报复的工具，因为绣春囊的情色属性，所以绣春囊更是成为“统治者”大开杀戒的借口，可见封建道德的无情和封建统治的残酷。由此可以看出作者对情孽的态度，一方面告诫人们“戒妄动风月之情”，另一方面谴责封建道德的无情和封建统治的残酷，这两方面正是《红楼梦》的两个最重要的主题，这两个主题也正好对应着《红楼梦》的两个别名——《风月宝鉴》和《金陵十二钗》。[①]

太虚幻境是一个“情”地，太虚幻境里的警幻仙子非常欣赏贾宝玉这个天下第一“情”人，可以想象，警幻仙子和其众姐妹都是有情人，作者将太虚幻境里警幻仙子的妹妹可卿“嫁接”到贾蓉的媳妇秦氏身上（《红楼梦》前80回，“秦可卿”这三个字仅在第十三回回目“秦可卿死封龙禁尉”中出现一次），并在秦可卿的判词里说秦可卿是“情天情海幻情身”（情天情海幻化出来的有情之身），显然作者暗示秦可卿是一个有“情”之人。作为一个有“情”人，秦可卿嫁给了只知淫乐而不懂风情且一无是处的纨绔子弟，这为秦可卿后来和贾珍发生不伦关系埋下了祸根。[②]“情既相逢必主淫”，秦可卿的判词直接告诉人们，秦可卿的“情”是导致她和贾珍之间发生淫乱的重要原因。

“漫言不肖皆荣出，造衅开端实在宁”，毋庸置疑，贾珍给宁国府带来祸端，但这句话出现在秦可卿的判词里，这难道是说秦可卿也是宁国府的祸端吗？且待笔者分析。

柳湘莲说宁国府“猫儿狗儿都不干净”，宁国府一开始就这么脏吗？未必，我们应该用发展变化的眼光来看宁国府。笔者认为，对于贾珍来说，秦可卿的死埋葬了他和秦可卿的情，这对贾珍来说是个巨大打击，一定程度上造成了其情感的迷失。贾珍玩弄女性、糟蹋女性，从外面来的尤三姐、尤二姐都被贾珍糟蹋了，更不用说在宁国府势力范围之内的女孩子了，所以宁国府慢慢变成了柳湘莲所说的“猫儿狗儿都不干净”了。尤二姐那么漂亮，但贾珍很快就将其玩腻，因为在贾珍眼里谁都没有秦可卿好（秦可卿字兼美，这显然是作者暗示秦可卿既有月貌又懂风情）。这样看来，秦可卿还真是宁国府的“造衅开端”。“擅风情，秉月貌，便是败家的根本。……家事消亡首罪宁。宿孽总因情”，秦可卿的曲子也这样说。

① 可以说，“金陵十二钗”正册、副册、又副册共三十六位女子代表了金陵所有的女子，她们都是薄命之人，她们之所以薄命，封建道德的无情与封建统治的残酷是重要的原因之一。

② 笔者认为，作者把王熙凤放在“风月宝鉴”里，是暗示王熙凤代表赤裸裸的情色；王熙凤养小叔子，与贾蓉有不正当关系，是暗示贾蓉只知淫乐而不识风情。

贾瑞无药可救时，跛足道人送给他一个“风月宝鉴”，这时的贾瑞有赤裸裸的欲望，而“风月宝鉴”中的王熙凤对贾瑞来说是一个活生生的情色，贾瑞没有听取跛足道人的劝诫，其结果是精尽人亡；因为风月之“情”，秦可卿不仅自己丢了性命，还祸害了整个宁国府，并背上了宁国府“造衅开端”的骂名；和智能儿“偷期绻缱”，秦钟很快就失于调养，一病不起。不难发现，作者通过秦可卿、秦钟和贾瑞来告诫人们“戒妄动风月之情”的意图非常明显。显然，跛足道人的那个“风月宝鉴”也应该送给秦可卿和秦钟，但作者没有让“风月宝鉴”满天飞。贾瑞、秦可卿和秦钟的死都是作者直接告诫人们“戒妄动风月之情”，所以他们的死期靠得很近。

宁国府里的一切差不多是贾珍一个人说了算，所以贾珍的“造衅”差不多就是整个宁国府的“造衅”。贾府的衰败显然不仅仅是因为宁国府贾珍的“造衅”，也有荣国府的“不肖”，那么秦可卿判词里的“不肖”指的是谁呢？笔者认为，荣国府的“不肖”不是指哪一个人，而是指荣国府所有上层人物，包括贾母、王熙凤、贾政、王夫人、邢夫人、贾琏，甚至还可以包括贾宝玉、贾环。“主仆上下安富尊荣者尽多，运筹谋画者无一”，冷子兴的话同样直接指出了荣国府上层人物的“不肖”。以下对众人的“不肖”略作分析。

荣国府的“老祖宗”贾母整天无所事事，不但自己喜欢吃喝玩乐，还经常带着她的儿孙一起通宵玩乐。比如，大观园刚刚被抄检时，王夫人向贾母汇报江南甄家被查抄的事，贾母听了“不自在”，说：“咱们别管人家的事，且商量咱们八月十五日赏月是正经。”在内忧和外患同时到来的时候，贾母仍然没有一点危机意识，果然，贾母就带着她的儿孙悲中作乐。在贾母带着她的儿孙们中秋赏月的前一天的晚上，贾珍也带着他的妻妾“开怀赏月作乐”，三更时贾珍忽然听到旁边的墙下有人“长叹”。显然，这里“叹”的是贾珍的醉生梦死，当然这也不禁让人想起尤三姐、尤二姐，甚至是秦可卿等很多死去的冤魂。贾珍“开夜宴”、贾母“赏中秋”，显然，作者在将贾母和贾珍进行对比，那么这里的长叹又何尝不是人们对贾母吃喝玩乐而发出的长叹呢！

偏心是贾母的重要问题，作为长辈，偏心很容易引起家族内部的不和。贾母偏心王夫人、娇惯王熙凤，为此邢夫人心里很不平衡，可见邢夫人屡屡生事的背后其实有贾母偏心的原因。贾母宠爱贾宝玉而完全忽视贾环，这让赵姨娘心里很不舒服，所以才有了“魇魔法姊弟逢五鬼”，贾宝玉和王熙凤差点都因此命丧黄泉。贾母偏信、娇惯王熙凤，这也成就了王熙凤的胆大妄为、专权弄权。

上梁不正下梁歪，贾母自己经常和王熙凤、薛姨妈等人玩牌赌博，这能完全怪罪迎春的乳母因为赌博输了钱而偷拿迎春的累丝金凤吗？在整个《红楼梦》前 80 回，我们只看到贾母做了一件实事——抓赌，自己带头赌博，自己又来抓赌，贾母做的这唯一的一件实事都不能让人心服口服。贾母经常“歪”在榻上，特别是在她八十大寿的寿庆时也“歪”在榻上接受所有人的跪拜。作者这样写显然是暗示贾母的“不正”，作为荣国府的“老祖宗”，贾母要为荣国府的衰败承担重要责任。

协理宁国府，王熙凤展示了其突出的管理才能。尽管这样，笔者还是认为不应该给予王熙凤过高的评价，因为王熙凤做事的秘诀就是无情和泼辣，除了贾母和王夫人，她几乎不给任何人情面，所以很多人都怕她。王熙凤当家荣国府，虽然“一日少说，大事也有一二十件，小事还有三五十件”，但她最主要的工作还是“承应”贾母和王夫人，以及经营自己的“小金库”。王熙凤躺在其协理宁国府的功劳簿上睡大觉，疏于荣国府的管理，致使贾府内部积累了很多问题，这才有了后来的“敏探春兴利除宿弊”，可见王熙凤也要对贾府的衰败承担重要责任。作为荣国府的管理者，王熙凤做人不讲情面、做事不留后路的作风很容易把自己甚至整个贾府推向火山口。此外，王熙凤也没有做好秦可卿临死前交给她的两项任务（置办祭祀和私塾的产业），致使贾府最终完全坍塌。对贾府来说，王熙凤的罪过真是不轻。

虽然身居高位，但贾政迂腐、无能，贾赦的“端方正直”“谦恭厚道”只会让他更加糊涂。

王夫人是荣国府的真正掌权者，作为掌权者，王夫人无能、没有主见。掌权者无能、没有主见就很容易被别有用心的小人操纵、利用，抄检大观园，撵走晴雯、芳官和四儿，主要都是那些婆子挑唆的结果。此外，王熙凤的无法无天也与王夫人的无能有很大关系。

邢夫人有点小心眼，她对贾母偏心王夫人和王熙凤很不满，特别是在“要鸳鸯”讨了没意思后，邢夫人就和王熙凤撕破了脸皮，处处刁难王熙凤：将秋桐赏给贾琏，这无异于往王熙凤的伤口上撒盐；邢夫人当着很多人的面向王熙凤大声求情，这让王熙凤很难堪；邢夫人想到绣春囊可以用来杀杀王熙凤的威风，所以她把绣春囊交给了王夫人，这把王夫人气了个半死，也把王熙凤吓了个半死，并最终导致大观园被抄检，晴雯、四儿、芳官、司棋被撵走。当然，邢夫人的不堪不仅仅是邢夫人自己的问题，也有贾母偏心及王熙凤目中无人的原因。

荣国府对外的事一般都是贾琏去办，应该说，贾琏是个能办事的人，相对而言，其为人也算比较正直，贾琏的“不肖”主要在于他到处偷情。贾琏和鲍二家的偷情被王熙凤逮个正着，结果闹到贾母那里；贾琏偷娶尤二姐，甚至惊动了官府。可以说，因为偷情，贾琏把荣国府和宁国府都闹了个鸡犬不宁，他自己也因此“名声在外”。笔者认为，王熙凤在很大程度上要为贾琏的“不肖”负责。小说第七回“送宫花贾琏戏熙凤”，贾琏和王熙凤在大白天做男女之事，可见贾琏是个精力旺盛的人，那时的王熙凤还乐意满足他，但由于种种原因（比如说巧姐出麻疹，需要贾琏和王熙凤暂时分居，比如王熙凤怀孕、小产，比如后来王熙凤有了妇科病），王熙凤慢慢无法满足贾琏，这时王熙凤依然对平儿看得很紧，不让贾琏碰平儿，饥渴的贾琏无处发泄欲望，只有到外面去偷情，后来王熙凤的身体彻底不行了，贾琏也不满足于偶尔的偷情，所以才偷娶尤二姐。第二十一回“俏平儿软语救贾琏”，平儿发现了贾琏偷藏的多姑娘的一缕头发，在那一缕头发里我们除了看到贾琏的可笑、可怜之外，更应该看到王熙凤的霸道。

从贾府的角度看，贾宝玉和贾环也都是“不肖”之人，因为他们显然都不能继承祖辈的事业。

贾蓉和王熙凤的不正当关系很容易让秦可卿产生婚外情，贾宝玉与太虚幻境里可卿的情爱可能让秦可卿对异性更加充满渴望，所以笔者认为，秦可卿判词里的“不肖”还可能特别指向王熙凤和贾宝玉，因为他们都是致使秦可卿成为宁国府“造衅开端”的潜在原因。

三、小议“水作的骨肉”

秦钟是秦可卿的弟弟，顽童闹学堂时秦钟虽然吃了点亏，但金荣已经给他磕头赔礼，然而秦钟不顾秦可卿病重，仍然将那些不干不净的话原原本本地告诉了秦可卿，致使秦可卿的病情加重，可见秦钟的不懂事。秦可卿停尸铁槛寺时，秦钟和贾宝玉来到一庄户人家，在看到一个十七八岁的农家女孩后，他对贾宝玉说“此卿大有意趣”，要不是贾宝玉及时阻拦，要不是二丫头的妈妈及时把她叫了回去，后面也许还要发生点什么事情。和秦钟分别后，智能儿冒着极大的风险私逃入城去看秦钟，而秦钟看到自己的老父亲因为自己和智能儿的事被活活气死后“悔痛无及”，试想智能儿知道秦钟的“悔痛无及”会怎么想，可见秦钟不是一个有情人。

虽然是一个尼姑，但智能儿是个重感情的人，她一旦情窦初开，便不顾一切；龄官在地上画“蔷”，下雨了都没有察觉，可见龄官对贾蔷的深情；“情书”暴露在众目睽睽之下，但司棋“并无畏惧惭愧之意”，可见司棋也爱得无怨无悔。显然，并不是秦可卿一个人是“情天情海”幻化出的有情之身，“人生而有情”，可以说每个人都是天生的“情天情海幻情身”。

人生而有情，但有些人的“情”在其成长过程中被抹杀了，比如说“任是无情也动人”的薛宝钗，她的“情”已经让位于封建思想、封建道德中的“理”。宁荣二公之灵“剖腹深嘱”警幻仙子，所以警幻仙子才把贾宝玉带到太虚幻境让其享受情欲声色，其目的就是要抹杀贾宝玉对“女儿”的“情”，从而让贾宝玉走上“留意于孔、孟之间，委身于经济之道”的“正路”。

贾府内外的男性中有很多名号称之为“大爷”的人，比如珍大爷（贾珍）、瑞大爷（贾瑞）、蓉大爷（贾蓉）、茗大爷（茗烟）、柳大爷（柳湘莲）、薛大爷（薛蟠）、贾大爷（贾雨村）和大老爷贾赦等，名号叫“二爷”的有宝二爷、芸二爷、琏二爷。笔者发现，这些大爷、大老爷几乎不把女性当人看，他们大多是玩弄女性、糟蹋女性的罪人、恶人。[①] 比如茗烟，他没有问清楚那个女孩子的名字就和她发生关系。在这三个“二爷”之中，贾宝玉尊重女性，是闺阁的“良友”；贾芸和小红自由恋爱，可喜可贺；贾琏当然谈不上尊重女性，但他也算没有直接伤害任何其他女性，因为无论是多姑娘，还是新旧两个鲍二家的，甚至是尤二姐，她们和贾琏走到一起可以说都是相互需要，至于鲍二家的上吊、尤二姐自杀，虽然与贾琏有关，但都不是贾琏之过。

女人如水，未涉世的女儿像没有被污泥污染的水一样纯洁、透明，她们是“水作的骨肉”，然而封建社会的男女不平等必然造就很多贾珍、贾赦、贾瑞、贾蓉、茗烟那样的“大爷”“大老爷”，他们像腐败不堪的污泥一样肆意玷污那些“水作的骨肉”，所以贾宝玉说“女儿是水作的骨肉，男人是泥作的骨肉。我见了女儿，我便清爽；见了男子，便觉浊臭逼人”。

当然不应该因为贾宝玉的这一句话就彻底否定“人类的另一半”——男人，因为“大爷”“大老爷”是不平等的封建社会的必然产物，如果能做到人人平等，男女平等，相互尊重，那些“大爷”“大老爷”们生存的土壤必然就会消失。直接地说，那些“大爷”“大老爷”是由不平等的封建社会造就的，所以很多悲剧尤其是很多女性的悲剧的根源是不平等的封建社会及封建制度。

性情谦和且“不以王位自居”“不以官俗国体所缚”的北静王第一次见宝玉就送给宝玉皇上赏赐他的鹡鸰香念珠，后来我们又看到北静王送给宝玉一件雨天可方便穿的蓑衣，可以看出北静王与贾宝玉友谊深厚、志趣相投。北静王在《红楼梦》里像一道美丽的彩虹，因为从他的话语及其对贾宝玉的态度，可以感觉到北静王是一个非常宽容且能够尊重他人的人。可以想象，北静王也是一个能够尊重“女儿”的人，所以作者给他取名“水溶”，因为能够溶于水并和水打成一片，当然就不会像污泥一样污染水了。

秦钟的名字也很耐人寻味。在他姐姐秦可卿尸骨未寒的时候，在他和智能

① 贾雨村漠视他人、漠视生命，应该不会把女人当人看，但小说前 80 回没有相关内容；“柳大爷”只在柳湘莲教训薛蟠时出现一次，并且这出自柳湘莲自己之口，所以如果要将柳湘莲进行归类的话，归属于“二爷”这一类更合适一些，所以小说中柳湘莲又叫柳“二”郎。

儿的热恋期间，秦钟看到漂亮女孩子就开始胡思乱想，可见秦钟不是“情种”，而是一个“花心大萝卜”。可以感觉到，秦钟确实还只是个“秦小爷”（第七回），如果这个“秦小爷”不死，假以时日，“秦小爷”终将变成“秦大爷”“秦大老爷”。除了很少的二爷永远是“二爷”，“小爷”们源源不断地长大，变成“大爷”“大老爷”，于是“女儿”们的悲剧也将无穷无尽。“秦小爷”长大变成“秦大爷”“秦大老爷”更容易以“情而不淫”作案，从而产生更多的受害者。从这个角度看，应该庆幸这个“秦小爷”死得早。

笔者认为，“女儿是水作的骨肉”有两层含义：第一层含义是作者尊重、同情“女儿”，因为在污秽不堪的封建社会，未涉世的女儿没有被污染，纯洁、善良的她们最容易受到伤害，并且她们受到的伤害往往也是最深的；第二层含义是将女儿纯洁、善良的本性比喻为人的天性。所以“女儿是水作的骨肉”这句话从根本上说是对“人”的尊重与同情。尊重人，尊重人的自然本性，这是作者的重要思想，当然这也是作者写作《红楼梦》的重要目的。

“这女儿两个字极尊贵、极清净的，比那阿弥陀佛、元始天尊的这两个宝号还更尊荣无对的呢！你们这浊口臭舌，万不可唐突了这两个字要紧；但凡要说时，必须先用清水香茶漱了口才可；设若失错，便要凿牙穿腮等事。”显然，作者对“女儿”的态度其实就是作者对“人”的态度——认为“人”是“万物之灵”，极尊贵、极清净、极尊荣。所以，如果一部《红楼梦》浓缩成一个关键词的话，这个关键词也非“人”莫属。在《红楼梦》里，我们很难直接看到“人”，因为作者将“人”演化成了“女儿”，对“人”的尊重与同情也就演化成了贾宝玉的一句名言——“女儿是水作的骨肉”。

第二节　“嫩寒锁梦因春冷”

——走近秦可卿

一、秦可卿的卧室

在秦可卿内室的床上，秦可卿的“宝叔”贾宝玉梦中游历了太虚幻境。从描写贾宝玉进入秦可卿的正房到他“惚惚的睡去”，作者用了六百多字，几乎每个字都让人过目不忘：

宝玉抬头看见一幅画贴在上面，画的人物固好，其故事乃是《燃藜图》，也不看系何人所画，心中便有些不快。又有一副对联，写的是：世事洞明皆学问，人情练达即文章。既看了这两句，纵然室宇精美，铺陈华丽，亦断断不肯在这里了，忙说：“快出去！快出去！”秦氏听了笑道：“这里还不好，可往那里去呢？不然往我屋里去吧。”宝玉点头微笑。有一个嬷嬷说道：“那里有个叔叔往侄儿房里睡觉的理！”秦氏笑道：“嗳哟哟！不怕他恼。他能多大呢，就忌讳这些个！上月你没看见我那个兄弟来了，虽然与宝叔同年，两个人若站在一处，只怕那个还高些呢。”宝玉道：“我怎么没见过？你带他来我瞧瞧。”众人笑道：“隔着二三十里，往那里带去？见的日子有呢。”说着大家来至秦氏房中。刚至房门，便有一股细细的甜香袭了人来。宝玉觉得眼饧骨软，连说：“好香！”入房向壁上看时，有唐伯虎画的《海棠春睡图》，两边有宋学士秦太虚写的一副对联，其联云：嫩寒锁梦因春冷，芳气笼人是酒香。

案上设着武则天当日镜室中设的宝镜，一边摆着飞燕立着舞过的金盘，盘内盛着安禄山掷过伤了太真乳的木瓜，上面设着寿阳公主于含章殿下卧的榻，悬的是同昌公主制的联珠帐。宝玉含笑连说：“这里好！”秦氏笑道：“我这屋子大约神仙也可以住得了。”说着，亲自展开了西子浣过的纱衾，移了红娘抱过的鸳枕。于是众奶母伏侍宝玉卧好，款款散了，只留袭人、媚人、晴雯、麝月四个丫嬛为伴。秦氏便分咐小丫嬛们，好生在廊檐下看着猫儿狗儿打架。（第五回）

小说中清楚地交代，贾宝玉之所以游历太虚幻境，是宁荣二公之灵曾“剖腹深嘱”警幻仙子，说贾宝玉“禀性乖张，生情怪谲”，希望警幻仙子用“情欲声色”等事“警其痴顽”，然后“入于正路”。贾宝玉是天下第一“情”人，在“荆榛遍地、狼虎同群”的封建社会，贾宝玉的唯“情”之路将是何等艰难、何等痛苦，其结果很可能是粉身碎骨。作为情的使者的警幻仙子本应是贾宝玉的引路人，但一方面因为宁荣二公之灵的“剖腹深嘱”，另一方面她又不忍心看到贾宝玉粉身碎骨（“吾不忍君独为我闺阁增光，见弃于世道”），所以警幻仙子带贾宝玉游历了太虚幻境，并让她的妹妹可卿与贾宝玉成亲，于是贾宝玉和太虚幻境里的可卿一同领略了“情欲声色”。

总之，警幻仙子带贾宝玉游历太虚幻境，是因为“宁荣二公之灵”希望警幻仙子将贾宝玉引上“仕途”“经济”的正路，但贾宝玉最讨厌贾雨村那样的“仕途”“经济”，最厌烦薛宝钗给他讲“仕途”“经济”的道理，所以贾宝玉对秦可卿上房挂着的《燃藜图》及其两边的对联很反感。《燃藜图》是一个劝学图，据《拾遗记》记载，一位老者看到汉朝宗室刘向晚上在昏暗中伏案诵书，于是向其青藜杖的头上吹了一口气，藜杖就燃成一个火把，老人一面举着燃烧的藜杖为刘向照明，一面向他传书授课，老人天亮离开时从怀中拿出写在竹简上的书交给刘向，叫刘向教他的儿子读这些书。如果说《燃藜图》代表“仕途”的话，那么《燃藜图》两边的对联“世事洞明皆学问，人情练达即文章”[①]则代表着“经济”，所以贾宝玉看到《燃藜图》“心中便有些不快”，当他看到《燃藜图》两边的那副对联更是受不了了，忙说：“快出去！快出去！”

在秦可卿的内室，贾宝玉看到了唐伯虎的《海棠春睡图》及两边的对联

① 此句意为懂得人情世故就是学问，有一套应付人情世故的本领就能化作文章。周瑞家的和贾雨村都是典型的“人情练达”的有“学问”之人。

“嫩寒锁梦因春冷，芳气笼人是酒香”。

“海棠春睡”的典故是说有一次唐明皇要召见杨贵妃，但杨贵妃喝醉了还没醒，唐明皇叫人扶杨贵妃过来，见杨贵妃“醉颜残妆，鬓乱钗横”，更加妩媚、动人，所以他高兴地说杨贵妃不是喝醉了，是海棠还没有睡够。杨贵妃天生丽质，其倾城倾国之貌本来就让唐明皇心动不已，“醉颜残妆，鬓乱钗横”，海棠春睡的杨贵妃让唐明皇更加心动。《海棠春睡图》出现在秦可卿的卧室，显然作者是要将秦可卿与海棠春睡的杨贵妃相比，其用意是说秦可卿是一个能够让很多男人无比心动的红颜美人。

“嫩寒锁梦因春冷，芳气笼人是酒香”，笔者认为这也是在暗写秦可卿。“芳气笼人是酒香”，表面意思是人们都喜欢花香，幽幽的花香像美酒一样让人沉醉，这显然是作者暗示秦可卿的“芳气”让人陶醉。“春冷”，这很容易让人想到情深深意浓浓且风情无限的秦可卿与不识风情而只知淫乐的贾蓉同床异梦而倍感“嫩寒”，她只有寄托于春梦。

一方面是秦可卿的伤痛需要被人安抚，另一方面秦可卿“芳气笼人”，这都为后来秦可卿和贾珍的不伦之恋创造了条件。

作者写秦可卿内室的摆设时提到了武则天、赵飞燕、杨贵妃、寿昌公主和同昌公主。武则天、赵飞燕和杨贵妃都是历史上有名的风流人物，她们都让她们的男人魂不守舍，显然这是暗示秦可卿也是一个“风流”人物，她也会让贾珍欲罢不能，这就能很好地解释贾珍为什么对秦可卿的死那么伤心。寿昌公主和同昌公主都是红颜祸水式的人物。据说，南朝宋的寿昌公主平时打扮非常时尚，因为担心公主时髦的打扮会招惹是非，成为“红颜祸水”，皇帝训斥了她一番；同昌公主是唐懿宗的女儿，唐懿宗非常疼爱她，据说同昌公主出嫁不久就病死了，唐懿宗非常伤心，他把同昌公主的死归咎于御医，于是将给同昌公主诊治过病的二十多位御医全部斩首，他们的亲族三百多人也受牵连而获罪，后来数十位忠臣也因此被流放或被迫自杀。寿昌公主和同昌公主的同时出现显然是暗示秦可卿也将要成为“红颜祸水”，将要给宁国府带来祸端。

秦可卿叫贾宝玉到她床上睡觉时，有人说哪有叔叔到侄儿媳妇房里睡觉的“理”，但秦可卿一脚将这个“理”踢得很远，可以感觉到秦可卿是个“防线”

很松的人。生性风流、“春冷”、“芳气笼人”，再加上其“松散的防线”，秦可卿的婚外情可以说是在所难免。

秦可卿亲自为贾宝玉“展开了西子浣过的纱衾，移了红娘抱过的鸳枕”，可以想象，贾珍睡到秦可卿的床上时秦可卿也会亲自为他“叠被铺床”（小说第二十六回，贾宝玉赞紫鹃：“好丫头，‘若共你多情小姐同鸳帐，怎舍得叠被铺床？’”对此林黛玉很生气）。很难想象有秦可卿那样既有月貌又懂风情的人为自己服务是什么感受，秦可卿说她的房子神仙都可以住，的确，能够睡到秦可卿的床上，能有秦可卿这样的“可人”为自己服务，可以说真是当了神仙了，难怪贾珍恨不得要替秦可卿去死。

秦可卿的内室里有杨贵妃的影子，杨贵妃本来是唐玄宗儿子李瑁的王妃，但唐玄宗想方设法将自己的儿媳变成自己的媳妇，并和杨贵妃谈起了足以改变历史的惊世恋爱；因为杨贵妃，唐玄宗不仅荒废了朝政，还引发了安史之乱，直接导致唐王朝的衰落。贾珍也因为自己的儿媳妇秦可卿而成为宁国府的“造衅开端”，加速了贾府的衰败。用杨贵妃影射秦可卿也可以很好地暗示秦可卿与她的公公贾珍产生了非同一般的情和爱。

总之，作者描写秦可卿内室是在暗写秦可卿的风流，从其描写的结果来看，作者处处暗示秦可卿和贾珍之间的情爱关系。

二、“小太虚”

还没进秦可卿内室就闻到“一股细细的甜香”，贾宝玉已经开始“眼饧骨软”，很难控制自己了；当嗅到《海棠春睡图》等物品的情色意味时，贾宝玉笑着连说几声“这里好”，就要俯首就擒了。后来贾宝玉在似梦非梦之中被秦可卿带到太虚幻境，并和太虚幻境里的可卿发生了情爱关系，贾宝玉从太虚幻境回来后很快就“强袭人同领警幻所训云雨之事”，贾宝玉好像已经完全被“情欲声色”所俘虏。贾宝玉对秦可卿上房的《燃藜图》这样劝学的东西不感兴趣，所以才会进入秦可卿的内室，而秦可卿的内室有秦可卿和《海棠春睡图》这样的“情欲声色”。在太虚幻境，贾宝玉对金陵十二钗的册子和曲子都不感兴趣，所以警幻仙子才让贾宝玉和可卿共处一室，让贾宝玉直接领略“情欲声色”。

这样看来，贾宝玉进入秦可卿的卧室可以看成是贾宝玉游历太虚幻境的预演，或者说，秦可卿的卧室就是一个“小太虚”。

贾宝玉的“禀性乖张，生情怪谲”主要表现为他对“女儿”的“情”。警幻仙子让贾宝玉把玩金陵女子的终身册籍，笔者认为这是警幻仙子希望让贾宝玉明白人的命运天注定，无法改变，从而间接告诉贾宝玉他对“女儿”的“情”是没有用的，贾宝玉应该放弃对“女儿”的“情”。对“女儿”一往情深的贾宝玉当然不会从册籍中悟出这样的道理，所以警幻仙子就依宁荣二公之灵所说，使用了情欲声色的手段，以此来摧毁贾宝玉的“情”。

总之，作者描写秦可卿的卧室，一方面在暗写秦可卿的风流，另一方面又预演了贾宝玉游历太虚幻境。

三、媚人和可人

贾宝玉在秦可卿的床上睡下后，他的奶母们只留了袭人、媚人、晴雯、麝月四个丫鬟在贾宝玉身边。笔者认为这四个丫鬟也是作者的特意安排。贾宝玉游历太虚幻境是因为警幻仙子要用“情欲声色”来警醒贾宝玉的“痴顽”，从而让他走上“仕途”“经济”的“正路”，贾宝玉在梦中已经完全被情色所俘虏，这对贾宝玉有什么影响，从梦中回来的贾宝玉会有什么变化，这要看后续的发展。在笔者看来，这四个丫鬟代表了贾宝玉的不同发展方向。

我们知道，贾宝玉从太虚幻境回来后，是袭人来给贾宝玉换的衣服，贾宝玉因为受到梦中的刺激而趁机“强袭人同领警幻所训云雨之事”，所以小说中贾宝玉的发展方向就是袭人所代表的方向。假设贾宝玉回来后和能够“媚人”的媚人发生关系，贾宝玉就会像贾珍被秦可卿俘虏一样完全被媚人“媚”上。这样，只要媚人不死，林黛玉、薛宝钗都得靠边站，如果媚人死了，贾宝玉就会变成另一个贾珍；但因为有贾政的存在，所以不能说贾宝玉能够让荣国府“猫儿狗儿”都不干净，但他在贾母的庇护下，让后来的大观园变成他的私人后宫应该没有问题。假设贾宝玉从太虚幻境回来后与晴雯“同领警幻所训云雨之事”，那我们所看到的荣国府里第一个跳井的可能就不是金钏了。如果是这样，贾宝玉将彻底身败名裂，即使他像秦钟一样真被他的父亲打死也没有人同情。贾宝玉对麝月没什么兴趣，所以从太虚幻境回来后贾宝玉应该不会和麝月发生关系，这与小说80回后贾宝玉虽然有了麝月这样的婢女却仍然选择出家一致。其实，无论是贾宝玉和谁发生关系，一旦被发现，其结果一定不会比金钏好。

小说前80回，“媚人”这个名字仅此出现一次，有人认为这是曹雪芹的失误，甚至有的《红楼梦》版本直接将“媚人”改成“秋纹”。笔者认为这不合逻辑。媚人这个名字是作者为秦可卿留下的空位，因为在太虚幻境贾宝玉和可卿产生了情和爱，所以从太虚幻境回来后，贾宝玉应该还是和秦可卿继续他们的情和爱。如果是这样，贾宝玉真要成为另一个贾珍了，但作者没有这样直线写下去，而是将与秦可卿产生情和爱的“任务”交给了贾珍。小说第四十六回，书中提到一个已经死了的可人，可人和可卿有一个相同的“可”字，并且可人这个名字在小说中也仅此出现一次，由此不难想象，那个可人也代表秦可卿，与这里的媚人相呼应。

“秦氏便分咐小丫嬛们，好生在廊檐下看着猫儿狗儿打架。”这句话很耐人寻味。柳湘莲说宁国府的“猫儿狗儿”都不干净，所以“猫儿狗儿”会让人联想到欲望男女，不懂事的傻大姐看到绣春囊上的男欢女爱以为是妖精“打架”，所以“猫儿狗儿”打架又会让人联想到男女之间的情爱。这句话一方面让人看到秦可卿的“情”趣，另一方面又很好地暗示即将发生的“情”事。

小说第五十六回，贾宝玉和甄宝玉彼此同时梦到了对方，甄宝玉怀疑自己是不是在做梦，贾宝玉说这“真而又真”，不是梦。按照这种逻辑，贾宝玉在梦中和可卿领略了情欲声色，那么秦可卿也可能在梦中或想象中与贾宝玉同领情欲声色；贾宝玉惊醒喊“可卿救我”时，小说中重复了一次“猫儿狗儿”打架，应该说这不是简单的重复，而是有所暗示；“秦氏因听见宝玉从梦中唤他的乳名，心中自是纳闷，又不好细问”，秦可卿的“不好细问”里也仿佛隐藏着不可告人的东西。

因为太虚幻境里的刺激，贾宝玉从太虚幻境回来后很快就“强袭人同领警幻所训云雨之事”，由此可以猜想，秦可卿也很快和贾珍有了第一次情爱。笔者认为，作者写贾宝玉与袭人初试云雨情有暗示秦可卿与贾珍第一次发生情爱关系的意味，所以在贾宝玉和袭人初试云雨情后不久，焦大就在贾蓉面前点着贾蓉的大名说贾府里的人爬灰的爬灰，养小叔子的养小叔子。应该说，焦大所骂都与贾蓉有关，因为爬灰指的是贾珍“爬灰”他的儿媳妇秦可卿，养小叔子指的是贾蓉与王熙凤有不正当关系。

四、顽石精神

《红楼梦》又名《石头记》，脂批一再称贾宝玉为“石兄”，甲戌本《凡例》也说《红楼梦》“是自譬石头所记之事也”，所以从某种程度上说，《红楼梦》的故事就是开篇那个“无材可去补苍天”的顽石的故事，这个顽石后来幻化成了贾宝玉，或者说幻化成了贾宝玉的通灵宝玉，贾宝玉的一切特别是他的思想、人性是这个通灵宝玉赋予的，所以贾宝玉是一个具有顽石精神的人（小说《西游记》中从石头里出生的孙悟空也是一个具有顽石精神的人）。顽石精神说到底就是干干净净、简简单单做人的独立精神、自由精神。贾宝玉是一个有独立精神、自由精神的真正的“人”，而《红楼梦》写的是封建思想、封建道德及情欲声色等各种腐朽事物对“人”的压迫和侵蚀，这些压迫和侵蚀要么将“人”变成贾政那样的死气沉沉的人，要么将“人”变成贾雨村那样的国贼、禄鬼，要么将“人”变成像贾珍那样的穷奢极欲、荒淫无耻的罪恶之人，要么将“人”变成像薛蟠那样吃喝嫖赌、斗鸡走马的骄横、任性之人，甚至还能将人变成另一个“贾瑞”“贾蓉”，等等。贾母、贾政和王夫人等人是宁荣二公之灵的继承人，他们是强大的封建势力，他们要将贾宝玉变成另一个“贾政”。

贾政叫“贾政”，是因为贾政代表的是封建社会的“政路”——“为官作宰”，而在很多人眼里，为官作宰是唯一的“正路”。贾宝玉挨打后贾母气愤地对王夫人说：“你也不必哭了。如今宝玉年纪小，你疼他；他将来长大成人，为官作宰的……”

在封建社会，强大的封建势力足可以碾压任何一个人，碾压任何人的一切，但贾宝玉为什么最终能够保持其“石头”的本色呢？笔者认为，这并不是因为贾宝玉有多么坚强，恰恰相反，贾宝玉是一个胆小怕事的人，贾宝玉能够保持其“石头”的本色，很重要的原因是因为一个字——“情”（“情”不仅指男女爱情，“情”还可以理解为人的自然本性）。可以想象，如果没有和林黛玉的“情”，贾宝玉从太虚幻境回来就会立即被袭人所俘虏，可见，和林黛玉的“情”是贾宝玉能够抵御情色诱惑的重要原因。除了林黛玉的“情”，晴雯的坚强、芳官的无畏、刘姥姥的乐观、妙玉的高洁、彩云的勇敢[①]、香菱的纯粹、史湘云的真诚都是贾宝玉一路走来的精神食粮（这也都是人的自然本性的内容），没有这些精神食粮的营养，贾宝玉能不能坚持到底这很难说。特别是晴雯之死，贾宝玉因此必将与封建统治彻底决裂，也因此走向无所畏惧，因为晴雯直接死于残酷的封建统治，所以，贾宝玉为晴雯作的《女儿诔》应该看成是贾宝玉与封建统治彻底决裂并向其宣战的檄文。

袭人是贾母和王夫人的好帮手，对贾宝玉来说，袭人身上有“情欲声色”，更有贾母、王夫人赋予她的“封建权势”，所以袭人是贾宝玉时时刻刻的对手，袭人不离开贾宝玉就意味着贾宝玉与封建思想、封建势力的战斗不会停止。“金玉良缘”，薛宝钗所代表的封建势力更为强大，“金玉良缘”的目的也更为直接，那就是直接“狙击”贾宝玉，将贾宝玉拖进封建统治的囚牢。尽管“金玉良缘”对“木石姻缘”构成碾压之势，但贾宝玉心里只有“木石姻缘”，这最终让王夫人、薛宝钗等人“金玉良缘”的努力前功尽弃。可以看到，在“荆榛遍地、狼虎同群”的封建专制社会，贾宝玉在没有粉身碎骨并保持了其“顽石”本色的情况下，出家当和尚并不是最坏的结局。

笔者认为，从《石头记》的角度看，“红楼梦”故事的“总导演”是癞头和尚，癞头和尚让薛宝钗吃冷香丸，其寓意是抹杀薛宝钗的天性，这样薛宝钗的身心都投入了封建统治的怀抱，正因为如此，薛宝钗成为封建社会的一个完人。癞头和尚给薛宝钗一个金锁，并说这个金锁要用玉来配，而贾宝玉的通灵宝玉也是癞头和尚给予的，可见贾宝玉和薛宝钗的“金玉良缘”是癞头和尚一手策划，其目的是要切断贾宝玉和林黛玉之间的情缘，因为切断贾宝玉和林黛玉之间的情缘就意味着斩断贾宝玉的“情根”（青埂峰的“青埂”谐音“情

---

① 小说第六十一回“投鼠忌器宝玉瞒赃”，彩云被贾宝玉所感动，于是勇敢地站出来承认自己是小偷，这对贾宝玉产生很大的触动。

根”），这样贾宝玉就可以拥抱“理”，拥抱封建统治，从而像宁荣二公之灵所希望的那样：“入于正路”、为官作宰。从这个角度看，反“理”反封建才是《红楼梦》的最重要内容，如此看来，《红楼梦》的故事也可以简单地看成贾宝玉以“情”抗“理”的故事。

晴雯死后，贾宝玉看到大观园物是人非的景况时自思道：“不如还是和袭人厮混，再与黛玉相伴，只这两三个人，只怕还是同死同归。”林黛玉也是一个有独立、自由精神的人，贾宝玉与林黛玉相伴意味着贾宝玉保持其精神、思想上的独立；袭人是一个封建卫道士，与袭人厮混意味着贾宝玉屈身于封建制度、封建统治。薛宝钗和贾宝玉的“金玉良缘”是要将贾宝玉的整个身心都拖进封建统治的囚牢，贾宝玉和林黛玉的“木石姻缘”则意味着贾宝玉摆脱封建思想、封建道德的束缚而保持其精神、思想上的独立。贾宝玉和妙玉能够达到心灵上的高度契合，所以贾宝玉和妙玉的“玉妙情缘”意味着贾宝玉完全摆脱封建统治，但妙玉已经出家，且贾宝玉和林黛玉有前世的情缘，贾宝玉不可能真正放下林黛玉，所以贾宝玉和妙玉结合几乎没有可能，贾宝玉完全摆脱封建统治，成为一个完全意义上的“自由人”几乎没有可能，林黛玉死后贾宝玉最终只能是出家当和尚，《红楼梦》的《情僧录》名字也意味着贾宝玉最终要出家当和尚。如果贾宝玉投入封建统治的怀抱，《红楼梦》就完全失去其思想价值，所以笔者认为贾宝玉和薛宝钗绝不可能最终真正结合。

薛蟠从小娇生惯养，贾宝玉受到贾母的宠爱应该也不亚于薛蟠受到其家人对他的宠爱，“顽童闹学堂”，贾宝玉和薛蟠一样也都共同参与，甚至薛蟠和妓女云儿厮混也要带上贾宝玉；贾代儒对贾瑞的教育只有两种方法，打和罚，贾政对贾宝玉的教育也只有这两种方法，并且贾宝玉在私塾也直接接受了贾代儒的“教育”；贾宝玉见到秦钟相见恨晚，并和秦钟结下了很深的友谊，贾宝玉差一点成为秦钟那样的“情种”，因为秦钟，贾宝玉也差一点喜欢上上学，贾宝玉喜欢上上学就意味着其内心接纳封建思想，秦钟临死前对贾宝玉最后的交代也是希望贾宝玉好好读书，立志功名；此外还有茗烟等人的不断唆使。然而，对贾宝玉影响最大的应该是以贾政、王夫人、薛宝钗、袭人为代表的封建势力的压迫，这一切都让贾宝玉处于一个非常危险的境地，但贾宝玉最终保持了其石头的本色，可见贾宝玉这一路走来是多么惊险。

五、情、理、欲

有情的人的内心是光明的，有情的人也必然向往光明。贾宝玉就是这样一个向往光明的人，因为内心的光明，所以贾宝玉能够发现林黛玉、晴雯、妙玉、芳官、刘姥姥、史湘云、香菱、紫鹃、彩云等人身上的人性的光辉。以人为本，人性面前的是非才是真正的是非。

封建思想、封建道德抹杀人性，薛宝钗被封建思想、封建道德所毒害，变成了一个无情人，所以人应该反对封建制度；情欲声色等腐朽事物腐蚀人的灵魂，所以人也应该自觉抵制情欲声色等腐朽的事物。人生而有情，人也应该像林黛玉那样为情而生，因为没有情，人的灵魂就没有归宿，这样的人只能感受到黑夜的恐惧，而战胜这种恐惧的办法往往就是疯狂摄取、占有（对名利、权势的贪婪及随之而来的贪图享乐），疯狂摄取、占有之后通常是更大的恐惧，从而最终走向自我毁灭，这就是像贾瑞那样“邪思妄动”的必然结果。

应该注意，我们不能因为情而否定欲，因为欲也是人的本性（王熙凤不让贾琏碰平儿，压抑了贾琏的本性），人没有欲将失去一切动力，社会因此也会变成一潭死水。其实，情本身也是一种欲，而欲中往往也有情的成分，情可以生欲，欲也可以生情，纯情如水，欲望如泥，情和欲的关系就像女人和男人的关系一样既对立统一，又相互依赖。人的欲望是无止境的，无限膨胀的欲望需要得到控制，其控制的限度一般以不对他人造成伤害为限。因为利己是人的本能，可以想象，不懂得尊重别人，不会从别人和社会的角度看问题的人很难做到不伤害别人，在对他人无条件尊重（但有原则，这个原则是人格平等原则）的基础上如果再加上一点缘分和欣赏，这就可以说是完全意义上的情了，所以尊重是产生情的前提条件。可见，情是控制欲望、平衡欲望的良方妙药，所以人应该有情。没有情的人很容易成为欲望的“囚徒”和欲望的“野兽”，这是因为封建制度将欲望和道德直接对立，从而压迫人的本性，这必然造成人的虚伪（比如贾政和薛宝钗）。更可怕的是，虚伪的背后隐藏着的往往是个人的野心，比如王熙凤，表面上她对贾母和王夫人毕恭毕敬，但其有无限的野心；像贾雨村之流的很多封建文人，他们表面上满口仁义道德，但为了个人的利益，为了个人的出人头地，他们随时抛弃一切仁义和道德。

秦可卿带走了贾珍所有的情感，所以贾珍很快变成一头欲望的野兽，从此宁国府"猫儿狗儿"都不干净了，秦可卿"妄动风月之情"对宁国府来说变成了一场灾难；司棋没有经受住潘又安的诱惑（潘又安用绣春囊诱惑司棋）从而与潘又安产生了风月之情，司棋"妄动风月之情"的一个后果是在大观园里落下了一个绣春囊，因为这个绣春囊，大观园被抄检，从而永远失去了色彩，司棋自己和她很多大观园里的姐妹蒙羞、蒙冤；贾瑞对王熙凤"妄动风月之情"，让王熙凤对他"辣"了一次，由此人们真正见识了王熙凤的"辣"，此后我们也经常看到王熙凤的"辣"，不难想象，贾瑞激发了王熙凤的"辣"，如果是这样，贾瑞"妄动风月之情"对整个荣国府都有长远影响；对风月无师自通的秦钟因为和智能儿的风月之情断送了他自己和他老父亲的性命。所以笔者认为，司棋的名字应该做"死期"来解释，也就是说，人一旦"妄动风月之情"就离死期不远了。确实，作者笔下的秦钟、智能儿、秦可卿、贾瑞等人都是因为"妄动风月之情"而很快将自己逼上了死路，显然这都是作者在告诫人们"戒妄动风月之情"。

太虚幻境里的可卿"鲜艳妩媚""风流袅娜"，宁国府的秦氏"袅娜纤巧"，可以看出，"情天情海幻情深"的秦可卿的情就是风月之"情"。如果说秦可卿代表着"情"，那么秦可卿死后贾珍很快就变成了一头欲望的野兽，因为失去了"情"控制的欲望很容易变成肮脏、丑陋、罪恶的"淫"，而人的欲望是无止境的，所以贾珍走向了滥淫、荒淫。

贾珍为秦可卿谋求好棺木，薛蟠说他有一个现成的"万年不坏"的樯木棺材，贾珍求之不得，贾政在这里直接提出了不同意见。在对待"情"（秦）的问题上，代表"欲"的贾珍和贾政的态度完全不同，这让人联想到贾政代表着"理"。在《红楼梦》中，贾政确实完完全全是一副"理"的模样。在贾珍眼里，他和秦可卿之间的"情"就像他送给秦可卿的樯木棺材一样"万年不坏"，但这个"万年不坏"的樯木棺材对贾珍来说很快就成了一个笑话，这个笑话仿佛让我们看到了多少山盟海誓、海枯石烂的恋人都成为路人甚至仇人，因为他们的情是你贪我爱的风月之情，这样的情既像人的容颜一样不能经历岁月的变迁，又像潘又安和司棋的爱情那样不能经受现实的考验。林黛玉和贾宝玉之间的爱情是真正的爱情，真正的爱情永不褪色。

在封建社会，女人重情，是“情”的动物，男人重性，是“欲”的动物，纯情如水，欲望如泥，这正好与贾宝玉所说的“女儿是水作的骨肉，男人是泥作的骨肉”相对应。很多水一般的女儿都变成了丑恶不堪的婆子，这和“情”被“欲”污染变成“淫”一样悲惨。“情”变成“淫”，这样的“情”就成了冤孽的种子，所以作者说“宿孽总因情”。“情”不但容易被“欲”污染，“情”还经常被“理”所不容，因为封建社会有“理”走遍天下，“情”和“欲”这些“无理”的东西必然会被封建思想、封建道德的“理”一并否定。“情”被“理”否定，一方面是因为“情”的两面性，另一方面也因为“理”的无情。

人们往往分不清“情”和“欲”而将它们混到一起，作者通过贾宝玉、贾琏、贾珍这三兄弟的“情”和“欲”，能够让人们看清什么是“情”和“欲”：贾宝玉对林黛玉的“情”是脱离生理欲望的“情”，是纯粹的“情”；秦可卿死后贾珍的“欲”很快就变成野兽般的“欲”，是完完全全的“欲”①；虽然经常“欲令智昏”，但贾琏对每一个和他有关系的女性都有那么一点“情”，贾琏的“情”虽然像他偷藏的多姑娘的那“一缕青丝”那样可笑、可怜，但他的“情”不应该完全被否定。贾宝玉对林黛玉的纯粹的“情”使得贾宝玉极其尊重林黛玉，以至于在他心里对林黛玉不存在丝毫的亵渎，即使他对林黛玉偶尔不经意地“不论轻重”地说话，在林黛玉“提醒”了他之后，贾宝玉都会向林黛玉真诚地赔礼道歉（这当然是有条件的，那就是林黛玉也尊重、理解贾宝玉）；贾珍的纯粹的“欲”使得贾珍在纯粹地亵渎、糟蹋、残害女性；贾琏的可笑、可怜但又不应该完全被否定的“情”使得贾琏没有直接伤害其他女性，所以《红楼梦》中的贾琏丑陋，但不丑恶。

---

① 代表“理”的贾政高他们三兄弟一辈，这也与封建社会“理”的统治地位相对应；对一个人来说，欲望很容易战胜情感，所以在《红楼梦》中，贾珍较贾宝玉年长不少，并且贾珍是贾府的族长，而兼有情和欲的贾琏的年岁与宗族地位介于贾珍与贾宝玉之间。

可以说，秦可卿姓“情”，秦可卿的“情”是风月之“情”，贾宝玉、林黛玉、妙玉、晴雯、香菱、紫鹃等人也都姓“情”，但他们的“情”是真性情之“情”（晴雯谐音“情文”，所以晴雯更应该姓“情”），因为他们是真性情的有人性之人。晴雯临死前贾宝玉不顾一切去看她时，作者通过灯姑娘向人们证明了晴雯的清白，这无疑是在告诉人们晴雯和贾宝玉的“情”是完完全全的真性情之“情”，而没有一点风月之“情”的成分。

小说第八回，贾宝玉用手给晴雯暖手，与晴雯手牵手；第五十一回，贾宝玉叫晴雯进自己的被窝，在被窝里贾宝玉又用手给晴雯暖手，后来贾宝玉还摸了摸晴雯胭脂般的两腮；第五十二回，贾宝玉看到晴雯有些发烧，用手摸了摸晴雯的脸后，又伸进了晴雯的被子摸了摸晴雯的身上。这些内容很容易让人产生遐想，但可以看出，贾宝玉和晴雯彼此都没有胡思乱想。

“可知人的嘴一概听不得的”，“可知天下委屈事也不少”，灯姑娘的这两句话也间接告诉人们贾宝玉和晴雯的关系：贾宝玉喜欢女孩子，整天与女孩子们混在一起，这在一般人看来贾宝玉必定是个色鬼，其实贾宝玉是个尊重、欣赏女孩子的人，他不会亵渎女孩子（除了那次“强袭人同领警幻所训云雨之事”），所以贾宝玉和他身边的很多人都能保持纯洁的友谊，在这一方面，贾珍和贾宝玉是完全相反的两个人。晴雯“水蛇腰、削肩膀”，不需要打扮就能让人联想到中国古代“四大美人”之首的西施，与一般人相比，晴雯有更多的“风骚资本”，但晴雯不但不风骚，反而还无比单纯。灯姑娘就是曾经与贾琏偷过情的多姑娘，因为其非常肮脏，所以作者称之为“多姑娘”。虽然非常肮脏，但她从贾宝玉和晴雯的对话中看出了贾宝玉和晴雯不是她所想象、所听说的那类人，所以“多姑娘”又是一个明白人。因为她是一个心如明灯的明白人，所以作者又称之为“灯姑娘”。

秦可卿、贾瑞、秦钟、尤二姐、尤三姐、冯渊等人都因“情”（风月之情）而死，可以肯定，在作者笔下，小说 80 回后因“情”而死的人一定还有一串很长的名单。人在生命最旺盛的年纪是最渴望谈情说爱的，在这花儿一样的年华里，如果不顾后果地“妄动风月之情”，极容易像贾瑞、秦可卿、秦钟、智能儿那样制造情孽，不但伤害自己，也很容易伤害别人。很多鲜花般的生命的陨落往往都是因为“情”的迷失，这正如作者所说的“白骨如山忘姓氏，无非公子与红妆”，“厚地高天，堪叹古今情不尽；痴男怨女，可怜风月债难偿”，无数前赴后继的“痴男”“怨女”让人感叹。

应该注意，秦可卿虽然因情而死，但秦可卿之死的罪魁祸首仍然是封建道德的压迫。可以想象，封建道德的压迫是封建社会中很多人因情而死的最大、最无耻的凶手，因为在深受封建道德影响的人的眼中，“情”往往被看成“淫”。当然也有很多人是被封建统治直接残害，比如晴雯、芳官、金钏。

第三节　遥望《石头记》

《红楼梦》又名《石头记》，从《石头记》的名字来看，《红楼梦》讲述的是贾宝玉这个“石头”的故事。贾宝玉本来是一块补天的顽石，是众多补天顽石中的一块，所以贾宝玉应该被看成是一个普通的“人”，因为在作者看来，“人”都应该具有顽石精神，这种顽石精神也就是人的自然本性。换言之，《红楼梦》写的是一个“人”的故事，“人”生活在社会上必然要面对各种各样的诱惑，在专制的封建社会，“人”更要遭受封建制度的压迫及各种腐朽思想的侵袭，这些压迫、诱惑及侵袭都可能会使人腐化变质，从而使人脱离人的自然本性。《红楼梦》记述的就是贾宝玉这个“人”的人生遭遇。贾宝玉要面对现实生活中的各种诱惑，也要面对社会制度的压迫和腐朽封建思想的侵袭，其结果是贾宝玉遍体鳞伤，但最终仍然保持了“石头”的本色。

对以反封建为重要主题的《红楼梦》来说，展示封建制度对人的压迫和封建思想对人的侵袭是其重要内容。从反封建的角度看，贾宝玉这个“人”“禀性乖张，生情怪谲”，所以宁荣二公之灵（宁荣二公之灵可以看作是封建礼教的卫道士）“剖腹深嘱”警幻仙子，希望警幻仙子用情欲声色来“警醒”贾宝玉，让贾宝玉放弃他的痴顽，从而引领贾宝玉跳出“迷人圈子”，走上“孔孟”“经济”的正路。

贾宝玉在秦可卿的正房看到《燃藜图》等劝学的东西，不想待在那里，所以才进入秦可卿的内室，贾宝玉在情色的陶醉中被秦可卿带到了太虚幻境。在太虚幻境，警幻仙子先是让贾宝玉把玩金陵女子的终身册籍，贾宝玉对此不感兴趣，于是警幻仙子依照宁荣二公之灵所说，使用了情欲声色的手段，将她的妹妹可卿许配给了贾宝玉，贾宝玉因此充分享受了情欲声色。贾宝玉从正房到进入秦可卿的内室，先是被劝学，被劝学不成才享受了情色，在太虚幻境贾宝玉也有一个差不多相同的过程，从两者的一致性，以及作者将太虚幻境里的可卿和贾蓉的媳妇秦氏统一成“秦可卿”来看，贾宝玉不仅受到情欲声色的诱惑，也受到腐朽封建思想的侵袭，因为秦可卿正房里有“仕途”“经济”的东西，并且秦可卿深得贾母的喜欢和信任。

游历太虚幻境对贾宝玉来说也是一个春梦，从此情色对贾宝玉来说就成了诱惑，从太虚幻境回来后贾宝玉很快就进学堂开始接受封建思想、封建道德和封建礼教的“洗礼”，所以游历太虚幻境是贾宝玉人生经历的一个分水岭：此前的贾宝玉完完全全是一个无忧无虑、自由自在的不懂事孩子（此前贾宝玉和林黛玉“一桌吃，一床睡”，他没有男女之事的概念）；此后他必须直接面对情色的诱惑、封建制度的压迫和封建思想的侵袭，贾宝玉已经是一个完全意义上的社会人。

如果没有林黛玉，和袭人发生关系后的贾宝玉也许会像秦可卿“俘虏”贾珍一样被袭人直接“俘虏”，但贾宝玉抵御了袭人的情色诱惑[①]。贾宝玉上学前心里七上八下，但在袭人的温情劝导下，贾宝玉安静地走进了学堂。教授贾宝玉的先生是“当今之老儒”的贾代儒，学堂里“龙蛇混杂”，但这时来了个秦钟，因为秦钟，贾宝玉差点喜欢上上学，如果贾宝玉喜欢上上学，其内心也就开始接纳封建思想，贾宝玉也就不再是一块顽石了。贾宝玉上学前去辞别林

① 袭人不是很漂亮且又不太懂风情，所以袭人的“情色”对贾宝玉来说诱惑不是很大。尽管如此，贾宝玉抵御袭人的情色诱惑并非一帆风顺，比如贾宝玉在看到茗烟和一个女孩子偷情的刺激下就立即要去找袭人，并且那天晚上和袭人“情切切”。

黛玉时，林黛玉笑道："好，这一去，可定是要'蟾宫折桂'去了，我不能送你了。"不送贾宝玉去"蟾宫折桂"，这是暗示林黛玉对于贾宝玉读书的态度，这也与袭人温情劝贾宝玉好好读书正好相反。

袭人用情色"俘虏"贾宝玉不但没有成功，还差一点身败名裂，这时袭人没有"一根筋"，而是对贾宝玉动之以"情"（"原来袭人见他无晓夜和姊妹们厮闹，若直劝他，料不能改，故用柔情以警之"），晓之以"理"（劝贾宝玉读书），贾宝玉身边还没有如此"大义"的人，这样，袭人和王夫人相互需要便走到了一起，袭人也因此被王夫人预定为"宝二姨娘"，贾宝玉也因此差点就要和袭人"厮混"一辈子。[①] 袭人见使用情色手段不但没有什么效果，反而还非常危险，所以逐渐放弃了情色的手段（"原来这一二年间袭人因王夫人看重了他了，越发自要尊重。凡背人之处，或夜晚之间，总不与宝玉狎昵"），而是注意贴近王夫人，直至后来帮助王夫人在贾宝玉身边"清理门户"，就这样，晴雯、芳官、四儿都被清理掉了。晴雯是贾宝玉最亲密的"战友"，晴雯的倒下对贾宝玉来说是个巨大打击，所以贾宝玉一边用《芙蓉女儿诔》祭奠晴雯，一边用《姽婳词》来痛斥袭人的奴才行径。在笔者看来，袭人是贾宝玉顽石之路上随时可能出现的绊脚石，应该说，作者笔下的袭人必须离开贾宝玉。

如果说袭人是贾宝玉唯"情"之路上的绊脚石的话，那么薛宝钗就是贾宝玉唯"情"之路上的"狙击手"。癞头和尚给了薛宝钗一个金锁，并说那个金锁要用玉来配，所以薛宝钗是癞头和尚安排的"狙击"贾宝玉的"狙击手"，其目的是将贾宝玉拖进封建统治的囚牢。在风雨交加、令人恐惧的黑夜里，有敌人的狙击，路面坑坑洼洼，又有随时可能出现的恐怖的陷阱和令人防不胜防的绊脚石，贾宝玉在他的唯"情"之路上摸索前进，其艰难、痛苦的程度可想而知。

笔者认为，没有什么才能且胆小怕事的贾宝玉能够成功抵御封建制度的压

---

① 小说第七十八回，晴雯、芳官等人已被撵走，薛宝钗也搬离了大观园，大观园里一片萧条，这时贾宝玉心想："不如还是找黛玉去相伴一日，回来还是和袭人厮混，只这两三个人，只怕还是同死同归的。"

迫、封建思想的侵袭及情欲声色的诱惑，而保持其顽石的本色，最重要的原因是一个字——“情”。贾宝玉自己是个有情人，因为有情，所以贾宝玉能看到人性的光辉，这些人性的光辉都是贾宝玉的精神食粮，比如晴雯的坚强、芳官的无畏、刘姥姥的乐观、妙玉的高洁、彩云的勇敢、香菱的纯粹、史湘云的真诚、紫鹃的善解人意，当然给贾宝玉最大动力的是和他同呼吸的林黛玉。

因为《红楼梦》是贾宝玉这个“石头”的刻骨铭心的故事，所以作者说《红楼梦》是一个“刻”在石头上的故事。甲戌本凡例说：“是书题名极多：一曰《红楼梦》，是总其全部之名也；又曰《风月宝鉴》，是戒妄动风月之情；又曰《石头记》，是自譬石头所记之事也。”从此书名《风月宝鉴》的角度看，昙花一现的秦可卿是一个核心人物；从此书又名《石头记》的角度看，秦可卿与贾宝玉之间发生的事情是贾宝玉顽石之路的起点。总之，秦可卿虽然在《红楼梦》中出场的机会不多，时间跨度也很有限，但她是串连《风月宝鉴》和《石头记》的一个重要人物。

第四节　秦钟

对贾宝玉来说，秦钟是一个非常特殊的存在。贾宝玉说“男人是泥作的骨肉”，他眼里的秦钟却是“这等人物”；贾宝玉向来不理俗事，更不喜欢读书，但他看到秦钟时竟然问起了秦钟的家务事和读书的事，为了能和秦钟在一起，贾宝玉竟然渴望上学，贾宝玉和秦钟之间的关系几乎可以用“暧昧”两个字来形容。

笔者认为，秦钟既是贾宝玉的两“情”兄弟，也是秦可卿的影子。

第一，秦钟是贾宝玉的两“情”兄弟。

贾宝玉有一副“好皮囊”，秦钟也有一副“好皮囊”，除了“好皮囊”，贾宝玉还是天下第一“情”人。当然，贾宝玉的“情”是真性情。秦钟对风月无师自通，所以秦钟也可以称为天下第一“情”人，秦钟的“情”是风月之“情”。这样看来，贾宝玉和秦钟是两“情”兄弟。“眉清目秀，粉面朱唇，身材俊俏，举止风流”，作者笔下秦钟的“情”和秦可卿一样，是风月之“情”。因为贾、秦两人都代表美妙无比的“情”，所以作者赋予这两个天下第一“情”人以好皮囊；因为都有“情”，所以贾宝玉和秦钟看起来亲如兄弟；因为真性“情”是人的自然本性，所以代表风月之“情”的秦钟只能是一个“小后生”。王熙凤是一个喜欢风月的人，所以她一看到秦钟就说秦钟将贾宝玉“比下去了”：

> 说着，果然出去带进一个小后生来。较宝玉略瘦些，眉清目秀，粉面朱唇，身材俊俏，举止风流，似在宝玉之上，只是怯怯羞羞，有女儿之态。腼腆含糊，慢向凤姐作揖问好。凤姐喜的先推宝玉，笑道：“比下去了！”（第七回）

贾宝玉代表真性情，秦钟代表风月之情，贾宝玉和秦钟这两“情”兄弟的差别在他们偶遇二丫头时表现得淋漓尽致：在给秦可卿送葬期间，王熙凤带贾宝玉和秦钟来到一庄户人家，在这个庄户人家，秦钟看到长得好看的二丫头就悄悄对贾宝玉说“此卿大有意趣”。可以看出，秦钟的兴趣只在风月，而贾宝玉看到锹、镢、锄、犁等农具并知道了它们的用途后，想起了古人说的“谁知盘中餐，粒粒皆辛苦”，显然，贾宝玉感受到了农家自力更生生活的安适和恬静。后来二丫头的自信、勇敢和热情更是感染了贾宝玉，所以二丫头的离开让贾宝玉“怅然无趣”，此后贾宝玉一直在搜寻二丫头的身影，当二丫头抱着一个小孩子再次出现在他的视野范围内时，贾宝玉“情不自禁”，恨不得下车跟着二丫头去。

第二，秦钟是秦可卿的影子。

在太虚幻境，贾宝玉曾经和太虚幻境里的可卿“柔情缱绻，软语温存”，后来秦可卿生病贾宝玉到她房里去看她时，贾宝玉看到似曾相识的《海棠春睡图》和“嫩寒锁梦因春冷，芳气笼人是酒香”的对联不觉想起太虚幻境里的事情；贾宝玉看到秦可卿病重的样子，心里如“万箭攒心”一般；后来听说秦可卿死了，贾宝玉的心口更是像被插了一刀似的，并吐出一大口鲜血，由此可以看出贾宝玉和秦可卿之间的微妙关系，但贾宝玉从太虚幻境回来后，小说中没有任何贾宝玉和秦可卿之间直接关系的描写。所以笔者认为，秦钟更应该被看成是秦可卿的影子，也就是说，贾宝玉和秦钟之间的暧昧关系是作者在暗示贾宝玉和秦可卿之间若有若无的暧昧关系。

林黛玉和贾宝玉的爱情是《红楼梦》全书的主线，贾宝玉和秦可卿之间的暧昧关系不仅给这条主线带来巨大的污点，而且也给全书带来巨大的污点，但如果抹去贾宝玉和秦可卿之间的暧昧关系，又不符合作者的构思，所以作者把秦钟当成秦可卿的影子，让秦可卿和贾宝玉之间的暧昧关系若有若无。“假作真时真亦假”，曹雪芹真真假假的写作手法可以说到了出神入化的程度。秦钟是秦可卿的影子，这也是“假作真时真亦假”，这种真真假假的写作手法，笔者且称为“影子”手法。“影子”手法是《红楼梦》的重要写作手法。

因为秦钟是秦可卿的影子，所以秦钟有“女儿之态”；因为秦可卿代表风月之“情”，所以秦钟的“情”是风月之“情”。

一方面因为太虚幻境里的刺激，一方面因为袭人的引诱，贾宝玉从太虚幻境回来后很快就“强袭人同领警幻所训云雨之事”，这时候的贾宝玉处于袭人、秦可卿、林黛玉的中间。要知道此时贾宝玉和林黛玉还只是很好的玩伴，贾宝玉对林黛玉讲耗子精故事才是他们之间爱情的真正开始，所以贾宝玉要走向谁一切都还未知。虽然“柔媚娇俏”，但袭人不太懂风情，所以袭人对贾宝玉的诱惑不是很大，她只是贾宝玉偶尔发泄欲望的对象。可以想象，此时萦绕在贾宝玉心里的是秦可卿，所以贾宝玉对秦可卿的死反应才会如此激烈，甚至秦可卿死后贾宝玉有一次看到茗烟和一个女孩子偷情时他最先想到的仍然是太虚幻境里的可卿（“也干那警幻所训之事”），而不是曾经和他初试云雨情的袭人。

作者不便直接、明确地写贾宝玉对秦可卿的爱恋，所以才塑造出秦钟这个角色，这就不难理解为什么林黛玉从扬州回来时秦钟就在床上等死了。因为林黛玉从扬州回来时，“宝玉心中品度黛玉，越发出落的超逸了”（林黛玉从一个小女孩变成了一个大姑娘，可以谈情说爱了），贾宝玉这才逐渐和林黛玉续起了他们的“前情”，此时的秦钟对贾宝玉来说是多余的人，所以秦钟必须死。

第五节 “任是无情也动人”

小说第六十三回“寿怡红群芳开夜宴”，薛宝钗抽到的花签上画着一支牡丹，题有“艳冠群芳”，花签下面还配有一句唐诗：任是无情也动人。大家喝酒庆贺后，薛宝钗叫芳官唱一段，芳官要唱一个祝寿的曲子，但众人都不满意，于是芳官改唱了一曲《赏花时》。听了芳官的曲子贾宝玉出神了，他手里拿着花签，眼睛盯着芳官，而嘴里颠来倒去地念着“任是无情也动人”。

《赏花时》的“难产”和贾宝玉非同寻常的表现都很容易引起人们的注意。

《赏花时》来自汤显祖的《邯郸记》。《邯郸记》的内容之一是吕洞宾和何仙姑要去参加王母娘娘的蟠桃宴，何仙姑叫吕洞宾下凡去度一个人上天替她天门扫花；“赏花时”是曲调名，何仙姑所唱，她嘱咐吕洞宾速去速回，不要误期：

> 翠凤毛翎扎帚叉，闲为仙人扫落花①。您看那风起玉尘沙。猛可的那一层云霞②，抵多少门外即天涯。您再休要剑斩黄龙一线儿差，再休向东老贫穷卖酒家。您与俺眼向云霞。洞宾呵，您得了人可便早些儿回话；若迟呵，错教人留恨碧桃花。（第六十三回）

“翠凤毛翎扎帚叉，闲为仙人扫落花”：何仙姑扫花于天门，其所用的帚叉是用翠凤的翎毛所扎。

“您看那风起玉尘沙。猛可的那一层云霞，抵多少门外即天涯”：天界并无尘土泥沙，有的也只是玉屑，所以叫玉尘沙；“猛可的”即突然间。这几句

① “闲为仙人扫落花”一作“闲踏天门扫落花”。

② “猛可的那一层云霞”一作“猛可的那一层云下”。

的意思是，天上起风了，吹起了很多玉尘沙，那么可以想象云层之下的人世间将有多少鲜花被大风吹落。

“您再休要剑斩黄龙一线儿差，再休向东老贫穷卖酒家”：吕洞宾曾带着他的神光宝剑下山，临行时师父嘱咐他不要闹事，他忘了师教，顶撞正在讲经说法的黄龙禅师，于是头被黄龙禅师的戒尺打起了一个大疙瘩，他因此十分愤恨，半夜里祭起神光宝剑要去斩黄龙，结果宝剑被黄龙禅师收去，人也被羁押，幸亏师父说情他才被搭救；宋代湖州东林沉氏自称东老，他家贫但好留客醉饮。这两句是说何仙姑嘱咐吕洞宾做事要专心，不要冒冒失失。

“您与俺眼向云霞。洞宾呵，您得了人可便早些儿回话；若迟呵，错教人留恨碧桃花”：云霞，即天上，也就是仙界。这句话的意思是，何仙姑叫吕洞宾要留意仙界的事，如果找不到接替她的扫花之人，她就会因为不能参加蟠桃宴而抱憾终生。

笔者认为，芳官的曲子让贾宝玉出神，是因为贾宝玉在这个曲子中听出了薛宝钗的“任是无情也动人”，所以芳官唱完后贾宝玉眼睛盯着芳官，而嘴里颠来倒去地念着“任是无情也动人”。

“翠凤毛翎扎帚叉，闲为仙人扫落花”，何仙姑的高贵、典雅让人心动，让人羡慕，品格端方、容貌美丽、天资聪慧的薛宝钗“艳冠群芳”，她俨然就是那“闲为仙人扫落花”的何仙姑。贵为仙人的何仙姑，做着神仙般的扫花的事儿，却对人世间的花开花落没有一点情感，只是一心地“眼向云霞”，急于参加蟠桃盛宴，可见何仙姑的无情。因为知道自己的金锁要用玉来配，薛宝钗紧盯着贾宝玉的玉，一心想和贾宝玉结成“金玉良缘”，但薛宝钗对贾宝玉一点也不理解。薛宝钗不理解贾宝玉，经常不顾贾宝玉的感受而劝贾宝玉走“仕途”“经济”的正路，她看见自己的劝告不起作用后还经常挖苦、讽刺贾宝玉，薛宝钗这样不尊重贾宝玉，更不用说她对贾宝玉有情感了，所以对贾宝玉来说，薛宝钗是个无情的人。其实，薛宝钗不只是对贾宝玉无情，她对很多其他人都很冷漠。薛宝钗是个冷漠无情的人，因为她热衷的是权势和名利。

何仙姑叮嘱吕洞宾“眼向云霞”，这与薛宝钗劝贾宝玉“眼向”“仕途”与“经济”也很一致，所以《赏花时》这首曲子用在薛宝钗身上非常合适。

因为“绿蜡”的典故，贾宝玉非常佩服薛宝钗的学识，把薛宝钗当成自己的一字之师，对薛宝钗姐姐长、姐姐短地亲热起来，薛宝钗因此得意地说：“那上头穿黄袍才是你姐姐。”可以看出，薛宝钗非常羡慕元春身上的黄袍。“面若中秋之月，色如春晓之花”的贾宝玉不能打动薛宝钗的芳心，至纯至真的香菱也不能赢得薛宝钗的好感。从薛宝钗有事没事就劝贾宝玉要用心读书，走“仕途”“经济”之路等情况来看，除了权势和名利，薛宝钗对任何事物都不感兴趣，所以薛宝钗是一个热衷于权势和名利的人。正因为对权势和名利情有独钟，所以薛宝钗对其他人和事物都很冷漠，这就是薛宝钗的无情。也正因为如此，薛宝钗除了看到贾宝玉挨打后的痛苦神情而有一些心酸以外，我们没有看到她其他任何情感的表露。总之，评价薛宝钗最好还是用作者的原话：任是无情也动人。

小说第三十回，薛宝钗说自己怕热，贾宝玉搭讪道：“怪不得他们拿姐姐比杨妃，原来也体丰怯热。”对贾宝玉的善意的玩笑，薛宝钗“不由的大怒”。经常笑话别人、侮辱别人，但不能忍受别人对自己有丝毫的不敬，这是内心虚伪的人的通病。薛宝钗很生气，但又不好直接发作，“便冷笑了两声”说：“我到像杨妃，只是没一个好哥哥好兄弟可以作得杨国忠的！”为了“抵挡”贾宝玉，薛宝钗可以说是口不择言了，可见贾宝玉在薛宝钗眼里的不堪程度。

“老封建”贾政有时也认同贾宝玉的歪才、偏才，对贾宝玉偶尔也会产生一些喜爱之情，但薛宝钗对贾宝玉除了讽刺就是讽刺，可见薛宝钗的无情与贾政相比有过之而无不及。

贾宝玉是一个有情感的人，有情感的人很容易感受到对方的情感，所以薛宝钗的无情贾宝玉看在眼里，正因为如此，薛宝钗抽到“任是无情也动人”的花签时，贾宝玉就想到了薛宝钗的“任是无情也动人”。

袭人是“女儿”的时候是“花袭人”，她染了“男人的气味”很快就变成了“嫌隙人”；薛宝钗是“女儿”时就经常表现出世故和虚伪，那么一旦她染上了“男人的气味”会变成什么样的呢？“秋千架上春衫薄”（第二十八回）、“钗于奁内待时飞”（第一回），有人认为小说80回后，薛宝钗和贾宝玉的婚后生活很不如意，她在秋千架上勾引贾雨村（薛宝钗非常认可贾雨村，这在小说中体现得很明显），笔者认为这在曹雪芹笔下不是没有可能的。

第六节　小议薛宝钗的“金蝉脱壳”

小说第二十七回，薛宝钗到潇湘馆找林黛玉，快到潇湘馆时正好看到贾宝玉进了潇湘馆，这时薛宝钗想到贾宝玉和林黛玉从小一块长大，他们之间多有“不避嫌疑”之处，薛宝钗怕“黛玉嫌疑”，所以“抽身回来”，这时薛宝钗“忽见前面一双玉色蝴蝶”，“忽起忽落”，“迎风翩跹”，薛宝钗“蹑手蹑脚”地追了上去……

一双玉色的蝴蝶，这很容易让人想到贾宝玉和林黛玉这“两个玉儿”（第四十回）；薛宝钗看到“两个玉儿”就要去追，这又让人想到薛宝钗对贾宝玉的追求；薛宝钗面前的那一对玉色的蝴蝶“忽起忽落”，“迎风翩跹”，这又与贾宝玉和林黛玉“不避嫌疑”谈情说爱的情景相一致；薛宝钗最终没有扑到那两个蝴蝶也暗示薛宝钗最终没能追到贾宝玉。从某种程度上说，《红楼梦》故事可以简单地看成薛宝钗“蹑手蹑脚”地追求贾宝玉的故事。

薛宝钗追“两个玉儿”追到滴翠亭时累得“香汗淋漓，娇喘细细”，这时她听到滴翠亭里有人在说话，当她听到是贾宝玉房里的小红和坠儿在说私房话，薛宝钗就想到要“金蝉脱壳”，当小红和坠儿推开“隔子”薛宝钗正好出现在她们面前时，薛宝钗瞬间完美地实施了她的“金蝉脱壳”。

有人因为薛宝钗“金蝉脱壳”而大骂薛宝钗，说她有意陷害林黛玉。笔者认为这失之偏颇，因为避嫌远祸是人的本能。笔者认为，虽然不能因此说薛宝钗有意陷害林黛玉，但应该考察一下薛宝钗为什么会想到要“金蝉脱壳”。听到小红和坠儿在说悄悄话时薛宝钗心想：

> 怪道从古至今那些奸淫狗盗的人，心机都不错。这一开了，见我在这里，他们岂不燥了。况才说话的语音，大似宝玉房里的红儿的言语。他素昔眼空心大，是个头等刁钻古怪东西。今儿我听了他的短儿，一时人急造

反，狗急跳墙，不但生事，而且我还没趣。

薛宝钗听到的悄悄话也就是要归还一个手帕的事，并没有什么利害关系，但薛宝钗因此想到了“奸淫狗盗”的人，想到了别人的心机。在笔者看来，这恰恰在一定程度上反映了薛宝钗本人的心机重、心眼多，因为在现实生活中，一个人对他人及事物的态度往往影响一个人的思维习惯，内心光明的人的眼里往往处处是光明，内心邪恶的人的眼里往往处处是邪恶，善良的人一般不会无端揣测别人，有心机的人以为洞察了别人的心机，这样，没有心机的人在这种人眼里反而成了心机很重的人。正因为如此，非常简单、朴实的小红在薛宝钗眼里“眼空心大”，是个“头等刁钻古怪东西”，可见薛宝钗的心机与世故。

袭人屡次勾引贾宝玉，但她以正人君子自居，无比纯洁的晴雯在她眼里反而成了不正经的人，这是站在道德制高点上指责他人者的思维习惯。这种无耻的逻辑说到底是某些人的小人心态作祟，这混淆了无数是非，《红楼梦》中不乏其例，现实生活中也屡见不鲜。

简单、朴实的小红在薛宝钗眼里“眼空心大”“刁钻古怪”，这也反映出了薛宝钗的无知（在情感上的无知）与无情。小红是一个“普通版”的林黛玉，所以薛宝钗对小红的态度也暗示了她对林黛玉的真实态度。在宝钗扑蝶前小说中也直接说薛宝钗眼里的林黛玉“素习猜忌”，“好弄小性儿”。

单纯地看宝钗扑蝶，很多人认为这是《红楼梦》中一个经典的唯美画面，体现出薛宝钗作为一个少女所应该有的天真与可爱，笔者也有同感。

“罕言寡语，人谓藏愚，安分随时，自云守拙”，薛宝钗从来都是那么虚伪、世故，但这里她为什么如此天真、可爱呢？由此笔者想到天真和世故其实也只有一纸之隔，一个人只要放下自己的私心（薛宝钗的私心就是要从林黛玉心里夺走贾宝玉，薛宝钗“抽身回来”意味着她暂时放下了私心），虚伪和世故就会无影无踪，剩下的当然就只有天真与真诚了。薛宝钗追“两个玉儿”追到了滴翠亭，在滴翠亭实施了她的“金蝉脱壳”，这又让人联想到薛宝钗因为有了追求贾宝玉的私心，才变得如此虚伪、世故。

从宝钗扑蝶到“金蝉脱壳”，我们窥探到了《红楼梦》的无穷奥秘。

第七节　“情”为何物

“情”有十分丰富的含义，心中眼中都空无一物的空空道人在大旨谈“情”的《石头记》中不仅看到了万事万物（“因空见色”），而且还看到了万事万物之间的“情”（“由色生情”）。显然，《红楼梦》中的“情”不仅仅是指爱情。那么，“情”为何物呢?

第一，人情。

“世事洞明皆学问，人情练达即文章”，贾宝玉最讨厌秦可卿正房里的这副对联，这可以理解，因为人情很容易异化成私情。正因为如此，贾雨村在外在权势和内在私心的双重作用下“顺水行舟”，贾雨村的“徇情枉法”既欺骗了世人，同时还送了贾家、王家和薛家一个人情；同样，薛蟠“仗势倚情”，所以他打死了人还像没事人一样；张如圭听到朝廷起复旧员的消息后便“四下里寻情找门路”，好再次为自己谋个一官半职。《红楼梦》中的人情差不多就是私情的代名词，正因为如此，充满罪恶的葫芦庙在“十里”（势利）街、“仁清”（人情）巷。

人情世故，因为人情，人才会世故，封建社会是人情社会，所以贾宝玉、林黛玉、妙玉、晴雯等“不近人情”（第二回）之人不被人理解，经常遭人笑话、妒忌，甚至仇恨。

第二，爱情。

从传统的爱情观来看，贾宝玉和薛宝钗的爱情堪称完美，但作者明显否定贾宝玉和薛宝钗的“金玉良缘”，而高度推崇贾宝玉和林黛玉的“木石前盟”，笔者认为这在很大程度上要归因于一个字——“情”，因为薛宝钗虽然“动人”，但她“任是无情”，而林黛玉是一个为情而生的有情人，并且她和贾宝玉是一对相互知心、相互欣赏、相互尊重的有缘人。

显然，作者眼里的“情”不是像秦钟和智能儿那样的“情”，因为秦钟看上了智能儿的妍媚，智能儿也看上了秦钟的风流，两人之间就产生了情。人与人之间相互平等，人和人之间也有差别，所以在缘分的基础上，爱情的双方需要相互理解、相互尊重、相互包容、相互欣赏，在交往的过程中相互磨合而达成默契，从而相知。贾雨村看到娇杏回头看了自己两次，就认定娇杏是自己的红颜知己，这未免有点可笑。在以男权为主的封建社会，女人被封建道德“绑架”，她们的“情”要么被无情忽视，要么被套上沉重的枷锁，可以想象，几千年来，沉积了多少女性的血泪。“你既为我之知己，自然我亦可为你之知己矣”，贾宝玉和林黛玉之间的爱情如此美丽、动人，因为林黛玉懂得并能够尊重、理解贾宝玉，而林黛玉也需要并且也得到了贾宝玉的尊重和理解。简单地说，贾宝玉和林黛玉彼此都有“情”。

显然，作者认为男女结合应该建立在“情”的基础上，但在《红楼梦》中，秦钟和智能儿的结合仅仅是彼此外表的相互吸引；薛蝌和邢岫烟的结合是别人从中撮合；尤二姐对于贾琏则是单方面的依赖；来旺的儿子对于彩霞则是单方面的强求；秦可卿和贾珍虽然有情，但他们的情又违背了道德人伦，不道德的情、不纯粹的情都很容易导致“情孽”。

“好妹妹，我的这心事，从来也不敢说，今儿我大胆说出来，死也甘心！我为你也弄了一身的病在这里，又不敢告诉人，只好掩着。只等你的病好了，只怕我的病才得好呢。睡里梦里也忘不了你！”林黛玉占据了贾宝玉的整个身心，而林黛玉自从第一眼看上了贾宝玉之后，从未对贾宝玉产生过怀疑，“你只管你，你好我自好，你何必为我而自失。殊不知你失我自失”，林黛玉也早已把贾宝玉当成她生命中的一部分，贾宝玉和林黛玉的爱情是千古爱情的典范。

龄官画“蔷”，智能儿不顾一切地去追寻秦钟，秦可卿因贾珍而死也无怨无悔，更让人无法想象的是，看透一切且已经出家的妙玉在林黛玉死后会和贾宝玉续上一段怎样的“玉妙情缘”。问世间“情”是何物，直教生死相许，这就是爱情。

第三，情爱。

红楼世界就如同一个现实社会，在现实社会中，情爱是人们活动的重要主题。《红楼梦》也直接或间接涉及很多情爱，这些情爱大都与贾宝玉和贾宝玉的两个兄弟贾琏、贾珍，以及贾宝玉的两个好兄弟秦钟、茗烟有关。小说第六回，贾宝玉初试云雨情是直接描写贾宝玉的情爱，第七回贾琏戏熙凤是间接描写贾琏的情爱，而后面贾琏的多次偷情作者都从正面进行了描写。《红楼梦》中情爱的主角是贾珍和秦可卿，他们的情爱，作者通过秦可卿之死和柳湘莲“你们东府里除了那两个石头狮子干净，只怕连猫儿狗儿都不干净”这一句话就将其写尽。

在封建社会，女人重情，男人重性，所以情爱对男人来说往往是欲望的发泄，对女人来说往往是情的升华；情的对象往往是专一的，而欲望发泄的对象可以不专一，这正如紫鹃所说：“公子王孙虽多，那一个不是三房五妾，今儿朝东，明儿朝西？要一个天仙来，也不过三夜五夕，也丢在脖子后头了。”在以男权为主的封建社会，女人就这样沦为男人发泄的对象，其身心都备受煎熬。

男女之情又被称为风月之情，恋爱、婚姻之内的风月之情是恩爱，恋爱、婚姻之外的不正当、不道德的风月之情是淫荡，所以“情”和“淫”只有一纸之隔。因为“情”和“淫”只有一纸之隔，所以“情天”很容易变成“孽海”，“宿孽总因情”，“擅风情，秉月貌，便是败家的根本”，可以说，一部《红楼梦》就是一个“风月宝鉴”，作者以此告诫人们“戒妄动风月之情”。

第四，情感。

贾琏一开始很喜欢尤二姐，但有了秋桐后很快就把尤二姐丢在脑后，尤二姐死后贾琏也曾有为其报仇的冲动，贾琏的情就如同他珍藏的多姑娘的那“一绺青丝”那样可怜、可笑、可悲[①]，所以评价贾琏滥情最好还是用作者的原话：“欲令智昏”。压迫与反抗是一对作用力与反作用力，王熙凤压迫贾琏被贾琏反抗有其必然性，在夫妻生活上贾琏遭受的压迫最为明显、最为直接，所以贾琏在这一方面的反抗也最为明显、最为直接，透过贾琏的滥情我们看到的应该是王熙凤的霸道与无情。

---

① 多姑娘“轻浮无比”，但贾琏珍藏了她的“一绺青丝”，贾琏的可怜、可笑、可悲平儿都看在眼里，所以作者让多姑娘的那“一绺青丝”被平儿发现。

金钏去世时，薛宝钗对王夫人的一番开解让人们看到了她的冷漠与无情，对尤三姐和柳湘莲的悲惨遭遇，薛宝钗同样没有任何同情。薛宝钗希望和贾宝玉结成“金玉良缘”，这不是她有情于贾宝玉，而是贾宝玉有和她的金锁相配的玉。其实，薛宝钗是看不上贾宝玉的，比如她经常在众人面前不给贾宝玉面子，挖苦、讽刺贾宝玉，还有一次贾宝玉和薛宝钗开了一个把薛宝钗比作杨贵妃的小玩笑，但这样的一个小玩笑让薛宝钗勃然大怒，可见贾宝玉在薛宝钗眼里的不堪程度，所以薛宝钗对贾宝玉没有多少情感可言。

作为《红楼梦》的中心人物，天下第一“情”人的贾宝玉一方面在和林黛玉谈着纯粹的情，另一方面，他对紫鹃、平儿、彩云等几乎所有女儿，以及仅有好皮囊的秦钟，令人讨厌的贾环，没有情感的花儿、燕子、鱼儿，甚至对没有生命的星星、扇子都有一份情。此外，贾政、王夫人、袭人、迎春、惜春及众多媳妇婆子们的无情和元春、尤三姐、妙玉等人的有情都是曹雪芹的重要着笔点。我们可以看出，作者笔下的情不仅仅是指爱情、情爱，也包括情感。

情感是人的自然本性，所以有情感的人不习惯刻意掩饰自己，这就是真性情。贾宝玉天真烂漫，是典型的真性情的人，贾宝玉最有情感，完全可以说是天下第一“情”人。因为有情，所以有情人一般都能以情待人，以情待物，比如，贾宝玉“看见燕子，就和燕子说话；河里看见了鱼，就和鱼说话；见了星星月亮，不是长吁短叹，就是咕咕哝哝的”。不仅如此，有情的人还很容易感受到对方的情感，这也就是灵性；反之，无情的人不容易感受到对方的情感，所以他们很难以情待人。在无情人的眼里，世界是冷冰冰的。正因为如此，在无情人薛宝钗的眼里贾宝玉是冷冰冰的：“项上挂着长命锁、记名符，另外有一块落草时衔下来的宝玉。”而有情人林黛玉一眼就能感受到贾宝玉的“情”：“面如敷粉，唇若施脂，转盼多情，语言常笑。天然一段风骚，全在眉稍；平生万种情思，悉堆眼角。”

有情的人能够感受到他人的情感，有情的人也懂得尊重他人的情感。一方面他们自己有情感，另一方面他们能够尊重他人的情感，所以有情感的人必然懂得尊重他人，这种尊重不是来自外在的道德约束，而是来自人的自然本性，所以贾宝玉处处尊重别人，处处为别人着想。可见，不懂得尊重他人往往是因为自身的无情。

人是欲望的动物，人的欲望很容易自我膨胀，这种欲望的满足往往建立在别人的痛苦之上，而有情的人懂得尊重他人，能够顾及他人的感受，所以“情”可以制约、平衡自己的欲望，从而避免伤害他人。从这个角度看，“情”是最纯粹、最天然、最永恒的道德，“反封建”说到底就是用这个最纯粹、最天然、最永恒的道德——“情”来反抗封建道德中的“理”。反之，无情的人很容易变成欲望的野兽，为了防止这些“野兽”伤害他人和社会，所以任何社会都需要法律和道德，以制约某些人的欲望。

平等社会中的道德是真正意义上的道德，然而在不平等的封建社会，封建道德沦为统治者维护其封建统治的工具。封建道德被很多人“接受”以后，这些人只有义务，而没有权利，这种不平等的单向的道德本身就是不道德。在封建社会，很多人已经没有了人格尊严，更谈不上有情感，所以是封建道德剥夺了很多人的情感，取而代之的是所谓的道德。贾政“谦恭厚道”，“礼贤下士，济弱扶危，大有祖风”，可以想象，薛宝钗和年轻时的贾政何其相似，因为他们都是封建道德的模范，也可以想象，“当今之老儒”的贾代儒更是封建道德的模范。所以笔者认为，薛宝钗在作者笔下很可能是像贾政、贾代儒一样走向迂腐（比如，薛宝钗和贾宝玉彼此都没有什么情感，但她婚后仍然对贾宝玉“举案齐眉”）。

“偏我是女孩儿家，一句多话也没有我乱说的。”（第五十五回）在封建社会，封建道德对广大女性有着更多的道德要求和更大的道德压力，这让她们不堪重负；因为不堪重负，所以很多人被压垮，从而走向了道德的反面——不道德。正因为如此，很多“无价之宝珠”的女儿被封建婚姻制度压迫（染了“男人的气味”），会慢慢变成“鱼眼睛”。

第五，人的本性。

人的悲、愁、喜、乐等各种真实情感都是人本性的外在表现，贾宝玉和薛蟠、蒋玉菡等行女儿悲、女儿愁、女儿喜、女儿乐的酒令，这显然不是作者的无聊之笔。“情者，性之质也”，荀子也认为“性之好、恶、喜、怒、哀、乐”的“情”是人本性的实际内容，所以“情”的含义还包括人的本性。如此看来，曹雪芹“大旨谈情”其实就是在直面人性，所以“大旨谈情”的另一个说法就是“不过写人”,《红楼梦》是一部写“人”的“情文”(“情文”谐音“晴雯”)。

从贾宝玉的自由、平等思想，以及作者所极力赞颂的林黛玉、妙玉、晴雯、香菱、芳官等未被社会大染缸污染的“水作的骨肉”身上，我们可以看出，作者认为人的本性应该是自由的、平等的。笔者认为，作者笔下的女儿不仅仅指女儿，而是指所有的“人”，作者用未被大染缸污染的女儿的自由、平等天性比喻为人的天性，这样，作者对女儿的一切赞美都应该转化为对“人”的赞美：

> 这女儿两个字极尊贵、极清净的，比那阿弥陀佛、元始天尊的这两个宝号还更尊荣无对的呢！你们这浊口臭舌，万不可唐突了这两个字要紧；但凡要说时，必须先用清水香茶漱了口才可；设若失错，便要凿牙穿腮等事。（第二回。这句话虽然出自甄宝玉之口，但完全可以当成贾宝玉说的话。）
>
> 女儿是水作的骨肉……我见了女儿，我便清爽。（第二回）
>
> 天生人为万物之灵，凡山川日月之精秀，只钟于女儿。（第二十回）
>
> 女孩儿未出嫁，是颗无价之宝珠。（第五十九回）

人没有情感往往是因为没有人性或人性发生了扭曲，作者之所以要“大旨谈情”，其目的是要呼唤人性，期盼人性的觉醒。一个真正有平等意识的人能够自觉尊重他人，显然，对人有真正的情感一定是建立在相互尊重的前提下，所以我们不但要看到贾宝玉对众多女儿的尊重与同情，我们更应该看到他平等地对待众多女儿，平等地对待任何值得尊重的其他人，甚至平等地对待没有生命的万事万物，因为情感不是简单的喜欢，情感更不是自私、无情的干涉或占有，贾宝玉的“情”值得让人深思。彼此平等、相互尊重的基础上的情感才是真正的情感，而自由、平等是人的本性，因为人生而有情。

第六，世态人情。

一个社会、一个时代的世态人情就是这个社会、这个时代所有人的人性的总体表现。在作者笔下的这个红楼世界里，作者为我们细致、真实地刻画了很多人物，这构成了一幅宏伟的世态人情的画卷，所以人们普遍认为《红楼梦》是一部人情小说，《戚蓼生序本石头记》在第二回也评论说："世态人情，尽盘旋于其间。"

在"糊涂案"中，拐子拐来女孩卖给他人，这本来就是贪财、昧心之举，而那个拐子将一个女孩卖两家，可见其贪财、昧心之极。贾雨村听了原告的申诉"大怒"道："岂有这样放屁的事！打死人命，就白白的走了，再拿不来的？"但他说这话时看到旁边的一个门子向他使眼色，贾雨村"只得停了手"，可见贾雨村所表现出来的正义之心都是假的。那个门子建议贾雨村"何不顺水行舟，作个整人情"，贾雨村说："但事关人命……岂可因私而废法？是我实不能忍为者。"贾雨村的伪善让人一览无余。贾雨村是小人，那个门子则是小人手下的小人，所以那个门子的下场是被贾雨村寻了个不是，被"远远的充发"。至于有人认为小说 80 回以后，那个门子发迹当了大官，他亲眼看到贾雨村的倒台或者是他亲自将贾雨村拉下马，这并不足为奇。所谓"门子"，就是会找门路的人，因为会找门路，所以"门子"必然"钱途""官运"亨通，有人认为那个门子后来当了大官，甚至亲自将贾雨村拉下马，这很符合《红楼梦》的叙事逻辑。

小说中说刘姥姥的女婿名叫狗儿，并且说狗儿"利名心最重"，这显然是作者暗示当时社会上很多人"利名心最重"，卑贱得像"狗"一样。

"当今之老儒"的贾代儒亲手培养出了那个"图便宜没行止"、好色更是没有行止的贾瑞。在乌烟瘴气的贾家义学里，一场学堂风波既揭开了贾府金玉其外、败絮其中的面纱，也奏响了贾府衰败的音符。

秦可卿和贾珍的不伦之恋及随之而来的贾珍为秦可卿大办丧事也是难得的世态人情。在贾珍为秦可卿大办丧事的过程中，我们又看到了戴权卖官、秦钟拈花惹草，以及宁国府办事的媳妇、婆子和王熙凤玩"猫捉老鼠"的游戏。

秦钟临死前，捉拿秦钟鬼魂的那个都判对秦钟"铁面无私"，但他听到"宝玉"这两个字就吓得六神无主，显然，那个都判的嘴脸和他的"鬼话"也都是作者在调侃世情。

《红楼梦》的中心人物贾宝玉处处尊重别人，处处替别人着想，自己的手烫了没有感觉，反而问别人有没有烫着，自己淋湿了，反担心别人有没有被雨淋着，甚至刘姥姥胡诌了一个死去的茗玉姑娘，贾宝玉还念念不忘并叫茗烟去祭奠，贾宝玉傻得让人心醉。

在“大男人”贾宝玉面前，香菱“命宝玉背过脸去，自己叉手向内解下来”，就把裙子换了；史湘云喝醉了躺在外面的石头上睡大觉；听到“盐课林老爷的小姐才是真正的香玉”，林黛玉也顾不得羞耻，她翻身爬起来，把贾宝玉按在身下，说：“我把你烂了嘴的！”“寿怡红群芳开夜宴”的时候，在场的所有人似乎都忘记了“羞耻”，以至于袭人都放开了喉咙，袭人平时对贾宝玉看得是那样紧，但是是她让芳官和贾宝玉在同一张床上睡了一夜。这些在一般人眼里视作丑事、傻事的事，或者是平时不可能发生的事，作者让它们发生了，这些都是作者对“女儿”的极大赞美，因为这体现了她们的人性美——天真、无邪、纯洁、善良。

与“女儿”相反，《红楼梦》里的众多媳妇、婆子大多有一副丑恶嘴脸。小说第二十五回，作者花费很多笔墨向我们展示了马道婆如何欺骗贾母、如何与赵姨娘共同犯罪。第五十九回“柳叶渚边嗔莺咤燕”写的是春燕的妈妈、姨妈老姊妹两个如何越老“越把钱看的真”，如何“一概情面不管”。第七十一回，作者不厌其烦地向我们叙述了两个当班的女人、周瑞家的、费婆子等婆子是如何生嫌隙。第六十一回，在事情还没有定论的情况下柳五儿被婆子们私自软禁，有的婆子说柳五儿“不该做这没行止之事”，有的婆子担心五儿寻死或逃走以致牵连自己，还有的婆子“十分趁愿”，她们借机“奚落嘲戏”柳家的，特别是那些和柳家关系不好的婆子，她们巴不得五儿母女立刻被撵出去，“惟恐次日有变”，所以她们第二天特地早起，悄悄来“买转平儿”，在平儿面前说柳家母女素日的不好。柳家的虽然“最小意殷勤，伏侍得芳官一干人比别的干娘还好”，但她对迎春的丫头莲花儿百般刁难，柳家的对芳官好是因为她要芳官替她说情，把她女儿柳五儿插进怡红院，后来柳家的在小厨房风波中差点遭秦显家的暗算，可见，秦显家的和柳家的也都不是好东西。

鸳鸯被贾赦逼婚，她孤注一掷也没有换来贾母的同情，所以鸳鸯只是贾母手中的“一件物品”，可见贾母的冷漠，更不用说贾母的偏心了。王熙凤则是一个有着漂亮外表却完全没有人性的“白骨精”，她的心狠手辣自不必说。小说第二十四回，贾芸为了谋取差事不得不“贿赂”王熙凤，王熙凤看到贾芸送给她的冰片和麝香，非常高兴，并准备立即安排差事给贾芸，但王熙凤突然想：“我如今要告诉他那话，到叫他看着我见不得东西似的，为得了这点子香，就混许他管事了。今儿先别提起这事。”这足见王熙凤的贪婪与狡猾。第七十二回，贾琏向鸳鸯借当，王熙凤要从中抽一二百两银子的好处，贾琏说王熙凤“太也狠了”，也许是王熙凤确实意识到自己有点过分，就转移话题戳贾琏的痛处：“我因为我想着后日是尤二姐的周年，我们好了一场，虽不能别的，到底给他上个坟烧张纸。”王熙凤和贾琏的“斗智斗勇”在《红楼梦》里也是难得的世态人情。

“眉清目秀，粉面朱唇，身材俊俏，举止风流”的秦钟在给其姐姐秦可卿送葬期间与小尼姑智能儿私通，并为此丢了性命。冯渊被人打死，冯家“告了一年的状”，“不过为的是钱”。贾琏和鲍二家的偷情被王熙凤逮个正着，鲍二家的因为害怕王熙凤就上吊自杀了，她娘家的亲戚要告贾琏和王熙凤，这同样也是为钱，所以林之孝家的“许了他几个钱”就没事了。贾琏后来给鲍二二百两银子，并安慰他说“另日再挑个好媳妇给你”，鲍二“又有体面，又有银子，有何不依，便仍然奉承贾琏”，所以贾琏偷娶了尤二姐以后，鲍二和“新”鲍二家的一起去服侍“新”二奶奶，贾琏、鲍二和新旧两个鲍二家的之不堪程度真是让人难以想象。

小说第七十五回，贾珍、薛蟠、贾蓉等人聚赌时两个娈童演“局套”，他们说：“我们这行人，师父教的不论远近厚薄，只看一时有钱势就亲敬，便是活佛神仙，一时没了钱势了，也不许去理他。”面对邢夫人的贪婪与自私，邢大舅对众人感叹：“怨不的他们视钱如命。多少世宦大家出身的，若提起‘钱势’二字，连骨肉都不认了……”又说：“就为钱这件混账东西。利害，利害！”

小说第五十回，大观园里的众“诗人”玩猜谜语的游戏，史湘云出了一个谜语：“溪壑分离，红尘游戏，真何趣？名利犹虚，后事终难继。”这个谜语让很多人都摸不着头脑，但贾宝玉一下子就猜对了，是供人玩耍的猴子。“溪壑分离，红尘游戏”是指山上的猴子被人逮住，离开它们生活的山谷、涧溪供人耍玩；“名利犹虚”是指现实生活中的名利像猴戏中猴子扮成文官武将一样虚妄、可笑；至于“后事终难继”，史湘云则做出了解释：“那一个耍的猴子不是剁了尾巴去的？”史湘云的谜语大有深意，作者在讽刺社会上那些热衷于功名利禄的奴才，他们像“沐猴而冠”的猴子那样虚妄可笑、不知廉耻。猴子只是一时供人玩耍、利用，必然“后事终难继”，同样，很多奴才也只是一时被他们的主子利用，其结果往往也是“后事终难继”。贾雨村、江南甄家及《红楼梦》里的贾、史、王、薛四大家族等，他们也只是朝廷一时的奴才，当权者把他们当作猴子一样玩耍，如果不需要他们、不喜欢他们，就把他们扔到一边，甚至将他们满门抄斩。《红楼梦》前 80 回，甄府已经被抄，相信在作者笔下，80 回以后贾家、史家、王家、薛家都会相继被查抄，从盛极一时到被朝廷抛弃，也同样是像猴子一样被耍了一次。耍猴儿的谜语出自史湘云之口显然是作者有意安排，因为史湘云的名字寓意着历史像云烟一样飘渺虚无，这个谜语出自史湘云的“锦心绣口”（第四十九回）最为合适，这个谜语也只有贾宝玉猜中最为合理。

第七，眉目传情。

眉目传情，人的情感的表达很多时候是依靠眉毛和眼睛。《红楼梦》大旨谈“情”，作者写人时非常注意对人眉毛和眼睛的描写。

“面如敷粉，唇若施脂，转盼多情，语言常笑。天然一段风骚，全在眉稍；平生万种情思，悉堆眼角”，贾宝玉的“眉稍”上和“眼角”里都是“情”。

“两湾似蹙非蹙罥烟眉，一双似喜非喜含情目”，林黛玉灵动的眉、目能传情，可以说，林黛玉就是为情而生。贾宝玉第一次看到林黛玉时送了林黛玉“颦颦”二字，颦是皱眉的意思，所以“颦颦”这个名字也暗示了林黛玉的“情”；黛是一种可用于画眉的颜料，所以黛玉这个名字中也包含着“情”。

晴雯的眉眼像林黛玉，显然这是作者暗示晴雯的有“情”。画“蔷”的龄官让人印象深刻，人们感叹于她对贾蔷的情深；作者笔下的龄官“眉蹙春山，眼颦秋水，面薄腰纤，袅袅婷婷，大有林黛玉之态”，龄官也是一个有情人。

“一双丹凤三角眼，两湾柳叶吊稍眉”，王熙凤的三角眼与她的心狠、狡猾、两面三刀很搭配；“吊稍眉”是眉毛高高扬起，看起来有些夸张，这很容易让人联想到王熙凤经常性的夸张表演，尤其是在贾母面前。

在栊翠庵妙玉给贾母倒茶时，贾母说她不吃六安茶，妙玉说这是“老君眉”。笔者认为，“老君眉”是作者暗示贾母是个冷酷无情的老君，因为“老君”的眉毛粗黑、凝重，有冷酷、无情之意。

可以说，作者笔下的“眉”“目”都是为了《红楼梦》的“大旨”——谈“情”。

第八节　以情反理

自汉武帝采纳董仲舒“罢黜百家，独尊儒术”的治国思想以来，儒家思想开始成为后世历代封建王朝的正统思想，所以封建传统思想的根基是儒家思想。为了巩固封建统治，董仲舒提出君权神授、天人感应学说，以此来神化封建统治，董仲舒还提出“三纲五常”理论来维护社会伦理，自此，君权神授、天人感应、三纲五常都逐渐融入儒家思想。

孔孟儒家思想的核心是“仁”“义”，所以儒学在维护社会稳定、缓解社会矛盾方面有先天的优势，但董仲舒的“三纲五常”很容易让儒学脱离“仁”“义”的正轨，比如君臣纲压制了民众的反抗意识，由此导致了封建专制；父子纲和夫妇纲限制了妇女地位，由此导致了男尊女卑。经董仲舒改造的儒学偏离了孔孟之道。

到了两宋时期，程颢、程颐、朱熹等将儒家的忠、孝、节、义提升到“天理”的高度，从而形成了一整套囊括天人关系的严密思想体系，由此开创了宋明理学。宋明理学是以“理”为核心的新儒学。在新儒学中，集儒学之大成者的朱熹更是将“三纲五常”上升为“天理”，并强调“存天理，灭人欲”的道德主张。

将“三纲五常”上升为“天理”，朱熹进一步强化了封建等级制度，并将封建等级制度渗透到封建社会的每一个角落。虽然理学家强调“三纲”以仁、义、礼、智、信“五常”为基础，但人与人之间的不平等极容易让“五常”失去“活力”，这样，“三纲”完全成了欺骗、压迫、残害广大弱势群体的工具，从而产生无穷的罪恶，同时，“三纲五常”还禁锢了广大民众的思想，也让人失去了判断是非的标准，从而麻痹、奴化了民众。“存天理，灭人欲”则是直接扼杀了人们的自然欲求，这直接违背了孔孟所强调的人性。

《红楼梦》里的荣国府是一个逼真的等级森严的封建专制小社会。在这个封建专制的小社会里，晴雯、四儿、芳官直接被封建统治无端迫害；茜雪、金钏、司棋等人因为一点错误或问题，封建礼教就直接让她们抬不起头来；尤二姐、尤三姐悲剧的根源其实也是封建礼教对人的迫害；《红楼梦》里最重要的内容——贾宝玉和林黛玉之间的爱情也必将葬身于封建统治的压迫，由此可见封建统治的残酷。在作者眼里，孔孟之后的儒家思想“是后人异端，不是孔子的遗训”，而那些“登利禄之场，处运筹之界者”的封建统治者，以及为之服务的儒士们都是在“窃尧舜之词，背孔孟之道”。①

传统封建思想中的“理”是以“三纲五常”为代表的伦理规范、纲常道理，宋代及以后的理学家认为封建伦理是客观存在的道德法则，所以在很多人眼里，“理”是“天理”。被封建统治者改造后的儒家思想成了维护封建专制统治的工具，尤其是将“三纲五常”上升为“天理”的理学形成以后，封建礼教更是成为压在广大民众头上的“大山”，封建社会中更加低人一等的女性受到的迫害尤为明显。鲁迅曾经对封建礼教做了深刻的揭露和批判，指出几千年的封建社会是血淋淋的人吃人的社会。在《红楼梦》中我们也看到了封建大家庭的主子们骄奢淫逸，而那些奴仆们基本上没有任何人身自由，只能听命于主子，过着卑躬屈膝、胆战心惊的生活。遥远的黑山村已被贾府压榨得一干二净，但贾府的庄头乌进孝告诉人们黑山村周围都是比黑山村更“黑”的“黑”山村，那里早已暗无天日。这正如我们在《红楼梦》中看到的那样，奴婢被当作主人

① 小说第五十六回，作者杜撰了一部《姬子》，并自撰其中的话：“登利禄之场，处运筹之界者，窃尧舜之词，背孔孟之道”；第五十八回，藕官怀念药官给药官烧纸，为此贾宝玉嘱咐芳官说：“纸钱原是后人异端，不是孔子的遗训。”

的私有物品可以随意买卖，他们对主人稍有触犯，轻则遭受辱骂，重则拳脚相加。无论是在肉体上还是在精神上，广大奴婢都备受摧残，但在整个社会看来，广大奴婢的非人生活是“天理”。“三纲五常”还带来女子缠足、包办婚姻、重视贞操等传统陋习。从某种程度上说，《红楼梦》是贾宝玉用他的爱情来反抗包办婚姻的封建礼教的故事。毋庸置疑，曹雪芹是封建礼教的坚决反对者。

鲁迅先生一针见血地指出封建等级制度是旧社会的大病根，人们被“天理”长期教化，封建等级观念已经深入很多人的骨髓，他们自觉维护封建等级制度，自觉维护腐朽封建统治，根深蒂固的封建等级观念也很容易使人变得麻木、冷漠，由此造成了人与人之间的隔膜，所以封建等级观念是社会进步的毒瘤。贾宝玉是一个具有平等观念的人，所以贾宝玉是一个“真人”，而薛宝钗的每一个毛孔里都渗透着封建道德，所以我们只能感受到薛宝钗的伪善。少年的鲁迅和少年的闰土是平等相待的朋友，但他们中年见面时，闰土不自觉的一个“老爷”让鲁迅意识到要根除封建等级观念的任务任重道远，所以令很多人很享受的“老爷”这两个字会深深刺痛鲁迅。

为了捍卫自己的爱情，贾宝玉努力反抗封建等级制度、封建婚姻制度，其实，贾宝玉不仅仅为了爱情，贾宝玉也不仅仅只有爱情，贾宝玉彻底的自由、平等意识让他的整个身心都在同封建专制做斗争，因为贾宝玉的自由、平等思想与封建专制格格不入，所以贾宝玉看起来很另类、很可笑。正如有的人所认为的那样，贾宝玉、林黛玉、妙玉、晴雯、香菱等很多作者真心赞扬的人的样子是人类应该有的样子——“止乎礼，发乎情”，这些人也无一例外都是“真人”，所以贾宝玉的另类、可笑不是贾宝玉的问题，恰恰相反，贾宝玉的异类、可笑反映了封建专制的残酷与无“情”，封建专制给人们套上了太多、太重的精神枷锁，从而扭曲了许多人的灵魂。

在笔者看来，贾宝玉就代表“情”，封建专制就代表“理”，《红楼梦》应该看成一部以“情”反“理”的教科书。“情”不仅仅是指爱情、情感，《红楼梦》中的“情”更应该看成人的自然本性，一个有着人的自然本性的人就会像林黛玉、贾宝玉、晴雯、妙玉那样，未被封建等级观念所同化而具有自由、平等观念，这样的人也必然像林黛玉、贾宝玉和晴雯那样，是有情感、有人性的有情之人。不难想象，像贾宝玉、林黛玉那样在封建专制制度下仍然保持人的自然本性的人往往也是有思想、有个性的人，因为他们的思想和个性是抵御封建思想侵袭的两道天然屏障。

“别人我不得而知，在我自己，总仿佛觉得我们人人之间各有一道高墙，将各个分离，使大家的心无从相印”[①]，鲁迅先生深切感受到封建等级制度使人与人之间产生距离与隔膜。曹雪芹也用很多鲜活的例子告诉人们：适应了封建等级制度的人往往是无情人。不仅如此，封建礼教还禁锢了人们的精神自由和个性自由，从而扭曲了人的自然本性。“情有者理必无，理有者情必无”[②]，汤显祖更是直接高举以情反理的至情大旗，他用戏剧向人们展示“情”的伟大和美好，以此来批判“理”对人们精神的束缚和毒害。

笔者认为，贾母、贾政、薛宝钗三人都很好地诠释着“理”。“任是无情”的薛宝钗在贾府如此受欢迎，最重要的原因是她有“理”；“最喜读书人，礼贤下士，济弱扶危，大有祖风”，迂腐、无情的贾政也每时每刻都在践行宁荣二公之灵的“理”。看到元春的轿子，贾母就禁不住要下跪，因为在贾母看来，元春就是皇权的代表，而在贾府之内，贾母通过王夫人和王熙凤这二“王”牢牢掌控着贾府，贾母的权威是“天理”，谁也不敢撼动。从这个角度看，贾母更代表着“理”：一方面屈从于封建皇权，另一方面维护封建专制。封建统治者推崇“理”，表面上是宣扬道德、教化民众，但实质上是宣扬封建等级观念，维护封建等级制度。贾母是一个封建等级观念根深蒂固的人，从这个角度看，贾母也代表着“理”，贾母的封建等级观念主要表现为高高在上，对于封建统治者来说，推行封建等级制度的目的就是要让他们自己高高在上。不难想象，一个偏心明显的人必然也是一个等级观念明显的人，所以偏心是贾母的重要特征之一。

---

① 鲁迅：《俄文译本〈阿Q正传〉序及著者自叙传略》，《鲁迅全集》第七卷，人民文学出版社2005年版，第83页。

② 〔明〕汤显祖著，徐朔方笺校：《汤显祖诗文集》，上海古籍出版社1982年版，第1268页。

茜雪显然是被贾母撵走的，茜雪的被撵是《红楼梦》中贾府的第一笔血债，这笔血债应该记在贾母的头上，当然也应该记在“理”的头上。笔者认为，茜雪的被撵是“理”“欠”广大民众的一笔“血”债，所以茜雪叫“茜雪”。第一个血债的受害者是茜雪，作者也由此提醒人们应该记住此次和此后“理”欠民众的血债。在贾府，贾母是最能代表“理”的人，所以贾母才应该是那个最大的“嫌隙人”。

古往今来，为了爱情，多少人赴汤蹈火，为了自由，多少人前赴后继！从鸦片战争到中华人民共和国成立的一百多年里，多少人在推翻包括封建主义在内的“三座大山”的道路上奋不顾身。从根本上说，他们都是为了打倒一个敌人——旧社会的“理”（也包括帝国主义霸权的“理”），而他们也都是为了一个字——“情”，因为只有“人”才有“情”，有“情”才是“人”。

第九节 司棋的无畏与胆怯

迎春的丫头司棋和迎春形成了鲜明的对比。迎春懦弱，但司棋因为小厨房里的柳嫂子不给她蒸鸡蛋就带人把小厨房砸了。此前，柳家的曾做馊了的豆腐给司棋吃，可见这次的厨房风波主要是因为柳家的欺人太甚。从后来柳家的忍气吞声，并乖乖地再蒸一碗鸡蛋送给司棋的情况来看，司棋带人打砸厨房的做法虽然有点过分，但并无大错。后来抄检大观园，司棋的“情书”暴露在众人面前时她并不“畏惧惭愧”，可见司棋的勇敢与无畏，然而在小说中我们也看到了司棋的胆怯。

司棋和她的表兄潘又安在大观园幽会，后来被傻大姐捡到并导致大观园被抄检的绣春囊，显然是潘又安用来诱惑司棋的，并最终导致司棋和他突破男女之防，而后抄检大观园时，王熙凤、周瑞家的等人又搜出了潘又安给司棋的书信，司棋被逮个正着。与司棋幽会被鸳鸯撞破，潘又安吓得几天都不敢回家，可见潘又安的无情与胆怯。潘又安的逃避无异于出卖司棋，让司棋一个人在封建道德面前“裸奔”，所以司棋的悲剧主要是潘又安造成的，笔者并不认同通行本《红楼梦》80 回后潘又安为司棋殉情的情节。

司棋敢作敢为、敢爱敢恨，这与她低声下气地哀求鸳鸯替她保密，以及后来她被撵走时哀求迎春发话留下她形成了鲜明的对比。司棋的无助与胆怯主要是因为被“潘徒”出卖，封建礼教的屠刀已经架到她脖子上，在这种情况下，无论多么勇敢的人也难免产生畏惧，更何况一个犯“淫”的弱女子。设想，潘又安如果能够和司棋共同捍卫他们的爱情，无论生死他们都能够“在一处”（第七十二回），那么司棋在《红楼梦》中将无比闪耀。

违背了封建道德的秦可卿不敢面对封建道德而上吊自尽，秦可卿悲剧的罪魁祸首是封建道德。显然，司棋悲剧的罪魁祸首也是封建道德，因为如果能够实现恋爱自由、婚姻自由，被“潘徒”诱骗、出卖的司棋就无需承担任何责任，并且司棋能够因此看清潘又安的真面目而重新选择自己的恋爱、婚姻。从司棋前后的反差可以看出，司棋虽然没有像秦可卿那样了断自己的性命，但封建道德已经将她折磨得不成人样了。抄检大观园时王熙凤等人嘲笑司棋，王熙凤等人的嘲笑也反映了封建道德对爱情的态度。

潘又安与司棋幽会被鸳鸯撞破后吓得三四天不敢回家，司棋听说“气个倒仰”，心想：“纵是闹了出来，也该死在一处。他自为是男人，先就走了，可见是个没情意的。”“生命诚可贵，爱情价更高”，显然，司棋是一个把爱情看得比生命还重要的人，可以想象，这样的司棋在看到潘又安如此胆怯与无情后的心情了，所以她“气个倒仰”。应该说，司棋的爱很快就会变成恨，对于司棋的敢爱敢恨，我们不应该有所怀疑。“他自为是男人，先就走了”，司棋的所思所想还反映出封建社会对女性践踏的现状。因为封建社会男尊女卑，女性很少被人当人看，这里潘又安把自己当成一个“撑门面”的男人而逃避应该承担的责任，这也是不把女人当人看，潘又安的自私自利是封建社会男性自私自利的一个缩影。当然，封建社会中男性的这种自私自利是封建道德、封建婚姻制度对男性“娇惯”的必然结果，这样看来，司棋的悲剧是《红楼梦》悲剧的重要组成部分。

司棋没有认清潘又安无情、胆小的真面目就和潘又安产生了风月之情，作者也在通过司棋告诫人们“戒妄动风月之情”。因为做事风格一贯干脆利落的司棋在“风月之情”上没有经受住潘又安的诱惑，这是司棋唯一的失误，所以司棋的名字应该做“死期”来解释。其寓意是，人一旦妄动风月之情就离死期不远了（司棋也姓“秦”）。在作者笔下，“妄动风月之情”是很多年轻人生命中的一个死结，正因为如此，作者感叹“白骨如山忘姓氏，无非公子与红妆”。

和秦钟分别后，智能儿私自逃离水月庵去秦钟家里找秦钟。应该说，即使没有秦业的粗暴干涉，智能儿的悲剧也很难避免，因为智能儿很可能只是“情场猎手”秦钟的一个玩弄对象。“人非圣贤，孰能无过”，秦钟和智能儿的问题都是人成长过程中很容易出现的个人问题，这些问题完全可以通过教育或适度惩戒的办法来予以纠正，况且他们都还是没有长大而分不清是非的孩子。但在封建社会，一个人任何小的过错或失误都有可能触碰封建道德的“高压线”，所以《红楼梦》中很多人物悲剧的罪魁祸首都是封建道德的压迫。秦业、贾政、贾代儒、贾母、王夫人等人都是封建道德的“代言人”，正因为如此，稍有出格言语的金钏就成了王夫人眼里的“下作小娼妇”，在王夫人“统治”的荣国府里，金钏的委屈谁能替她争辩？所以金钏只有一死以求解脱。

一向酷爱男风的冯渊看到非常漂亮的香菱就被香菱吸引住了，显然，冯渊对香菱还只停留在风月之情的想象中，仅仅因为这个想象，冯渊在和呆霸王薛蟠争夺香菱时全然忘记了“退一步海阔天空”的道理，以致白白葬送了自己的性命。作者通过冯渊之死又一次简单而又形象地向人们展示了很多年轻人的这个死结。冯渊的冤屈固然令人同情，但令人难以接受的是冯渊的冤案成了一个“糊涂案”，永远得不到昭雪，而最让人痛心的则是很多人不能从冯渊之死中得到启示，以至于很多像冯渊、智能儿那样有金玉般花样年华的人都前赴后继地“凋零”并被历史淹没（“好知运败金无彩，堪叹时乖玉不光。白骨如山忘姓氏，无非公子与红妆”）。

“葫芦案”因情而始，所以“葫芦案”也是一个“情”案。因为封建社会有“理”走遍天下，而“情”不仅不受“理”的待见，而且还被“理”所不齿、所不容，所以“情”案很容易变成“葫芦案”那样的糊涂案，以致案中的很多人被漠视。从这个角度看，判断葫芦案的贾雨村不仅仅是媚上欺下、徇私舞弊，他还充当了封建社会的刽子手。

第十节 癞头和尚和跛足道人

一、初识“双真”

青埂峰下，那个无才补天的石头看到一僧一道远远而来，这一僧一道就是茫茫大士和渺渺真人，他们都生得“骨格不凡，丰神迥异”。茫茫大士和渺渺真人的“高谈快论”让那块石头动了凡心，在那块石头的哀求下，茫茫大士将其携入红尘，在“花柳繁华地，温柔富贵乡”中经历了一番，于是有了《红楼梦》这个“刻”在石头上的故事。小说后文也多次出现一个和尚和一个道士，但那个和尚“癞头跣脚”，是个癞头和尚，那个道士“跛足蓬头”，是个跛足道人。

《红楼梦》前80回，癞头和尚和跛足道人出现的机会不多，但感觉他们总在人们的身后，总能出现在该出现的地方，给人一种虚幻而又无处不在的感觉。虽然癞头和尚和跛足道人经常一起出现，但跛足道人有两次单独出现非常重要：一次是成功度化甄士隐，一次是拯救贾瑞失败，《好了歌》是跛足道人度化甄士隐时唱的，而“风月宝鉴”则是跛足道人拯救贾瑞时拿出来的。

小说第二十五回“魇魔法姊弟逢五鬼”，贾宝玉和王熙凤的棺材都准备好了的时候，“双真”又一起出现，很多人都看见了癞头和尚和跛足道人。癞头和尚的模样是：“鼻如悬胆两眉长，目似明星有宝光；破衲芒鞋无住迹，腌臜更有一头疮。”而跛足道人则是：“一足高来一足低，浑身带水又拖泥；相逢若问家何处，却在蓬莱弱水西。”笔者认为，亦真亦幻的癞头和尚和跛足道人分别是“理”和“情”的幻化之身。

一般说来，“理”是“天理”，“情”是“人情”（这里的“情”是指人的情感），

“天理”和“人情”都不是一般的东西，所以作者将他们形象化成“骨格不凡，丰神迥异”的两位仙人。“理”所蕴含的能量无法形容，所以作者将“理”演化成茫茫大士，有情感的人才是“真人”，所以作者将“情”演化成渺渺真人。

社会必有“理”，不同社会有不同社会的“理”，如前所述，封建社会之“理”就是维护封建专制制度的以“三纲五常”为代表的伦理规范、纲常道理。可以想象，理想的自由、平等社会的“理”的任务是维护人与人之间的平等和谐关系，我们且称之为自然之“理”。

茫茫大士来到人间变成一个癞头的和尚，因为那就是作者眼里以“三纲五常”为核心的封建社会之“理”的模样——癞头、肮脏。“鼻如悬胆”一般认为是有福之人的相貌，两眉长过眼睛通常被认为是命运通达、事业发达之人的相貌，儒家讲求积极进取，主张入仕，所以很多有“理”之人在社会上积极作为，他们不少人成了人们眼里命运通达、事业发达的有福之人。“天理”无所不知，无所不能，所以如果将“天理”比喻成一个人的话，这个人“目似明星有宝光”颇为恰当。

封建统治者将封建等级制度“植入”儒家思想后，儒家所倡导的仁义道德实际上已经成为统治者的统治手段和被统治者的束缚了。“仁”“礼”“义”等本来都是孔孟儒家的“盛装”，这些“盛装”被封建等级制度糟蹋以后，封建社会之“理”从孔孟儒家那里所能够继承的就只有破衣烂鞋了，所以癞头和尚是一个身穿破衣烂鞋的和尚的形象（“破衲”“芒鞋”）。“无住迹”应该是指“理”已经无处不在。

因为一个绣春囊，王夫人和王熙凤将大观园抄检，将晴雯、四儿、芳官、司棋撵走，焦大因遭遇不公而抱怨，王熙凤就依照“王法”下了一道“命令”，于是焦大遭受了一次马粪塞嘴的处罚。① 焦大、晴雯、四儿、芳官、茜雪、金钏在大观园的遭遇让人们清楚地看到了什么是压迫，由此可以想象，封建专制是建立在多少人的血泪之上，而“理”是维护封建专制的理论工具，可见“理”

---

① 小说第七回，因为焦大骂人，王熙凤对贾蓉说：“还不早打发了这个没王法的东西！留在这里岂不是祸害？倘或亲友知道了，岂不笑话咱们这样的人家，连个王法规矩都没有？”

的罪恶与肮脏。“腌臜更有一头疮”，作者对癞头和尚的形容非常形象。

“女儿是水作的骨肉，男人是泥作的骨肉”，所以作为男人和女人之间“情”的化身的跛足道人“浑身带水又拖泥”。此外，男女之“情”和男女之“淫”只有一纸之隔，所以“情”既容易被“淫”玷污，又容易与“淫”相混，这样，“情”在很多人眼里也是“浑身带水又拖泥”。封建社会男尊女卑，所以“理”与“情”的天平很难保持平衡；女人重情，男人重性，所以以情为纽带的男女关系往往也不平衡，这都造成了“情”的“跛足”，所以跛足道人“一足高来一足低”。封建社会有“理”走遍天下，“情”很容易屈服于“理”、让位于“理”，所以当癞头和尚和跛足道人在一起的时候，癞头和尚一般都处于主导地位。因为屈服于宁荣二公之灵的“理”，警幻仙子才把贾宝玉带到太虚幻境让其享受情欲声色，其目的就是要抹杀贾宝玉的“情”，取而代之的是“理”。薛宝钗无情，因为她心中曾经的“情”被封建之“理”撵走。所以在“理”面前，“情”很容易成为陪衬，甚至很多时候“情”需要躲到很远很远的地方——“蓬莱弱水西”。

如果说茫茫大士和渺渺真人分别代表“理”和“情”的话，茫茫大士和渺渺真人的“高谈快论”就会让人联想到“理”和“情”相互交织，共同作用于人类社会。

二、癞头和尚的“冷香丸”与金锁

癞头和尚专治“无名之症”，按照薛宝钗自己的说法，她的“无名之症”是因为从娘胎里带出来了一股“热毒”。为了治疗薛宝钗的“热毒”，癞头和尚主动找上门来，给薛宝钗开了一个“冷香丸”的药方，要薛宝钗永远吃下去；癞头和尚还送给薛宝钗一个金锁，要薛宝钗永远戴下去。

> 你当我是谁，我也是个淘气的。从小七八岁上也够个人缠的。我们家也算是个读书人家，祖父手里也爱藏书。先时人口多，姊妹弟兄都在一处，都怕看正经书。弟兄们也有爱诗的，也有爱词的，诸如这些“西厢”“琵琶”以及“元人百种”，无所不有。他们是偷背着我们看，我们却也偷背

着他们看。后来大人知道了，打的打，骂的骂，烧的烧，才丢开了。（第四十二回）

这是薛宝钗对林黛玉的掏心窝子话，可以看出，薛宝钗小时候是一个健康、快乐、自由的小女孩，她有人的天性，但我们看到到贾府后的薛宝钗是一个“最怕见了些杂书，移了性情”的薛宝钗，一个虚伪、世故、无情的薛宝钗。

林黛玉三岁时也被癞头和尚找上门来，说要化她出家，但林黛玉家人舍不得那么小的孩子离开家人，所以没有听从癞头和尚的话；香菱三岁遇到癞头和尚时，癞头和尚在甄士隐面前大哭，说香菱是“有命无运、累及爹娘之物”，但甄士隐把癞头和尚当成疯子而没有理睬；可以想象，妙玉出家也是因为遇到了癞头和尚。

香菱三岁被拐，受尽虐待，拐子把香菱卖给冯渊，在即将要过门时，香菱感叹说“我今日罪孽可满了”，然而差不多就在香菱发此感叹的同时，薛蟠打死了冯渊，于是香菱成为薛大傻子的屋里人。香菱的命运如此悲惨，这样的香菱第一次出现在读者面前的时候竟然是“笑嘻嘻”的模样，“根并荷花一茎香”，香菱的纯洁真是让人震撼，后来香菱学诗更是让人如痴如醉。可见，香菱虽然被薛大傻子“玷污”，但她的心灵会永远保持纯洁，永远不会被玷污，香菱是一个极为纯粹的人。妙玉虽然出家为尼，但她既没有剃度，也不着僧衣，其清高孤傲的性格不像佛家弟子应有的慈悲柔和，恰恰相反，妙玉深受庄子的道家思想影响。在一般人眼里，妙玉清高孤傲、怪僻任性，让人难以接受，那是因为她没有碰到知心的人。刘姥姥和贾母栊翠庵品茶时，妙玉在林黛玉、薛宝钗面前和贾宝玉尽情“表演”，她毫不掩饰对贾宝玉的欣赏之“情”。可以想象，在对“情”的勇敢追求方面，妙玉并不逊于林黛玉，所以妙玉也是“情天情海幻情身”。

可以看出，薛宝钗因为受到癞头和尚的影响而变得虚伪、世故、无情，成了一个“假人”，而林黛玉、妙玉、香菱没有受到癞头和尚的影响，她们仍然都是真性情的“真人”。

薛宝钗为什么受癞头和尚的影响就变得虚伪、世故、无情呢？这得从情和理的关系说起。简单说来，情是人的情感，理是事物本身的道理，情和理不能统一时，人们通常采取折中的办法——情理兼顾，这就是人们常说的合情合理。情的极端是感情用事、任性，理的极端是不合人情，柳湘莲太感情用事，从而造成了尤三姐的悲剧和他自己的悲剧，贾政、贾代儒、秦业等人太理性而不近人情，更容易直接制造悲剧。情和理都是客观存在的，但存天理、灭人欲的理学却妄图抹杀情理的一极——“情”，可以想象，作为理学核心的“理”是无情的“理”，癞头和尚是“理”的使者，深受癞头和尚影响的薛宝钗也因此变成一个无情之人。不仅仅是薛宝钗，作者笔下的贾政、贾代儒、秦业、贾母、袭人等有“理”之人也都是无情之人，而贾宝玉、林黛玉、妙玉、晴雯等无“理”之人也都是有情之人，这里我们窥探到了“情有者理必无，理有者情必无”的道理。

正如在《红楼梦》中我们所看到的那样，贾母虽然平常和别人说说笑笑，但在稍微正式的场合贾母就高高在上，差不多整个贾府的人都要奉承贾母。贾母不允许别人赌博，但是她自己可以玩牌赌博；贾府的人可以使用带有黄发赤身女子的汪恰洋烟，但不允许别人拥有象征爱和爱情的绣春囊，为了一个绣春囊，王夫人、王熙凤等人完全不顾很多人的人格和尊严将大观园抄检。也正如我们所看到的，不平等的封建道德里掩藏了无穷无尽的罪恶。单向的道德既容易成为某些人谋取世俗功利的工具，也容易成为某些人的庇护所（比如王熙凤所有的罪恶都瞒过了贾母和王夫人），可见封建道德的虚伪性和矛盾性。

在虚伪的封建道德面前，人很容易慢慢失去其“本真”而走向虚伪，人平等、自由的天性也很容易被抹杀，从而导致人性的扭曲。癞头和尚送给薛宝钗一个金锁，要薛宝钗永远戴下去，癞头和尚开的“冷香丸”也要薛宝钗永远吃下去，由此我们很容易联想到癞头和尚的金锁锁死了薛宝钗的天性，癞头和尚的“冷香丸”压抑了薛宝钗的情欲。

这样我们就很好理解薛宝钗的“热毒”了。按照小说中交代，薛宝钗小时候并没有什么明确、明显的病，只是有点“喘嗽”，因为这个喘嗽，癞头和尚给她开了一个“等十年”也未必能够配齐的“坑死人”的“海上方”。显然，薛宝钗的“喘嗽”并非什么病（薛宝钗说她的病发作时“也不觉怎么着，只不过喘嗽些”），而是人的本能反应或本能欲望，但在灭人欲的封建道德看来，人的很多本能欲望、本能反应都是不道德的，可见薛宝钗的“喘嗽”只是癞头和尚的一个借口。在葫芦案中，那个门子帮贾雨村出主意说打死人的薛蟠已因“无名之病”而亡以掩人耳目，薛蟠的“无名之病”是无中生有之病，薛宝钗的无名之症显然也是无中生有之症。

“海上方”要用四季最冰冷的水——雨、露、霜、雪和四季最美丽的花的花蕊来做药丸，并且这个药丸需和“十二分”的黄柏煎汤一起服下。不难看出，“海上方”不愧为控制“热毒”的绝妙药方。心底的“热毒”需要时时控制，所以薛宝钗的“冷香丸”要常吃，作为人的正常欲望，“热毒”很难完全被清除，所以薛宝钗的“喘嗽”也不能根治，吃了“冷香丸”之后也只是“效验些”；看透了“冷香丸”本质的话就可以想象它的苦涩，所以“冷香丸”要和“十二分”的黄柏煎汤一起服下。

经过癞头和尚治疗后的薛宝钗住“雪洞”似的屋子，不爱花、不爱粉，不描眉、不点唇，生活中的薛宝钗是那样的无欲无求，她的一言一行无不体现着“理”。因为有“理”，所以薛宝钗非常理性，她所说的一切往往不是有感而发，因而很少露出有血有肉的真性情，这才应该是薛宝钗的“冷”。在薛宝钗身上，我们看到了“理”的无情。

因为“绿蜡”的典故，贾宝玉很佩服薛宝钗的学识，把薛宝钗当成自己的一字之师，对薛宝钗姐姐长、姐姐短地亲热起来，薛宝钗则得意地说：“那上头穿黄袍的才是你姐姐。”薛宝钗经常劝贾宝玉读书，走“仕途”“经济”之路；薛宝钗非常羡慕身上穿着黄袍的元春，可见她虽然很“冷”，但有一颗热衷于名利和权势的心。

贾雨村听到窗外女子的咳嗽才想起自己的“一段愁”，否则其整个身心都扑在他的“三生愿”上。封建道德提倡清心寡欲，但封建社会的很多人，特别是很多读书人对功名渴望的程度超出人们的想象。在作者看来，他所生活的清朝已经历经“百年”（第五回），其上层社会早已腐朽不堪，封建社会能够长期存在，功名文化及其核心科举制度的存在是重要原因，这就很好理解曹雪芹为什么那么讨厌贾雨村之流的封建读书人，说那些读书上进的人是“禄蠹”，他们很多人已成为阻碍社会进步的顽固力量。

薛宝钗热衷于名利是显而易见的，这样看来，薛宝钗如果是一个男人的话，她会和贾雨村一样，也是一个封建文人。很多封建文人都自认为是有道德、有理想之人，其实，他们的理想也仅仅是像贾雨村那样追求功名而出人头地，缺乏天下为公、为国为民的理想和抱负。“天上一轮才捧出，人间万姓仰头看”，很明显，贾雨村和很多封建读书人一样，出人头地才是他们的真正追求。应该说，贾政确实可以算一个“谦恭厚道”“礼贤下士，济弱扶危”的有道德之人，但他的道德里渗透着的都是迂腐，薛宝钗和年轻时候的贾政何其相似。所以笔者认为，薛宝钗的悲剧最主要的不在于她的恋爱悲剧、婚姻悲剧，而在于封建道德将很多薛宝钗这样聪慧、灵秀之人培养成另一个“贾雨村”（无情无义、贪赃枉法、祸国殃民）或另一个“贾政”（迂腐、无能）。① 这一方面说明了封建道德对人的毒害之深——“不想我生不幸，亦且琼闺绣阁中亦染此风，真真有负天地钟灵毓秀之德”，另一方面进一步说明了封建道德的虚伪性、矛盾性。

配制“冷香丸”是“坑死人的事儿”，“十年”也未必能够配成，但薛宝钗的冷香丸“一二年间可巧都得了”。“冷香丸”能够“可巧”配成，笔者认为，这个“可巧”应该这样理解：封建统治者将封建思想、封建道德强加给一个人时，巧妙地利用了人的纯洁与善良。

配制“冷香丸”还需要药引，这个药引是癞头和尚“不知是那里弄了来的”“异香异气”的“一包药末子”。不知是哪里弄来的奇怪气味的药末子，这应该让人怀疑，但薛宝钗、薛姨妈她们没有怀疑。可以想象，在封建道德、封建礼教面前，薛宝钗、薛姨妈她们也都没有怀疑，所以薛宝钗才深受封建思想影响。“不知是那里弄了来的”，这仿佛也是在说封建社会之“理”“不知是那

---

① 在薛宝钗协助探春“兴利除宿弊”的问题上明显能够看出薛宝钗不能承担管理一个大家庭的责任，因为她做事没有探春的魄力，并且关键时候被自己的私心所左右；薛宝钗推荐茗烟的娘老叶妈来专管怡红院、蘅芜苑的香草，这显然有靠近宝玉以结成“金玉良缘”的私心。

里弄了来的”，可见作者对封建社会之“理”的鄙视与痛恨。

春天的牡丹、夏天的荷花、秋天的芙蓉和冬天的梅花是四季最靓丽鲜花的代表，如果说作者笔下的鲜花代表“女儿”的话，这四种花就应该代表最纯洁、最美丽、最优秀的“女儿”。配置“冷香丸”需要这四种花的花蕊各十二两，可以想象，配制薛宝钗的“冷香丸”需要牺牲多少美丽的花朵，所以“冷香丸”的配方直接暗示封建道德、封建礼教对“人”的摧残与迫害。

癞头和尚的“冷香丸”压抑了薛宝钗正常的情欲，癞头和尚的金锁锁死了薛宝钗自由的天性，薛宝钗就这样被“扼杀”了，所以癞头和尚是杀人凶手。癞头和尚是封建思想、封建道德的“代言人”，可见“扼杀”薛宝钗的幕后真凶是散布封建思想、倡导封建道德的封建统治者及封建制度。可悲的是，薛宝钗不但没有意识到自己是受害者，反而把癞头和尚当成自己的救命恩人。

三、跛足道人的“风月宝鉴”与《好了歌》

跛足道人专治“邪思妄动之症”，贾瑞的“邪思妄动之症”已经无药可救时，跛足道人给他送来一个“风月宝鉴”，并说这个“风月宝鉴”是太虚幻境里的警幻仙子所制。“孽海情天”的太虚幻境是一个“情”地，太虚幻境里的警幻仙子也就是“情”的天使了，所以跛足道人和“情”的联系非常密切。

作者在《红楼梦》旨义上说“《红楼梦》”是书的总名，其中有一个名字叫“《风月宝鉴》”，并说“《风月宝鉴》”是《红楼梦》的点睛之笔，可以猜想，警幻仙子制造、跛足道人送来的“风月宝鉴”大有深意。《红楼梦》“大旨谈情”，这里的情当然包括男女之间的风月之情，然而浩瀚的“孽海”大多来自无边风月之“情天”。在贾瑞眼里，“风月宝鉴”的正面是其朝思暮想、美艳无比的王熙凤，而其背面是一个可怕的骷髅头，跛足道人告诉贾瑞千万不可照正面，只可照背面。显然，这背面可怕的骷髅头是要警醒贾瑞，让其从对美色的痴迷中走出来。

贾瑞没有从对王熙凤的痴迷中走出来的结果是自己赔上了性命，变成了色“鬼”；秦可卿没能抵抗住贾珍的淫威，不但自己赔上了性命，还成了宁国府的“造衅开端”；智能儿草率地去追随秦钟，结果要了秦钟父子两个人的命；

司棋没有经得起绣春囊的诱惑，结果自己被无情地撵走，四儿、芳官也受到牵连，并造成了大观园被抄检和晴雯的惨死。由此可以看到，跛足道人给贾瑞送来的“风月宝鉴”应该成为“世人”（“世人都晓神仙好”）的“宝鉴”，其目的是要告诫“世人”自珍自重，自尊自爱，“戒妄动风月之情”。

遭遇火灾的天灾和女儿被拐的人祸之后，甄士隐又被他的岳丈欺负，从而“渐渐露出那下世的光景来”，这时跛足道人唱着《好了歌》来了。甄士隐是一个有“宿慧”的人，他听了跛足道人的《好了歌》之后“心中早已彻悟”，并给《好了歌》做了一个非常透彻的注解，跛足道人的这次出现帮助甄士隐跳出了“火坑”。

如果说“风月宝鉴”是跛足道人为拯救世之男女的“宝鉴”的话，那么，跛足道人的《好了歌》则是作者为拯救社会而送给全社会所有人的“宝鉴”，因为作者看到很多人无情无义，他们或贪权夺利，或贪图享乐，或贪图虚名，或溺爱子孙，这都会使人变得肮脏不堪、丑陋不堪、罪恶不堪，如此下去，其结果必然是“若不了，便不好；若要好，须是了”。

四、透视“双真”

很明显，癞头和尚和跛足道人都是虚幻的人物，现实生活中不存在这样的人，作者也只是把他们当作“理”和“情”的化身。一般来说，人在成长过程中深受身边的人和周围环境的影响。对薛宝钗来说，她免不了受封建社会大环境及身边的人的影响，特别是她的母亲薛姨妈。薛姨妈是贾府的好客人，像薛宝钗、袭人那样深受封建思想影响的人都深受封建统治者的喜欢，贾母对薛姨妈的到来很是欢迎，显然，薛姨妈也深受封建思想的影响。“原来这梨香院即当日荣公暮年养静之所”，作者让薛宝钗和薛姨妈住在梨香院，这显然是暗示薛姨妈和薛宝钗深受封建思想、封建道德的影响。

一般来说，女儿在成长过程中往往更多受母亲的影响，如果母亲恪守封建道德，甘做“癞头和尚”的“老情人”，母亲自然会将自己心中的“癞头和尚”潜移默化地传给自己的女儿，这样，女儿就很容易成为“癞头和尚”的“小情人”。正因为如此，作者真正赞扬的林黛玉、妙玉、晴雯、香菱、芳官、紫鹃、史湘云等有人性、有个性的女儿几乎无一例外地早早失去或离开了她们的母亲。可以想象，如果她们的母亲还在，她们的母亲也有可能将她们培养成“癞头和尚”的“小情人”。薛宝钗本来喜欢看“杂书”，但“大人知道了，打的打，骂的骂，烧的烧，才丢开了”，薛宝钗身边的那些以薛姨妈为首的“大人”对薛宝钗来说都是“癞头和尚”。至于薛宝钗自己的问题，笔者认为薛宝钗缺乏妙玉那样的智慧，缺乏香菱那样的纯粹，缺乏晴雯那样鲜明的个性。缺乏智慧的人往往缺乏批判精神而分不清是非，缺乏个性的人在压力面前容易委曲求全，这样的人很容易受他人和环境的影响，在有“理”走遍天下的封建社会，他们很容易屈服于“理”。

林黛玉、妙玉、香菱虽然都遇到了癞头和尚，她们为什么没有受到癞头和尚的影响呢？作者为我们留下了一些蛛丝马迹。从林黛玉的高雅气质我们感觉到林黛玉的父母都不是一般的人，首先，林黛玉的父母从小就让她读书识字，其次，从林黛玉对《西厢记》喜欢和熟悉的情况来看，林黛玉看的书里一定有不少薛宝钗眼里的“杂书”，但薛宝钗家里人不让她看那些“杂书”，薛宝钗后来也就自觉地不看那些“杂书”了，所以林黛玉不同于薛宝钗。香菱的父亲甄士隐是个有“宿慧”的人，香菱可能是遗传、继承了他的“宿慧”；妙玉的家庭不一般，并且妙玉的父母为她找到了一个“极精演先天神数”的师傅。

癞头和尚的“冷香丸”压抑了薛宝钗的情欲，癞头和尚的金锁锁死了薛宝钗的自由天性，于是薛宝钗变成了封建社会里堪称“完美”的人。作为封建社会的完人，薛宝钗能够很好地代表和诠释封建社会之“理”。不平等的封建社会是不允许有独立、自由精神的“人”存在的，所以作为“理”的化身的癞头和尚要到处以“理”服人，这样，林黛玉、香菱、妙玉、薛宝钗等在洋溢着人的天性的童孩时期都要被癞头和尚找上门来。从这个角度看，是癞头和尚一手导演了“金玉良缘”，其目的也是要以“理”说服贾宝玉。可见，《红楼梦》的故事可以简单地看成贾宝玉这个“人”以“情”抗“理”的故事。如果天下第一“情”人的贾宝玉投入了“理”的怀抱的话，《红楼梦》不但是完完全全的悲剧，其也因此完全失去了思想价值。

如果说薛宝钗代表着“理”的话，林黛玉的整个身心都散发着“情”，摆在贾宝玉面前的爱情有两种选择："金玉良缘"和"木石前盟"。显然，贾宝玉对待"金玉良缘"和"木石前盟"的态度就是贾宝玉对待"理"和"情"的态度。作为天下第一"情"人的贾宝玉当然会毫不犹豫地选择"情"，但在强大的封建势力的压迫之下，贾宝玉或许被迫接受"金玉良缘"。虽然表面上贾宝玉屈服于"金玉良缘"，但很可能贾宝玉和薛宝钗没有真正做成夫妻，即使做了夫妻，但贾宝玉心里仍然"意难平"而最终选择出家，由此可以看出贾宝玉对待"理"和"情"的态度。

小说第一回，癞头和尚与跛足道人谈论绛珠仙草和神瑛侍者的还泪之事时，有的《红楼梦》版本里癞头和尚说了下面的一段话，但有的版本里没有：

> 历来几个风流人物，不过传其大概以及诗词篇章而已。至家庭闺阁中一饮一食，总未述记。再者，大半风月故事，不过偷香窃玉、暗约私奔而已，并不曾将儿女之真情发泄一二。想这一干人入世，其情痴色鬼、贤愚不肖者，悉与前人传述不同矣。

"并不曾将儿女之真情发泄一二"，相信很多读者很喜欢这句话，笔者也是如此，但笔者认为这句话不适合出自癞头和尚之口，因为笔者认为癞头和尚的"使命"就是剥夺人们的"儿女之真情"，而不是将人们的"儿女之真情发泄一二"。

第十一节　柳湘莲的"冷"与薛宝钗的"热"

柳湘莲在很多人眼里是"冷面冷心"的"冷"二郎、"冷"郎君，柳湘莲如此之"冷"，但作者并不完全否定柳湘莲；薛宝钗有"热"症，但作者对她有明显的批判。《红楼梦》中的"冷"和"热"值得斟酌。

在世俗社会，有个性的人很容易成为别人的眼中钉，他们给人一种"冷"

的感觉。应该说，柳湘莲在贾琏眼里很“冷”，妙玉在李纨等人的眼里很“冷”，这都是因为他们有鲜明个性。有个性的人与众不同，他们习惯于独立思考，不太容易受他人与环境的影响，所以这样的人对不良社会风气、对腐朽事物往往有着更强的免疫力，对是非往往也有着更强的辨别能力；反之，缺乏个性的人容易受他人与周围环境的影响而随大流，甚至慢慢失去是非观念。在封建社会的大染缸里，袭人、薛宝钗因为缺乏个性而深受封建思想和封建道德的影响，而像晴雯那样有个性的人则因为在这个大染缸里“出淤泥而不染”，保持了其鲜明的个性和独立的人格。薛宝钗缺乏个性，这是其悲剧结局的重要原因，也应该是其“热”症的重要原因。

“世家子弟，读书不成，父母早丧，素性爽侠，不拘细事，酷好耍枪舞剑，赌博吃酒，以至眠花卧柳，吹笛弹筝，无所不为。”（第四十七回）柳湘莲太有个性，太过于自我，以至于没有察觉尤三姐对他的一往情深，这让尤三姐白白浪费了五年最美好的青春并最终自杀。柳湘莲成了尤三姐的罪人，所以薛宝钗的“热”是“病”，柳湘莲太“冷”也是“病”。

被柳湘莲“苦打”，薛蟠意识到了自己的错误与问题，且产生了羞愧之心，懂得了一些做人的道理；跟张德辉做生意，应该说薛蟠也懂得了一些做事的道理；和柳湘莲成为生死兄弟，薛蟠还与之有了一些情感。薛蟠的变化应该值得我们注意。“浪子回头金不换”，在作者笔下，薛蟠浪子回头估计是不可能了，但成为一个普通的正常人不是没有可能，如果薛蟠能够成为一个普通的正常人，柳湘莲功不可没。

有的人认为《红楼梦》前80回的最后两回不完全是曹雪芹的手笔，笔者也有同感。薛蟠曾经吃喝嫖赌无所不为，什么样的美色没有见过？这里薛蟠因仅有“三分姿色”（第八十回）的宝蟾而变得如此丑陋，有点不合情理；“自从两地生孤木，致使香魂返故乡”，香菱变成“香魂”的罪魁祸首应该是夏金桂，所以薛蟠如此作践香菱也值得怀疑。

第十二节 小红、贾芸和倪二

一、小红和贾芸

小说第二十四回，贾芸在等待贾宝玉时听到有人“娇声嫩语”地叫了他一声“哥哥”，贾芸一看是个十六七岁且长得“细巧干净”的丫鬟，这个丫头就是小红。当小红得知贾芸是贾家的爷们，便“下死眼把贾芸钉了两眼”，后来小红丢的手帕也如愿被贾芸捡到，并且她还想办法利用坠儿和贾芸交换了手帕，至此，小红和贾芸一个有情一个有意，两人私订了终身。

小红给人印象最深的就是她那伶俐的口齿，李纨就没有听懂她那“四五门子的话”。晴雯、秋纹和碧痕都不喜欢小红，动不动就“恶意”小红，但小红没有太在意她们的态度，也没有把她们的恶意放在心里，可见小红不是一个小心眼、耍心机的人。“这红玉虽然是个不谙事的丫头，却因他原有三分容貌，心内着实妄想痴心的向上攀高，每每的要在宝玉面前现弄现弄。只是宝玉身边一干人，都是伶牙俐爪的，那里插的下手去。”应该说，小红确实是一个一心“攀高”的人，但要知道，“攀高”本身没有错，靠自己努力而不耍手段和心眼的“攀高”其实是一种积极的人生态度，小红的爱情就是她积极争取来的。

贾芸是个很朴实的年轻人。他到舅舅家借钱时，看见舅舅“韶刀的不堪”就要起身告辞，可见贾芸有志气、有自尊；从倪二对“贾二爷”的态度看，贾芸应该是一个正派之人；倪二主动借钱给贾芸时说不要利钱，贾芸心想：“若今日不领他这情，怕他燥了，到恐生事。不如借了他的，改日加倍还他也到罢了。”这又可以看出贾芸不是一个爱占小便宜的人；倪二叫贾芸给他家带个口信，贾芸还没有进自己的家门就先给倪二捎口信，应该说，贾芸也不是那种不可靠的人。

可以看出，小红不是秦可卿那样的“擅风情，秉月貌”的人，贾芸也不是贾珍那样的风流、好色之辈，他们都是非常朴实的人。要知道，《红楼梦》的一个重要主题是告诫人们“戒妄动风月之情”。小红和贾芸的相爱没有林黛玉和贾宝玉相爱得那么美丽，更没有他们相爱得那么传奇（贾宝玉和林黛玉从前世的“灌溉之情”到今世的“还泪之情”）。智能儿看上了秦钟的“人物风流”，秦钟也看上了智能儿的“妍媚”，于是两人很快就“相爱”，显然，秦钟和智能儿都稍显轻薄。而小红和贾芸的相爱非常真实、自然，就像现代社会中两个相互不了解的普通年轻人从相遇到相爱的自由恋爱一样，所以笔者认为，作者写小红和贾芸的相爱是在写一场普通的自由恋爱。

小红本名红玉，小红、贾宝玉、林黛玉和妙玉是小说中仅有的几个带“玉”的人（蒋玉菡、玉钏也是带“玉”的人，但小说前 80 回他们正面出场的次数非常有限），而贾芸“芸二爷”、贾宝玉“宝二爷”和贾琏“琏二爷”又是小说中仅有的三个被称为“二爷”的人，贾宝玉曾经认贾芸当儿子，王熙凤也曾要认小红做女儿（贾宝玉和王熙凤同一辈，如果王熙凤认小红做女儿，那么小红也可以看成是贾宝玉的女儿），此外，小红和林黛玉都姓林。小红、贾芸和林黛玉、贾宝玉之间如此过多关联应该不是偶然。

小说中小红和林黛玉还有很多相似点和联系：小红巧舌如簧，林黛玉的“促狭嘴”说出的话“比刀子还尖”；坠儿给小红和贾芸传手帕定私情，晴雯也为林黛玉和贾宝玉传手帕表真情；小红说“千里搭长棚，没有个不散的筵席”，林黛玉“天性喜散不喜聚”；小红在薛宝钗眼里“眼空心大”“刁钻古怪”，这与林黛玉在薛宝钗眼里“素习猜忌”“喜怒无常”差不了多少；怡红院里的很多丫头都不喜欢小红，动不动就“恶意”小红，贾府里的很多人也都不喜欢林黛玉，他们动不动就说林黛玉的“小性”；小红的爱情是她积极争取来的，林黛玉的爱情也是她积极争取来的。

笔者认为，小红是“普通版”的林黛玉，贾芸是“普通版”的贾宝玉，小红和贾芸之间的爱情可以称为“芸玉之盟”。“蜂腰桥设言传心事”，小红在蜂腰桥故意向带着贾芸进大观园的坠儿寻问自己遗落的手帕，这让贾芸知道他拾到的手帕正好是小红的，后来小红利用坠儿和贾芸交换了手帕，从而两人都清楚了彼此的情意。“潇湘馆春困发幽情”，林黛玉的长叹（“每日家情思睡昏昏”）也让贾宝玉和林黛玉进一步清楚了彼此之间的情意。作者将小红的“心事”和林黛玉的“幽情”并列（第二十六回“蜂腰桥设言传心事，潇湘馆春困发幽情”），由此我们也能感觉到，作者有意将小红和贾芸的爱情与林黛玉和贾宝玉的爱情进行对比。

“端雅稳重”，“先取中宝钗，然后方取薛蝌”，认为妙玉“僧不僧，俗不俗，女不女，男不男”的邢岫烟显然是个普通的封建女性，“到像是宝姐姐的同胞弟兄似的”薛蝌显然也是一个普通的封建男性，“曾有一面之遇，大约二人心中也皆如意”的邢岫烟和薛蝌在贾母亲自保媒下结成婚约，可以看出，邢岫烟与薛蝌的婚姻从开始就被贴上了“封建”的标签。邢岫烟和薛蝌曾有一面之缘，“大约”两人彼此都有意对方，邢岫烟“先取中宝钗，然后方取薛蝌”，这从现代婚姻自主的角度来看未免有些可笑。

二、“泼皮”“义侠”话倪二

倪二“专放重利债，在赌博场吃闲钱，专管打降吃酒”，是个“泼皮”，但这个喝醉了酒的“泼皮”替贾芸打抱不平，并且无条件地把钱借给贾芸，“泼皮”又成了“义侠”。倪二到底是“泼皮”还是“义侠”，作者为什么这样写呢？

赌场里虽不乏无赖之徒，但可以想象，一个不讲义气的人很难在赌场长期厮混，当然，这里的义气不是“大义”，而是流氓、地痞之间讲究的“哥们义气”，倪二长期在赌场厮混，当然也需要这样的侠义之心。赌场充满着勾心斗角、尔虞我诈，如果不泼皮一点，放出去的钱怎么能收回来呢？所以像倪二这样长期在赌场厮混的人必然是“泼皮”和“义侠”这两方面的特征都很明显的人。至于是“泼皮”还是“义侠”，那要看什么时候，对什么样的人，因为这样的人需要在讲义气的人面前讲义气，而且要比他更有义气，需要在无赖面前要无赖，要比无赖更无赖。

至于那次贾芸碰到倪二时，为什么素有“泼皮”之称的倪二变成“义侠”，也许真就是作者所说的“因人而使”，因为这个“贾二爷”不是倪二需要耍无赖的对象。“泼皮”变成“义侠”，也应该有倪二良心发现的原因。倪二那天的生意不错，心情也不错，所以当他听到贾芸的遭遇后，不但替贾芸说了很多公道话，还主动借钱给贾芸，并且不要利钱。“泼皮”变成“义侠”，也许还有倪二喝醉了的因素在内。人在清醒状态下和醉酒状态下往往有很大差别，袭人平时把贾宝玉看得是那样紧，但喝醉了的袭人把芳官放到贾宝玉的床上，让其和贾宝玉在同一张床上睡了一夜（第六十三回）。

“泼皮”倪二与“义侠”倪二，这看似非常矛盾，其实又非常真实、合理。应该说，倪二有两面性。作者用很少的文字就逼真地塑造出这样的一个看似矛盾却又无比真实的市井人物。

倪二有两面性，所以他的名字里有一个“二”字。

小说前 80 回，我们和倪二只有“一面之缘”，但他是以“醉金刚”的名字出现的，不难猜想 80 回以后一定还有倪二的好戏。通行本 120 回《红楼梦》的第一〇四回回目是“醉金刚小鳅生大浪”，在这一回里倪二喝醉了，没有回避贾雨村，被贾雨村抓住并“着实的打了几鞭”，成了死泥鳅，一点也没有表现出“金刚”之气。倪二被抓走后其家人去找贾芸，希望贾芸到贾府去找门路让贾雨村放人，贾芸去找贾琏，没有见到贾琏，贾芸本想找王熙凤，但没有开口，贾芸又去找贾宝玉，也没有见到贾宝玉。因为倪二母女哀求，贾芸才碍着脸面到贾府，贾芸没有找到要找的人，不好向倪二母女交代，但他向倪二母女撒谎说自己到贾府找人了，但贾雨村不依，后来贾芸另找他人把倪二弄了出来。

在这个故事情节里，倪二被打成了“死泥鳅”，并没有生大浪，这与这一回的回目有明显的反差，也与倪二“醉金刚”的称呼有明显的反差。贾芸在贾府无功而返后，作者只用了简单的一句话来交代贾雨村放人了：“另托人将倪二弄了出来。”贾芸能够找什么样的人用什么样的办法让贾雨村放人，贾芸能够找到那样的人还要来找王熙凤干什么，贾芸去找贾宝玉又有什么原因，这都让人摸不着头脑。此前贾芸到贾府找贾琏谋取差事不成，后来他用倪二借给他的钱买东西贿赂王熙凤才成功谋到大观园种树的差事；这次贾芸为了帮倪二，他去找贾琏没有见到贾琏，本想找王熙凤但没有开口，去找贾宝玉又没有找到。这里的贾芸做贼心虚、缩手缩脚，与此前的贾芸好像不是同一个人。

小说后 40 回的贾芸不是前 80 回的贾芸，后 40 回的“小鳅”也不是前 80 回的“醉金刚”，那么 80 回后的倪二应该何去何从呢？倪二有两面性，他的两面性将如何发展，值得期待。

小红、贾芸、倪二这三个人物好像游离于其他红楼人物之外，因为他们比其他人更真实。

第十三节　还泪之情

《红楼梦》是一部“大旨谈情”的“情文”，其中最显眼的情当然是贾宝玉和林黛玉之间的爱情，而贾宝玉和林黛玉之间的爱情源于一个“千古未闻”的还泪之说：

> 只因西方灵河岸上三生石畔，有绛珠草一株，时有赤瑕宫神瑛侍者，日以甘露灌溉，这绛珠草便得久延岁月。后来既受天地精华，复得雨露滋养，遂得脱却草胎木质，得换人形，仅修成个女体，终日游于离恨天外，饥则食蜜青果为膳，渴则饮灌愁海水为汤。只因尚未酬报灌溉之德，故其五内便郁结着一段缠绵不尽之意。恰近日神瑛侍者凡心偶炽，乘此昌明太平朝世，意欲下凡造历幻缘，已在警幻仙子案前挂了号。警幻亦曾问及：“灌溉之情未偿，趁此到可了结的？”那绛珠仙子道：“他是甘露之惠，我并无此水可还。他既下世为人，我也去下世为人，但把我一生所有的眼泪还他，也偿还得过他了。”因此一事，就勾出多少风流冤家来，陪他们去了结此案。（第一回）

结合“勾出”《红楼梦》这个刻在石头上的故事的还泪之说和其他文字，笔者梳理出了很多信息。

其一，林黛玉有情。“终日游于离恨天外，饥则食蜜青果为膳，渴则饮灌愁海水为汤。”离恨天是远离仇恨的天外，既然远离仇恨，那就应该是蓄情、养情的好地方；青是“情”的谐音，所以蜜青果可以理解为有情的果子；灌愁海水就是浇灭忧愁的海水。绛珠仙草玩的、吃的、喝的都与情有关，所以林黛玉前生在情的方面有所“修炼”，这分明暗示林黛玉是一个有情人。绛珠仙草的“五内”“郁结”了“一段缠绵不尽之意”，显然，这“一段缠绵不尽之意”就是她即将萌发而不可收的情。“两湾似蹙非蹙罥烟眉，一双似喜非喜含情目”，为了突出林黛玉的情，作者赋予了林黛玉灵动的眉目，因为灵动的眉目便于表达情感。“唇不点而红，眉不画而翠，脸若银盆，眼如水杏”，相比于林黛玉，薛宝钗的眉目里看不到“情”的影子。

其二，林黛玉的情真。人在动情的时候常常伴随着流泪，绛珠仙草说要用一生的眼泪来偿还神瑛侍者对她的灌溉之情，小说中的林黛玉也只对贾宝玉这一个人有情，可见林黛玉的情真，由此可以想象林黛玉和贾宝玉将要演绎一段怎样感人的爱情故事。此外，“三生石”也暗示着林黛玉的情真和情深。

其三，林黛玉为情而生。为偿还神瑛侍者对她的灌溉之情，绛珠仙草看到神瑛侍者已经下凡，所以她也要下凡，希望用自己所有的情——一生的眼泪来报答神瑛侍者，可见林黛玉是一个为情而生的人。也许正如绛珠仙草所说，她要用自己所有的情来报答神瑛侍者，而没有说要用自己的一辈子，或用自己的身体，所以林黛玉至死都没有和贾宝玉结成夫妻。结合这种情况及贾宝玉和林黛玉的实际表现来看，林黛玉对贾宝玉的情始终是纯粹的情，是脱离生理欲望的情（贾宝玉对林黛玉基本上也是这样）。秦可卿、智能儿、司棋、尤二姐等人妄动了风月之情，她们的情都变成了情孽，而林黛玉心里虽然只有贾宝玉一个人，但她仍然没有轻易地与贾宝玉发生关系，可见林黛玉的自尊与自爱。

曹雪芹在《红楼梦》旨义上说“《红楼梦》”是书的总名，其中有一个名字叫“《风月宝鉴》”，并说“《风月宝鉴》”是《红楼梦》的点睛之笔。可以猜想，作者认为“《风月宝鉴》”应该成为世之男女的“宝鉴”。因为在封建社会，在对待男女关系的问题上，男人重性，很容易成为欲望的野兽，女人重情，很容易为情所伤，为了不让男人成为伤人的“野兽”，为了不让女人被“野兽”所伤，最自然当然也是最好的办法就是用情来维系男女关系。要做到这一点，女人应该像林黛玉那样自尊自爱，男人应该像贾宝玉那样能够经得住对方的考验，不能像秦钟和智能儿那样仅仅是靠彼此外表的相互吸引。尤三姐死后托梦给尤二姐时说尤二姐“然已将人父子兄弟致于麀聚之乱，天怎容你安生”，尤二姐同时被贾珍、贾蓉父子玩弄，是受害者，但反过来也可以说是尤二姐参与了贾珍、贾蓉父子的“麀聚之乱”，这又为伦理所不容。秦可卿因为不够自尊自爱，最后落得个“淫丧”的结局，也背上了宁国府“造衅开端”的骂名，可见如果一个人因为不自尊自爱而导致悲剧，将是一件多么悲哀的事！“戒妄动风月之情”，林黛玉的自尊自爱是众多人特别是众多年轻女性的榜样。情需要缘分，情更需要经得起考验，贾宝玉经受住了林黛玉对他的考验，这对林黛玉来说是幸运的，这也是她和贾宝玉之间的情的最闪亮之处。

关于秦可卿的名字有不同的解释，笔者认为秦可卿应该做“情可情”来解释。《道德经·道经》开篇是“道可道”，为此，老子用《道经》来阐述了他的“非常道”。在笔者看来，“大旨谈情”的《红楼梦》应该是一部“情经”，曹雪芹用一部《红楼梦》向世人诠释了“惟心会而不可口传，可神通而不可语达”的“情”。太虚幻境是一个“情”地，秦可卿引导贾宝玉开启了太虚幻境的大门，从而开启了《红楼梦》这部“情经”的大门，这等同于“道可道”开启了《道德经》的大门。

第十四节　“正气”与“邪气”

小说第二回，贾雨村说：

天地生人，除大仁大恶两种，余者皆无大异。若大仁者，则应运而生；大恶者，则应劫而生。运生世治，劫生世危。尧、舜、禹、汤、文、武、周、召、孔、孟、董、韩、周、程、张、朱，皆应运而生者。蚩尤、共工、桀、纣、始皇、王莽、曹操、桓温、安禄山、秦桧等，皆应劫而生者。大仁者，修治天下；大恶者，扰乱天下。清明灵秀，天地之正气，仁者之所秉也；残忍乖僻，天地之邪气，恶者之所秉也。今当运隆祚永之朝，太平无为之世，清明灵秀之气所秉者，上至朝廷，下至草野，比比皆是。所余之秀气，漫无所归，遂为甘露，为和风，洽然溉及四海。彼残忍乖僻之邪气，不能荡溢于光天化日之中，遂凝结充塞于深沟大壑之内，偶因风荡，或被云摧，略有摇动感发之意，一丝半缕误而泄出者，偶值灵秀之气适过，正不容邪，邪复妒正，两不相下，亦如风水雷电，地中既遇，既不能消，又不能让，必致搏击掀发后始尽。故其气亦必赋人，发泄一尽始散。使男女偶秉此气而生者，在上则不能成仁人君子，下亦不能为大凶大恶。置之于万万人中，其聪俊灵秀之气，则在万万人之上；其乖僻邪谬不近人情之态，又在万万人之下。若生于公侯富贵之家，则为情痴情种；若生于诗书清贫之族，则为逸士高人；纵再偶生于薄祚寒门，断不能为走卒健仆，甘遭庸人驱制驾驭，必为奇优名倡。如前代之许由、陶潜、阮籍、嵇康、刘伶、王谢二族、顾虎头、陈后主、唐明皇、宋徽宗、刘庭芝、温飞卿、米南宫、石曼卿、柳耆卿、秦少游，近日之倪云林、唐伯虎、祝枝山，再如李龟年、黄幡绰、敬新磨、卓文君、红拂、薛涛、崔莺、朝云之流，此皆易地相同之人也。

毋庸置疑，贾雨村的“正邪两赋论”里蕴含着作者的重要思想。应该说，作者的重要思想不是贾雨村那样的一个封建读书人能够随口说出来的，所以笔者认为，“正邪两赋论”只是作者借贾雨村之口说出的，我们不能完全顺着贾雨村的话来理解“正邪两赋论”。在笔者看来，这种借用的情况在书中并非特例，比如，林四娘的故事作者借用了贾政之口说出，而《螃蟹咏》则借用了薛宝钗之口说出。

在贾雨村的“大仁大恶论”中，大仁者要么是儒家代表人物，要么是尧、舜、禹、周文王、周武王等儒家眼里的先圣先贤，而大恶者也多是儒家眼里的恶人，其实，蚩尤、共工、秦始皇、曹操等是现代社会很多人眼里的英雄人物，因为英雄与奸贼有时只是立场的不同。自汉武帝采纳董仲舒“罢黜百家，独尊儒术”的主张以来，儒家思想开始成为封建社会的统治思想。显然，贾雨村的

“大仁大恶论”是站在封建统治者的角度说出的。[1]

“使男女偶秉此气而生者”，“置之于万万人中，其聪俊灵秀之气，则在万万人之上；其乖僻邪谬不近人情之态，又在万万人之下。若生于公侯富贵之家，则为情痴情种；若生于诗书清贫之族，则为逸士高人；纵再偶生于薄祚寒门，断不能为走卒健仆，甘遭庸人驱制驾驭，必为奇优名倡”。这里，“情痴情种”“逸士”“高人”恰好对应着小说中的三个重要人物贾宝玉、林黛玉和妙玉，而“断不能为走卒健仆”的人也非常准确地指向晴雯。贾雨村还列举了很多中了“邪气”的人的例子，他们和贾宝玉、林黛玉、妙玉、晴雯等人一样，都是性情中人。所以笔者认为，这里的“正气”和“邪气”分别代表“理”和“情”。这样说来，作者提出“正邪两赋论”的一个重要目的是要告诉人们，贾宝玉、林黛玉、晴雯、妙玉等人都是有“情”的性情中人，“正邪两赋论”与《红楼梦》大旨谈“情”的主旨一致。

代表着“理”的宁荣二公之灵充满着“正气”，小说中也不时暗示荣国府在贾母的领导下很好地继承了宁荣二公“正气”的“优良”传统：做兄弟的都怕哥哥，服侍过长辈的年龄大的奴才比年轻的主子还体面，“暴力教育”，等等。这样说来，在宁荣二公眼里“禀性乖张，生情怪谲”的贾宝玉只能是中了“邪气”的人。除了贾宝玉，荣国府上下都看不惯的林黛玉、晴雯、妙玉等人也都是中了“邪气”的人。“今当运隆祚永之朝，太平无为之世，清明灵秀之气所秉者，上至朝廷，下至草野，比比皆是。所余之秀气，漫无所归，遂为甘露，为和风，洽然溉及四海。”显然，这里“上至朝廷，下至草野，比比皆是”的“清明灵秀之气”是所谓的“正气”，因为广大民众长期被封建礼教所教化，以三纲五常为代表的“理”早已被广大民众广泛接受。而“漫无所归”“洽然溉及四海”的“所余之秀气”显然是有别于代表封建社会之“理”的“正气”，

---

① 《竹书纪年》记载说：舜囚禁尧，尧的儿子丹朱起兵攻打舜，失败后被放逐，舜自立为帝；《韩非子》说“舜逼尧，禹逼舜，汤放桀，武王伐纣，此四王者，人臣弑其君者也”；《荀子》也说“尧舜擅让，是虚言也，是浅者之传，陋者之说也”。这样看来，禅让的尧舜很可能是儒家为宣扬道德而树立的道德完人、仁君典范。应该说，尧舜禹被历史永远铭记的不是他们的道德，而是他们的才能，因为他们领导、开创了一个盛世。

笔者认为，这里的“所余之秀气”是自然之“理”的“正气”。

不同社会有不同的“理”，封建社会的“理”是众所周知的以“三纲五常”为代表的封建之“理”，而理想的自由、平等社会的“理”是自然之“理”。在曹雪芹笔下，薛宝钗、李纨、贾政、贾代儒、秦业等有“理”之人都是无情之人，而贾宝玉、林黛玉、妙玉、晴雯等有情之人也都是无“理”之人，由此可见封建之“理”与“情”的矛盾性。存天理，灭人欲，“情”与封建之“理”势同水火，所以汤显祖说“情有者理必无，理有者情必无”。自然之“理”和“情”之间没有直接的矛盾（封建之“理”造成人与人之间的不平等，这与人自由、平等的天性直接矛盾，可以想象，自然之“理”与“情”像水与鱼之间的关系一样），所以能够共同作用于人（“其气亦必赋人”），可见，贾宝玉、林黛玉、妙玉、晴雯等“正邪两赋”的人的“正气”是有别于封建之“理”的自然之“理”。薛宝钗很好地诠释了封建之“理”，薛宝钗的封建之“理”可以认为是癞头和尚的“冷香丸”赋予的。封建之“理”与自然之“理”相对，“冷香”与“暖香”相对，这样，如果说“冷香”代表着封建之“理”的话，那么“暖香”就代表着自然之“理”。

“上至朝廷，下至草野”，封建之“理”里有上下不平等的意味，“为甘露”“为和风”“洽然溉及四海”，自然之“理”里充满着自然、平等的气息。因为以“三纲五常”为代表的封建之“理”的“正气”“上至朝廷，下至草野，比比皆是”，以至于自然之“理”的“正气”“漫无所归”。

人生而有“情”，“情”是人的自然属性，“理”是人的社会属性，人是社会的人，所以社会也不能没有“理”。封建之“理”抹杀人的“情”，从根本上说这是对“人”的抹杀，所以封建之“理”是应该被推翻的“理”，人类社会的“理”终归是自然之“理”。

作者所举的具有“正邪两赋”的人都是有才情之人，这让人想到和作者差不多同龄的袁枚，袁枚极力主张“性灵说”（“性灵”包含性情、个性和才能），认为人的情感通过人的才能表达出来，所以情感丰富的人一般都是有才能的人（“才者情之发，才盛则情深”），香菱学诗更是将“才者情之发”展现得淋漓尽致。当然，最能诠释“才者情之发”的是林黛玉。“女儿是水作的骨肉”，这又让人联想到李贽的“童心”说，“童子者，人之初也；童心者，心之初也”。显然，曹雪芹的“女儿”和李贽的“童子”具有相同的含义，且两者相互补充。

在封建社会，很多人被封建之“理”奴化而没有了个性，像贾宝玉、林黛玉、晴雯那样的无“理”之人往往是有个性的人，应该说，一个人具有鲜明的个性是其能够成功抵御封建思想侵袭的重要原因。从封建之“理”的角度看，有个性的人是“乖僻”“邪谬”“不近人情”的人，所以作者说“正邪两赋”的人“其乖僻邪谬不近人情之态，又在万万人之下”。

贾宝玉、林黛玉、妙玉、晴雯、柳湘莲等“不近人情”的人其实是有个性、正直、有批判精神的人，这才是有真正的人性。可以说，《红楼梦》就是一曲“女儿”的赞歌，作者所极力赞扬的也就是她们的人性，这些人除了作者所极力赞扬的贾宝玉、林黛玉、妙玉和晴雯以外，香菱、尤三姐、柳湘莲（“奇优”）、云儿（“名倡”）是不是也是“正邪两赋”的人，这很难说，其他人大多是普通人（从人的本性角度看），而这些普通人中有很多人是庸俗的人，比如贾雨村。

妙玉是一个至清至纯的人，却为世俗所不容，以至于她在很多人眼里“僧不僧，俗不俗，女不女，男不男”，所以透过妙玉的遭遇，我们看到了以封建思想和封建礼教为代表的“正气”的力量。说妙玉“僧不僧，俗不俗，女不女，男不男”的邢岫烟走路“颤颤巍巍”，应该是个小脚女人，她虽然也能写点小诗（贾环也能写诗），但基本上是个俗人。妙玉、宝玉、黛玉、晴雯、香菱这样的有人性之人都惨遭不幸，周瑞家的、王善保家的这样的小人却混得如鱼得水，还有什么比这更具悲剧性呢？

表面看来，“正邪两赋论”是对封建统治“歌功颂德”，但作者通过贾宝玉的疯疯癫癫所表达出的平等、自由观念，以及作者对袭人、晴雯、林黛玉等人的态度，可以感觉到作者高举的是反封建的大旗。“正邪两赋论”出现在小说第二回，属《红楼梦》的开头部分，所以我们更应该正向看待“正邪两赋论”。正向看待“正邪两赋论”就是要看到“正邪两赋论”对全书的纲领性作用，其纲领性作用有以下几方面：

第一，“正邪两赋论”为全书的思想定了一个基调。反封建必须撼动封建统治的根基——封建之“理”，否则不可能真正站到反封建的立场上，当然也就不能彻底反封建。在笔者看来，很多人仍然是站在封建统治的立场上，用封建思想来品味《红楼梦》及评价贾宝玉、薛宝钗、袭人等人，得出了很多相反的结论。只有真正站到反封建的立场上，才能真正理解作者对“情”和“理”的态度——以“情”反“理”。

第二，“正邪两赋论”为全书的写作手法定了一个基调。“假作真时真亦假”，对于“正气”与“邪气”，作者运用了真真假假的写作手法，此后的很多“真真假假”都源于这里的“真真假假”。

第三，作者在“正邪两赋论”里特别提到“情痴情种”“逸士”“高人”及“断不能为走卒健仆”的人都是中了“邪气”的人，这些人在小说中无疑应该指向贾宝玉、林黛玉、妙玉、晴雯，所以“正邪两赋论”告诉我们贾宝玉、林黛玉、妙玉、晴雯是小说中的重要人物，他们也都是完完全全的正面人物。

可以看出，正确解读“正邪两赋论”是正确解读《红楼梦》的一个关键，“假作真时真亦假”，《红楼梦》里充满着真真假假，如果将《红楼梦》比作一个巨大迷宫的话，“正邪两赋论”就是这个迷宫的入口，只有进入这个入口才能真正走进作者笔下的红楼世界。

第十五节　平等与自由、人性与奴性

一、平等与自由

贾雨村发表了“正邪两赋论”的长篇大论后，冷子兴对此有点不太理解，他只说了一句简单的话：“依你说，‘成则王侯败则贼’了？”“成则王侯败则贼”即“成王败寇”，笔者认为，冷子兴的这句话不应该被人们忽视。

封建社会是一个不平等社会，很明显，封建社会的不平等是“成王败寇”思想作用的结果。对统治者来说，服务于封建统治的封建之“理”无非是让人们承认统治者至高无上的统治地位。纵观中国两千多年的漫长封建社会，一个封建王朝被推翻了，取而代之的是另一个几乎和前朝一模一样的封建王朝，这很大程度上是因为没有从根本上撼动人们内心深处的“成王败寇”思想。现代社会的发展早已证明，代替“成王败寇”思想的是自由、平等思想。

林黛玉看中贾宝玉，也正是因为她看到贾宝玉理解自己、尊重自己。可以想象，如果贾宝玉对林黛玉只有爱而没有尊重，林黛玉会毫不犹豫地离开贾宝玉，所以林黛玉是一个追求自由的人。林黛玉和贾宝玉的爱情如此闪耀，是因为他们的爱情建立在相互平等、相互理解、相互尊重、相互欣赏的基础上。毫无疑问，《红楼梦》的作者曹雪芹是一个懂得自由、珍惜自由的人。

在“成王败寇”思想的支配下，有不平等思想的人在强者面前就成了甘愿屈服的弱者，他们在弱者面前又表现为强者，要求别人屈服自己。显然，这样的人没有人格概念，他们不懂得尊重自己，更不懂得尊重别人，其实，他们的人生字典里根本没有“尊重”这个名词，因为他们眼里没有他人，只有一个自大而又可怜的自己。有不平等思想的人的人生靠欲望驱动，他们已经被物质化而没有精神上的愉悦，这样的人很难成为智慧之人，这样的人往往也很难有真情感，即使有情感，那往往也只是对所依赖的人（比如子女对父母）或能够给他们好处的人（比如袭人对王夫人）有情感，他们对其他人很容易表现出无情的一面。贾雨村是一个“人情练达”的人，也是一个没有情感的人，在封建制度的压迫和封建思想的侵袭下，像贾雨村、袭人、薛宝钗等很多梦想着出人头地的人的情感都异化成了功利的人情。

有平等思想的人懂得尊重别人，习惯于替别人着想，他们往往追求人类最高的理想——自己的自由、他人的自由，甚至全人类的自由，所以，这样的人小则无私奉献、乐于助人，大则为社会发展和人类进步贡献自己的一生。翻翻历史我们不难发现，无论是哪个时代，都有无数仁人志士毕生在为广大民众默默奉献，他们不怕流血、流汗，甚至也不惧死亡，这些人有的是革命家，他们旨在建立一个新社会让广大民众能够幸福安康；有的是思想家，他们用自己的思想唤醒广大民众，以提高他们的素质从而推动社会进步；有的是科学家，他们毕生献身科学，服务于全人类。当然，更多的人在默默无闻地奉献自己。从

“情”的角度看，有平等思想的人平等待人，他们尊重任何有尊严的人的人格，可以看出，“尊重”是其他一切纯粹的情（爱情、友情、亲情）的基础。如果说贾宝玉是因为“女儿”美丽、纯洁、善良才认为“女儿是水作的骨肉”，这显然低估了贾宝玉的思想觉悟。贾宝玉欣赏“女儿”是因为“女儿”有人的本性，所以贾宝玉不仅仅尊重“女儿”，他还能平等地对待一切“人”，尊重一切有尊严的人的人格，这一方面是因为他们都值得尊重，另一方面是因为贾宝玉有平等思想。

没有平等思想的人不会“向下看”，所以贾母尽管很仁慈，但鸳鸯、尤二姐的不幸对她来说完全没有感觉，更不用说她对贾府其他众多底层人物有多少真正的同情了。同样，刚刚脱离贫苦生活的贾雨村就对广大贫苦百姓的痛苦视而不见（比如无视甄士隐的家破人亡，胡乱判断“葫芦案”），并亲自“制造”民众的痛苦（比如敲诈勒索石呆子，并将石呆子投进监狱）。没有平等思想，人很容易热衷于金钱和权势，热衷于贪图享乐，热衷于攀比。一个没有平等思想的人，要么死气沉沉（看不到希望、机会时），要么狂躁不安（有希望、有机会，但还没有实现愿望时），要么自以为是、狂妄自大、目空一切（实现个人目的时）。

不难想象，不平等社会的很多人习惯了不平等，所以像贾宝玉、林黛玉、妙玉、晴雯那样有平等思想的人在他们眼里是另类，是不近人情之人。其实，贾宝玉等人的不近人情是一种鲜明的个性，这种有个性的人好像很难与别人相处，其实不然，因为他们对别人没有其他任何要求，只要求他们的人格能得到最起码的尊重，所以贾宝玉虽然贵为富家公子，但他是一个很“随便”的人：

> 喜欢时没上没下，大家乱顽一阵；不喜欢各自走了，他也不理人。我们坐着卧着，见了他也不理，他也不责备。因此没人怕他，只管随便，都过的去。（第六十六回）

二、人性与奴性

有平等思想的人懂得尊重自己，也懂得尊重他人，这就是以人为本，这就是人性。相反，有不平等思想的人承认人与人之间的不平等，他们认为成者为王、败者为寇，当自己的地位比别人低时，他们甘愿顺从别人，受别人驱使，当自己的地位比别人高时，他们又认为自己任意驱使别人是理所当然，这就是奴性。

一般认为奴性是被奴役的本性。确实如此，有的人很容易无条件地服从权威，习惯被“奴役”，这当然是奴性，但要知道，一个人习惯被“奴役”，就会认为自己“奴役”别人是理所当然。一般看来，一个人越是容易服从权威，一旦自己成为权威后，要求别人顺从自己的意愿就可能越强烈。

“做主子时以一切别人为奴才，则有了主子，一定以奴才自命。”[①] 鲁迅先生也曾引用《伦理学的根本问题》中的一句话阐明其中的道理：“凡是人主，也容易变成奴隶，因为他一面既承认可做主人，一面就当然承认可做奴隶。”[②] 三国时期吴国末代皇帝孙皓在位时昏庸暴虐，是特等的暴君，但降晋之后简直像一个帮闲；宋徽宗在位时，不可一世，而被掳后偏会含垢忍辱；假洋鬼子的哭丧棒才举起来，阿 Q 就已经将头伸出来等着挨打，但面对貌似比自己弱小的小 D，阿 Q 揎拳捋袖摆出挑战的姿态，面对毫无抵抗力的小尼姑，阿 Q 则又动手动脚。孙皓、宋徽宗和阿 Q 前后的反差其实是必然的。卢梭在他的《社会契约论》中对奴性的认识更是一针见血：“自以为是其他一切的主人的人，反而比其他一切更是奴隶。”

人服从权威没有什么不对，然而面对权威时不应该盲目服从，否则也很容易走向奴性。性格决定命运，性格对一个人的影响确实很大；从人的本性角度来看，性格和人的本性关系也很密切。在现实生活中我们经常看到这样的现象：有个性的人往往鲜有奴性，而奴性很深的人往往没有个性。在《红楼梦》中，晴雯有个性，所以鲜有奴性，司棋敢爱敢恨，其个性也非常鲜明。反之，袭人

---

① 鲁迅：《谚语》，《鲁迅全集》第四卷，人民文学出版社 2005 年版，第 557 页。

② 鲁迅：《论照相之类》，《鲁迅全集》第一卷，人民文学出版社 2005 年版，第 193 页。

服侍贾母时“心中眼中只有一个贾母”，服侍宝玉时“心中眼中又只有一个宝玉”，袭人几乎没有个性，所以她的奴性差不多也是最深的；薛宝钗已将整个身心和命运都交给了封建道德、封建礼教（薛宝钗听从癞头和尚对她命运的安排），所以薛宝钗的奴性也很深。

弱者容易屈服，人的善良也很容易被欺骗和利用，所以在封建社会中，“女儿”更容易接受不平等的现实，从而逐渐变成奴性很深的“婆子”。对此，作者在小说中进行了多次暗示：

> 女儿是水作的骨肉。（第二回。女儿有纯洁、神圣、美好的一面，也有脆弱的一面。）
>
> 女孩儿未出嫁，是颗无价之宝珠。出了嫁，不知怎么就变出许多的不好的毛病来，虽是颗珠子，却没有光彩宝色，是颗死珠了。再老了，更变的不是珠子，竟是鱼眼睛了。分明一个人，怎么变出三样来？（第五十九回）
>
> 怎么这些人只一嫁了汉子，染了男人的气味，就这样混账起来，比男人更可杀了！（第七十七回）

奴性很深的人在思想上是自私的，所以他们在现实中往往也是自私的，他们自私当然看不到别人的无私，而那些有平等思想的人很容易成为真正的无私者，这样的人即使非常平凡，那也一定有一个高尚而伟大的灵魂。

古今中外关于人的本性的讨论一直不断，有的人认为人的本性是“善”的，有的人认为人的本性是“恶”的，当然也有其他的观点。笔者认为仅从善和恶的角度不足以看清一个人的本性，因为善和恶往往只是一念之差，或只是暂时的表象，而人性和奴性则存在于人的思想深处，且相对稳定，所以深入考察一个人的本性应该从奴性与人性的角度来分析：看这个人有没有平等思想，能不能真正做到以人为本，这样更容易看清一个人的本质、本性。

笔者认为人的本性是人性的，所谓人性就是人与人、人与自然和谐共处的本性，当然这也是人的天性，有了人性，人与人、人与自然才能达到真正的和谐。人性包括平等、自由、情感、智慧、灵性等多个方面，这些看起来完全不同的内容，其实是统一的，它们统一于人的自然本性，都是人性在不同方面的表现。奴性是人性的扭曲，它用不平等思想代替了平等思想，用各种各样的束缚（包括自我束缚）代替了自由，用欲望代替了情感，用狭隘和偏见代替了智慧，用愚昧代替了灵性。

“天生人为万物之灵”，应该说，作者认为人的灵性、智慧、情感等人性美好的东西都是人生而就有的，或者在正常情况下能够自然形成的，但面对生存、生活的压力与家庭、社会上各种有形和无形的压迫或诱惑，人的情感、智慧、灵性都有可能逐渐丧失，比如很多“无价之宝珠”会变成愚昧、无知的“鱼眼睛”。贾宝玉出生时嘴里含的宝玉叫通灵宝玉，可见作者创作《红楼梦》的重要目的就是希望社会上更多的人成为懂人情、通人性、远离愚昧无知的有人性、有灵性之人。

从某种程度上说，奴性很深的人看问题习惯从自己的角度出发，而有人性的人看问题习惯从整体和他人的角度出发。值得注意的是，人的本性是相对的，一个人经过学习或教育，其认识水平甚至其思考问题的方式、角度都会发生改变，其奴性也会相应发生改变，比如经常偷东西的彩云被贾宝玉感化成一个勇敢与光明的人，反之，不良的影响、物质的刺激都能激发人的贪欲，淡化或弱化人的情感，从而让人的人性泯灭。

笔者借用《复归的素人：文字中的人生》中的一段话来描述一个典型的真正有平等思想、有人性的人：

> 他不畏惧别人，也不要别人畏惧他。
> 他不屈服于别人，也不要别人屈服于他。
> 他不崇拜别人，也不要别人崇拜他。
> 他不要依附别人，也不要别人依附他。
> 他不要感激别人，也不要别人感激他。
> 他取宽容而去仇恨，取同情而弃欺凌。
> 他珍视自己的独立与自由，同时也尊重别人的独立与自由。

他竭尽所能为别人服务，同时也心安理得地接受别人为他服务。

他并不是一个自然人，也不是一个天真的赤子。他是一个能自觉主宰自己的思想与行为并能战胜和克制自己本能欲望的人。

他是一个与一切别人平等的人，也不高于别人，也不低于别人。①

《复归的素人：文字中的人生》中还说，“这是可以达到的一种境界，它并非高不可攀”，“它不需要我们做出任何自我牺牲”，“但需要我们有较高的智慧和极大的决心——自救的智慧与自救的决心”。确实，对高智慧的人类来说，我们其他的什么都不缺，缺少的只是一点勇气与智慧。

“家里姐姐妹妹都没有，单我有，我说没趣。如今来了这么一个神仙似的妹妹也没有，可知这不是个好东西。”贾宝玉脖子上的宝玉是独一无二的，一般人看来，通灵宝玉是贾宝玉向别人炫耀的资本，但贾宝玉不但不炫耀，反而引以为耻。显然，贾宝玉是一个真正有平等思想的有人性之人，因为人们习惯了不平等，反而认为贾宝玉性格古怪：贾宝玉自己的手烫了，还担心别人的手有没有烫着，自己淋湿了，反而担心别人有没有被雨淋着，自己受伤了，反而担心别人为他伤心。贾宝玉在有些人眼里没有什么道德可言，但笔者认为，贾宝玉的道德是天然的道德，是纯粹的道德，这天然的、纯粹的道德源自他的彻底的平等思想。

平等思想是智慧的思想，有平等思想的人是智慧的人，相对来说，智慧的人能够更自由地思考问题，其思想相对来说也是更自由的，可见有了平等的思想才可能有真正的思想自由。“作为科学家，我们知道伟大的进展都源于承认无知，源于思想的自由。”诺贝尔物理学奖得主理查德·费曼的话告诉我们一个深刻道理：没有思想的自由，人就容易缺乏创造性。显然，对一个人来说，如果没有思想的自由，其聪明才智（特别是创造性）很难得到充分发挥，人的价值就很难充分实现。自由是人最宝贵的东西之一，而思想自由是自由的高级阶段，所以，作为一个人应该拥有自然界赋予我们的最美好的东西——思想的

---

① 徐干生编著：《复归的素人：文字中的人生》，新星出版社 2010 年版，第 203 页。

自由。每个人都拥有自己的大脑，一个人的思想自由是别人无法真正剥夺的，剥夺人的思想自由的往往是自身的奴性。奴性禁锢了人们的思想，剥夺了人们的思想自由，因为奴性很深的人不但是行为上的依赖者，更是思想上的依赖者。所以，摆脱奴性的束缚，人才可能更好地实现自我超越，人的聪明才智才更容易充分发挥，人生的意义之一也就在于此。

第十六节　王道士的“胡诌”

《红楼梦》前80回一共出现了两个“海上方”，一个是癞头和尚郑重其事为薛宝钗开的“冷香丸”，另一个是王一贴为夏金桂这个“不晓事的人”信口“胡诌”的“疗妒汤”。“冷香丸”让薛宝钗变成一个“晓事的人”[①]，那么该怎么解读王一贴的“疗妒汤”呢?

“疗妒汤”的出现非常偶然。贾母带贾宝玉到天齐庙还愿，那些婆子们找来天齐庙的当家王道士陪贾宝玉聊天，“这老王道士专意在江湖上卖药，弄些海上方治人射利，这庙外现挂着招牌，丸散膏丹，色色俱备，亦长在宁、荣两宅走动熟惯，都与他起了个浑号，唤他作‘王一贴’”。王一贴吹嘘完他膏药的神奇后，贾宝玉支开其他人，只留茗烟这一个心腹在身边，王一贴见此情景“心有所动”。贾宝玉问王一贴有没有治疗女人妒忌的膏药，王一贴说不但他没有这样的膏药，他也没有听说过这样的膏药，但王一贴说有一种汤药可以治疗女人的妒忌：“用极好的秋梨一个，二钱冰糖，一钱陈皮，水三碗，梨熟为度，

① 薛宝钗是一个通情达理的人，但笔者认为薛宝钗的问题是太过通情达理，也就是说，“冷香丸”抹杀了薛宝钗的个性和天性。小说第八十回，听说了孙绍祖种种不端的王夫人劝慰迎春说：“已是遇见了这不晓事的人，可怎么样呢。”显然，夏金桂和孙绍祖一样，都是“不晓事的人”。

每日清早吃这一个梨，吃来吃去就好了。”这就是王一贴的“疗妒汤”。就在贾宝玉疑惑之际，王一贴解释说：“一剂不效吃十剂，今日不效明日再吃，今年不效吃到明年。横竖这三味药都是润肺开胃不伤人的，甜丝丝的，又止咳嗽，又好吃。吃过一百岁，人横竖要死的，死了还妒什么？那时就见效了。”

说起在江湖上卖的膏药，一般人都会联想到江湖术士专门骗人钱财的狗皮膏药，而这里作者说王一贴的“狗皮膏药”专门治人贪财，非常滑稽，无比荒唐，后来“油嘴的牛头”（第八十回）实话告诉贾宝玉，不但“疗妒汤”是假的，膏药也是假的。王一贴一直在和贾宝玉嘻嘻哈哈，但贾宝玉问王一贴怎么治疗女人的嫉妒时，他支开了其他人，只留下最可靠心腹茗烟在身边，王一贴也因此“心有所动”。笔者认为，贾宝玉的用心、王一贴的“心有所动”都是在暗示“疗妒汤”的非比寻常。更重要的是，“疗妒汤”润肺、开胃、止咳、不伤人，吃起来甜丝丝的，每天清早吃有助于保持一天的好心情，所以“疗妒汤”有助于激发人性，与“冷香丸”抹杀人性正好相反。

“疗妒汤”润肺、开胃、止咳、不伤人，并且吃起来甜丝丝的，由此应该联想到需要和十二分黄柏煎汤一起服下的“等十年”也未必能够配齐的“把人琐碎死”“坑死人”的“冷香丸”（“冷香丸”的作用也是止咳）。可以说，“疗妒汤”的出现直接揭示了癞头和尚及其所开“冷香丸”的欺骗性，因为有了这个唾手可得且非常好吃的“疗妒汤”治疗咳嗽，那还需要如此难得、如此难吃的“冷香丸”干什么。癞头和尚的“冷香丸”和王一贴的“疗妒汤”，一个苦，一个甜；一个难得，一个唾手可得；一个抹杀人性，一个激发人性；一个“郑重其事”，一个“信口胡诌”；一个真中有假，一个假中有真。作者的写作笔法真是让人感叹。

贾宝玉天齐庙还愿是在他听闻夏金桂和孙绍祖的无法无天之后，再联想到“这天齐庙本系前朝所修，极其宏壮。如今年深岁久，又极其荒凉。里面泥胎塑像皆极其凶恶”，由此笔者猜想，作者将天齐庙比喻为儒家思想的庙堂。孔孟儒家思想的核心是“仁”“义”，在作者向人们展示了夏金桂和孙绍祖这两个不“仁”不“义”的“恶赖”后，相信不少读者会联想到以“仁”和“义”为核心的孔孟儒家思想，然而孔孟儒家思想已经“年深岁久”“极其荒凉”；董仲舒将三纲五常、君权神授的封建等级思想“植入”到儒家思想之后，儒家所倡导的仁义道德实际上已经成为罪恶的封建专制统治的工具，所以天齐庙里的泥胎塑像极其凶恶；孔孟之后一代又一代的儒者将孔孟儒家思想发展成我国古代最完备的理论体系——宋明理学，所以天齐庙“极其宏壮”。

这样看来，天齐庙也代表“理”，既然如此，天齐庙的当家道士也应该和癞头和尚一样，是“理”的使者，因为“理”是为封建统治服务的，所以天齐庙里当家道士姓“王”，王一贴“长在宁、荣两宅走动熟惯”，显然这是作者暗示贾府是一个有“理”的地方。王一贴说自己的膏药“君臣相际，宾客得宜，温凉兼用，贵贱殊方”，“君臣相际，宾客得宜”，这让人联想到封建社会上至君臣、下至广大民众，其中很多人已经接受“理”、认同“理”，并乐在其中，因为对他们来说，“理”是“清明灵秀之气”，而“贵贱殊方”则直接戳中了“理”的核心——为封建等级制度辩护而分出人之贵贱的“三纲五常”。

癞头和尚和王一贴都是“理”的使者，癞头和尚的真假我们很难看清，但王一贴已经明说自己是一个卖狗皮膏药的江湖骗子，由此作者暗示人们，鼓吹封建思想、宣扬封建道德的所谓的理学家们及赖“理”生存的封建统治者和王一贴一样，都是江湖骗子。比较两个“海上方”，我们直观地感受到了封建之“理”的虚伪性、矛盾性和欺骗性。

王一贴的神情还让人联想到捉拿秦钟魂魄的那个都判，那个都判对秦钟这个要死之人“铁面无私”，但听到“宝玉”这个名字就立马慌了手脚。那个“油嘴的牛头”在别人面前骗人于无形（可以想象王一贴会骗人，而且欺骗了很多人），但在尊贵的贾宝玉面前，他做贼心虚，不敢有任何隐瞒。联想到贾宝玉说孔子是“亘古第一人”，“不可忤慢”，由此可以猜想，作者反“理”、反封建，但并不反对孔孟儒家思想。

一般所说的儒家思想与孔孟儒家思想有很大的区别。董仲舒提出的君权神授、天人感应和三纲五常都是为迎合、讨好封建统治者，朱熹又将“理”上升为“天理”，所以经过董仲舒、朱熹等人改造的儒家思想确实可以看成封建统治者愚弄民众、维护腐朽封建统治的工具。不仅如此，封建统治者还经常任意歪曲、篡改孔孟儒家思想，比如《明史》曾记载过一个著名的“孟子节文”事件：大明皇帝朱元璋读《孟子》读到“君之视臣如犬马，则臣视君如国人；君之视臣如土芥，则臣视君如寇雠”等语时非常生气，他下旨剥夺孟子配享孔庙的资格，众多大臣不惜以死来“卫道”，朱元璋不得不妥协。朱元璋虽然恢复了孟子配享孔庙资格，但下令叫人重新修订《孟子》，把他眼里的那些大逆不道的话全部删除。“孟子节文”事件反映出封建统治者对孔孟儒家思想的真正态度，他们吹捧儒家思想的真正目的是进行封建说教，以此来愚弄民众，但他们自己根本不接受那些伦理纲常的束缚。正因为如此，历史上杀父弑兄之类的宫廷流血事件屡见不鲜。

孔子思想的核心是“仁”，孟子思想的核心是“义”。在维护社会稳定方面，孔孟儒家思想强调社会责任感；在个人修养方面，孔孟儒家思想强调个人修养和道德品质。可以说，孔孟儒家思想天生具有成为治国思想的“高贵基因”。在当今社会，孔孟儒家思想仍然可以在教化民众、稳定社会方面发挥作用。当然，孔孟儒家思想不是绝对的真理，我们应该批判性继承。人的内在心理和外在表现不一致时就很容易导致人的虚伪，正因为如此，古往今来伪君子层出不穷，而“情”是人的自然本性，所以曹雪芹要大旨谈“情”。笔者认为，基于“情”的“仁”和“义”才不会脱离仁义的正轨。

样，大明皇帝朱元璋读《孟子》读到"君之视臣如犬马，则臣视君如国人；君之视臣如土芥，则臣视君如寇雠"等语时，暴跳如雷，[illegible]的资格，从文庙中撤出来"[illegible]"，[illegible]了孟子配享孔庙的资格。但后令[illegible]修订《孟子》，把他眼里的那些大逆不道的话全部删除，[illegible]"[illegible]"[illegible]合理，他们依存[illegible]的真正目的是进行封建说教，以此来求得长久，[illegible]已根本上[illegible]正因为如此，[illegible]之类的[illegible]事[illegible]不鲜。

孔子思想的核心是"仁"，孟子思想的核心是"义"。[illegible]

[illegible]

[illegible]

[illegible]

[illegible]

[illegible]的正统。

第三章

立场和思想

第一节　最大的嫌隙人

《红楼梦》第七十一回贾母八十大寿，作者在此花费了不少笔墨，但作者把更多的笔墨用在了寿庆期间的两个插曲上，这两个插曲就是这一回回目所指的两件事：“嫌隙人有心生嫌隙”和“鸳鸯女无意遇鸳鸯”。

在“嫌隙人有心生嫌隙”事件中，王熙凤的“正紧婆婆”邢夫人当着王夫人等很多人的面大声地向王熙凤求情，这很不给王熙凤面子，王夫人因此也批评了王熙凤。好强的王熙凤从来没有受过如此委屈，并隐隐感觉到王夫人对自己的信任危机，所以她“越想越气越愧，不觉的灰心转悲，滚下泪来，因赌气回房哭泣，又不使人知觉”。王熙凤身体本来就有些毛病，贾母寿庆又忙乱了几天，再加上受了些“嫌隙人有心生嫌隙”的“闲气”，王熙凤“支持不住，便露出马脚来了”。王熙凤是贾府的支点，贾府的这个支点“支持不住”，那么贾府距离“露出马脚”的时间也应该不远了，所以“嫌隙人有心生嫌隙”将对贾府产生重要影响。

“鸳鸯女无意遇鸳鸯”发生在贾母的八十大寿期间也是有原因的。因为荣国府的人事大权都掌握在王夫人手里，所以贾母的八十大寿与邢夫人那边的人基本没有关系，只有“干看着人家逞才卖技办事，呼幺喝六弄手脚”的份儿。因为管事的人要忙于寿庆，贾府的日常管理就难免出现疏漏，所以荣国府出现司棋和她的表兄潘又安在大观园里幽会那样的事情不完全是偶然的。司棋和潘又安在大观园幽会被鸳鸯惊散，落下了一个绣春囊，这个绣春囊被傻大姐拾到并交给了邢夫人。邢夫人觉得这个绣春囊是她发泄对王熙凤怨恨的好东西，所以把绣春囊送给了王夫人。因为绣春囊，王熙凤建议王夫人在大观园“暗地访拿”，但王善保家的在王夫人面前说了很多大观园里的那些女孩子，特别是晴雯的坏话，同时也是王善保家的将王夫人的“暗地访拿”变成了直接的“抄检”，所以“鸳鸯女无意遇鸳鸯”的一个结果是大观园被抄检，另一个结果是司棋、四儿、芳官被撵及晴雯惨死。被撵出大观园的司棋、四儿、芳官很容易被社会抛弃，而那些留在大观园的人的脸上也都蒙上了厚厚的一层灰，从此大观园里再也没有了欢乐，大观园再也不是“大观园”了。应该说，大观园再也不是大观园以后，贾府也很快不是贾府了。可见，“鸳鸯女无意遇鸳鸯”将对贾府产生更重要的影响。

所以说，贾母的八十大寿是《红楼梦》故事情节的重要转折点。[①]

贾母八十大寿之后大观园很快就被抄检，差不多在大观园被抄检的同时，传来江南甄家被抄的消息，习惯了听奉承话的贾母听到这个消息很“不自在”，但她仍然筹划着如何中秋赏月。因为大观园刚刚被抄检，加上贾政、贾赦等人在场，所以这次中秋赏月让很多人觉得非常压抑，只有贾环稍有所表现，这就是所谓的“佳谶”（第七十五回“开夜宴异光发悲音，赏中秋新词得佳谶”）。在贾母带着她的儿孙赏中秋的前一天，宁国府的贾珍也带着他的妻妾“开夜宴”。贾母经常带着她的儿孙通宵取乐，贾珍也经常带着他的妻妾玩乐，作者在第七十五回将贾珍的“开夜宴”与贾母的“赏中秋”并列，可以看出作者在将贾母和贾珍进行对比。不客气地说，贾母和贾珍都是在醉生梦死。“漫言不肖皆荣出，造衅开端实在宁”，这里也让人隐约感到作者在将贾珍的“造衅”和贾母的“不肖”进行对比。

偏心是贾母的重要问题，作为长辈或领导，偏心很容易导致晚辈或下属之间的不和，贾母偏心、娇惯王熙凤致使王熙凤一手遮天，这为贾府埋下了无穷的隐患；贾母喜欢奢华，所以贾府里极尽奢靡；贾母喜欢讲排场，喜欢吉利话，所以大观园里到处都有马屁精婆子；贾母喜欢取乐，所以贾母经常带着她的儿孙们吃喝玩乐。贾母高高在上，自以为是，永远看不到自己的问题，也永远看不到她所领导的那个大家庭的根本问题，完全缺乏危机意识，更别说她对儿孙

---

① 小说第四十四回，贾母大张旗鼓地给王熙凤过生日，结果导致邢夫人和王熙凤的婆媳矛盾，此后王熙凤和邢夫人的矛盾成为作者重要的着笔点，所以王熙凤的生日也是《红楼梦》故事情节的重要转折点。

的娇惯与放纵了。在这一回里，作者集中点出了贾母的两次偏心，一次是邢夫人对贾母偏爱探春而产生怨恨，另一次是给贾母祝寿时，偏房的很多孙女们站在一起，贾母叫喜鸾和四姐儿到榻前和宝钗、黛玉等人同坐。贾母偏心喜鸾和四姐儿，事后她还特地叮嘱别人说：

> 到园里各处女人们跟前嘱咐嘱咐，留下的喜姐儿和四姐儿虽然穷，也和家里的姑娘们是一样，大家照看经心些。我知道咱们家的男男女女都是"一个富贵心，两只体面眼"，未必把他两个放在眼里。有人小看了他们，我听见可不依！

在二十多个远房的孙女里，贾母只看得上喜鸾和四姐儿，并叫贾府所有人也都要对喜鸾和四姐儿好，显然，贾母永远意识不到自己的偏心。[①]贾母说贾府上上下下都是"一个富贵心，两只体面眼"，贾母这样说好像自己不是"一个富贵心，两只体面眼"似的，贾母生活奢侈，贪图享乐，这不是"富贵心"是什么"心"？贾母高高在上，自以为是，偏听偏信，这不是"体面眼"是什么"眼"？

在给贾母祝寿时：

> 宝玉却在榻上脚下与贾母捶腿。首席便是薛姨妈，下边两溜皆顺着房头辈数下去。帘外两廊都是族中男客，也依次而坐。先是那女客一起一起行礼，次方是男客行礼。贾母歪在榻上，只命人说"免了罢"，早已都行完了。然后赖大等带领众人，从仪门直跪至大厅上，磕头礼毕，又是众家下媳妇，然后各房的丫环，足闹了两三顿饭时。然后又抬了许多雀笼来，在当院中放了生。

---

① 贾赦娶鸳鸯，薛姨妈看出了问题的根本——贾母偏心王夫人和王熙凤。薛姨妈好意给贾母一个"台阶"下，说婆婆偏心、多疼小儿子媳妇的情况也是有的，但贾母直接驳斥了薛姨妈。

在如此多人面前，在如此重要时刻，贾母“歪”在榻上，笔者认为这是作者在暗示贾母的“不正”。为了这个寿庆，包括尤夫人在内的很多人已经“闹”了很多天，也“闹”出了“嫌隙人有心生嫌隙”和“鸳鸯女无意遇鸳鸯”等很多“齐头故事”，拜寿时贾府上下所有人又足足“闹”了两三顿饭的时间，所以贾母八十大寿的寿庆只需要用一个字来形容——“闹”。

虽然慈爱、诙谐，但贾母是一个非常严厉、无情的封建家长，她容不得别人对她有丝毫的不敬，更别说冒犯了。比如，热孝在身的袭人没有到贾宝玉跟前伺候贾宝玉，贾母知道了说：“跟主子却讲不起这孝与不孝。若是他还跟我，难道这会子也不在这里不成？”（第五十四回）贾赦要娶鸳鸯，贾母气得将贾赦、邢夫人甚至王夫人等人统统大骂一顿，显然贾母不是在庇护鸳鸯，更不是同情鸳鸯，而是看到有人在算计自己而不分青红皂白地大发雷霆。贾母知道王熙凤受了“嫌隙人有心生嫌隙”的“闲气”后说：“这才是凤丫头知礼处！难道为我的生日，由着奴才们把一族中的主子都得罪了也不管罢！”可以看出，高高在上的贾母必然是个无情人。

小说第五十四回“史太君破陈腐旧套”，两个女说书人在贾母面前说才子王熙凤和雏鸾小姐的《凤求鸾》的故事。女说书人刚开口，贾母就让她们打住：

> 贾母忙道：“怪道叫作《凤求鸾》。不用说，我猜着了，自然是这王熙凤要求这雏鸾小姐为妻。”女先儿笑道：“老祖宗原来听过这一回书。”众人都道：“老太太什么没听过！便没听过，也猜着了。”贾母笑道：“这些书都是一个套子，左不过是些佳人才子，最没趣儿。把人家女儿说的那样坏，还说是佳人，编的连影儿也没有了。开口都是书香门第，父亲不是尚书就是宰相，生一个小姐必是爱如珍宝。这小姐必是通文知礼，无所不晓，竟是个绝代佳人。只一见了一个清俊的男人，不管是亲是友，便想起终身大事来，父母也忘了，书礼也忘了，鬼不成鬼，贼不成贼，那一点儿是佳人？便是满腹文章，做出这些事来，也算不得是佳人了。比如男人满腹文章去做贼，难道那王法就说他是才子，就不入贼情一案不成？可知那

> 编书的是自己塞了自己的嘴。再者，既说是世宦书香大家，小姐都知礼读书，连夫人都知书识礼，便是告老还家，自然这样大家人口不少，奶母、丫嬛伏侍小姐的人也不少，怎么这些书上，凡有这样的事，就只小姐和紧跟的一个丫嬛？你们自想想，那些人都是管什么的，可是前言不答后语？”众人听了，都笑说：“老太太这一说，是谎都批出来了。”
>
> 贾母笑道：“这有个原故：编这样书的，有一等妒人家富贵，或有求不遂心，所以编出来污秽人家。再一等，他自己看了这些书看魔了，他也想一个佳人，所以编了出来取乐。何尝他知道那世宦读书家的道理！别说他那书上那些世宦书礼大家，如今眼下真的，拿我们这中等人家说起，也没有这样的事，别说是那些大家子。可知是诌掉了下巴的话。所以我们从不许说这些书，丫头们也不懂这些话。”

《凤求鸾》这样的才子佳人故事虽然有点俗套却也无伤大雅，但在贾母看来，那些向往爱情的女儿是“那样坏”，那些追求爱情的才子、佳人都“鬼不成鬼，贼不成贼”，所以贾母严厉警告那两个女说书人：“所以我们从不许说这些书，丫头们也不懂这些话。”可以看出，贾母虽然是一个女人，但她非常无“情”。贾母如此无“情”，可以想象贾母对林黛玉和贾宝玉爱情的态度，面对“木石姻缘”的“情”和“金玉良缘”的“理”，贾母必定会舍“情”而取“理”，也就是说，贾母将对林黛玉和贾宝玉将来的爱情悲剧起决定性作用。“只有两个玉儿可恶”（第四十回），虽然贾母说这句话时仍然满含着对她这“两个玉儿”的爱，因为他们一个是自己的孙子，一个是自己的外孙女，都是自己的亲骨肉，但这也隐约让人嗅到了一丝危险，因为“这么两个不省事的小冤家”经常让她操心。

小说第五十四回“史太君破陈腐旧套”，乍一看贾母是何等开明，其实恰恰相反，这反映了贾母内心深处的封建与守旧思想，贾母是封建之“理”的忠实继承者与领导者。第七十一回“嫌隙人有心生嫌隙”，这里周瑞家的、邢夫人、费婆子、袭人等很多人是嫌隙人，相信在作者眼里，贾母才是那个最大的嫌隙人。

另外，关于小说中的时序问题及贾母过寿，笔者有两点认识：

其一，作者在贾母年龄的设置上有明显问题。其实，贾宝玉、林黛玉、薛宝钗等重要人物的年龄不是很清晰，《红楼梦》中很多事情在时序上也都不清晰，所以笔者认为不必在《红楼梦》的时序问题上过于较真。

其二，如果说贾母为王熙凤过生日引起邢夫人和王熙凤之间的不和奏响了贾府衰败的“序曲”的话（秦可卿之死可以看成“序曲”之前的“前奏”），那么王熙凤为贾母过八十大寿间接造成大观园被抄检则应该看成贾府衰败的真正起点。

第二节 “傍观冷眼人”

一局输赢料不真，香销茶尽尚逡巡。
欲知目下兴衰兆，须问傍观冷眼人。

《红楼梦》“甲戌本”第二回的这首回前诗广为人知。冷子兴对荣国府了如指掌，所以他能如此演说荣国府，不仅如此，冷子兴还清楚地看到贾府“主仆上下安富尊荣者尽多，运筹谋画者无一”。冷子兴还会见证贾府的衰败，所以这首诗所指的“冷眼人”应该是冷子兴。但笔者认为，《红楼梦》的回前诗一般不是曹雪芹的手笔，“有作为大本领”的冷子兴应该不会一直是一个袖手旁观的“冷眼人”。如果《红楼梦》中有一个“冷眼人”的话，笔者认为这个人可能是薛宝琴，因为薛宝琴已经许配给了梅翰林之子，对贾府来说，薛宝琴完全是一个外人。此外，薛宝琴见多识广，才华横溢，有“傍观冷眼人”的资格与水平；更重要的是，薛宝琴作为一个外人旁观了贾府的除夕祭宗祠，而贾府除夕祭宗祠是作者对贾府乃至整个封建社会黑暗的深刻揭露。

从贾宝玉的疯疯癫癫，以及作者对晴雯、林黛玉、妙玉等人的赞扬情况来看，作者是坚决、彻底的反封建者。笔者认为，透过薛宝琴的冷眼，人们清楚地看到了一个赤裸裸的“理”（封建之“理”披有封建道德的外衣，这里的赤裸裸的“理”就是脱去封建道德外衣的封建之“理”)。

贾府的太爷为统治者出生入死，建立了不朽的功业，作为回报，统治者给他们以荣华富贵，“肝脑涂地，兆姓赖保育之恩；功名贯天，百代仰蒸尝之盛”，贾府宗祠大门的这副对联反映了贾府的人对他们祖宗功业的怀念，以及对给予他们荣华富贵的统治者的感激，贾府的人希望祖宗功业的光芒永远照耀下去，这样他们和他们的子孙就可以永享荣华富贵（贾府宗祠内的其他对联大都有这层意思)。贾府的人对功业、贾雨村对功名的追求就是一种对赤裸裸的“理”的追求。在跛足道人的《好了歌》里，功名是世人第一个忘不了的东西，为统治者出生入死建立的功业更是一般的功名所无法比拟，可见，这种赤裸裸的“理”就是“世人”都希望成为拥有功业、功名、金钱、姣妻的活神仙的“理”。从封建统治者的角度看，他们用功业、功名和金钱笼络、收买人心（贾府春祭，朝廷给予赏赐，贾珍深感“皇恩浩大”，认为贾府在“沾恩锡福”，非常“体面”)，以控制、稳定整个社会，这也是赤裸裸的“理”的一部分。在过年这个最隆重的节日里，贾府几乎所有人都要祭祀宗祠，一心在玄真观修炼的贾敬也不例外（贾敬过生日时贾蓉请他回去，但贾敬没有回去)，更不用说贾宝玉了。也就是说，在封建社会谁都逃脱不了这个“理”。

社会不平等的结果必然是一部分人剥削、压迫另一部分人，所以在封建社会，要么剥削、压迫别人，要么被别人剥削、压迫，没有人甘愿被别人剥削、压迫，所以人们都梦想着出人头地，因为高人一等的人就可以剥削、压迫他人了。贾府里几乎所有人整天都在吃喝玩乐，那是因为有“黑山村”供他们压榨，可见，不平等的封建制度是这个赤裸裸的“理”的生存土壤。

贾府祭祀时，贾府的人的辈分泾渭分明，显然，这种家族内部的辈分等级也是封建等级制度的重要组成部分。正因为如此，叛逆的贾宝玉在贾政和王夫人面前不敢有丝毫的不敬，贾宝玉怕贾政更是像老鼠见了猫一样，贾政在没有核实清楚问题原因的情况下就将贾宝玉往死里打，并且事后不需承担任何责任；贾琏也因为一句公道话，贾赦对其大打出手；贾珍也因为看贾蓉不舒服就向他脸上吐口水，甚至贾蓉的媳妇被贾珍染指贾蓉也不敢有任何怨言。这样说来，作者将贾宝玉塑造成一个胆小怕事的人的重要目的之一是要让人们看到封建社会的孝道文化对人的摧残。在不平等的制度下，贾府里贾宝玉、贾琏、贾蓉等人因为辈分低就遭受他们父亲的压迫与摧残，由此可以想象，低人一等甚至低人几等的社会底层广大贫苦百姓所遭受的苦难；由此还可以想象，在两千多年的漫长封建社会里，更加低人一等的广大女性所遭受的屈辱与血泪。

小说第二十八回，贾宝玉向林黛玉保证说自己心里除了贾母、贾政、王夫人，林黛玉排第四，再也没有第五个。贾宝玉那么一心一意地爱着林黛玉，但他心里也不敢没有贾母、贾政和王夫人，并且还要将他们置于林黛玉之上，这也可见封建等级制度对人的压迫。第二十一回，贾宝玉看到一个小丫头就问她叫什么名字，小丫头说她叫芸香，但袭人将她的名字改成了蕙香，贾宝玉说“正经该叫‘晦气’罢了”，于是将芸香的名字改为四儿。笔者认为，四儿的名字是暗示林黛玉在贾宝玉心里只能排第四，作者这样写显然是暗示家族内的等级制度对人的压迫让人觉得非常“晦气”。林黛玉排第四，再也没有第五个，所以后来的柳五儿没能进怡红院，这应该还是在暗示这种“晦气”。

在不平等的社会，出人头地是很多人的最大梦想，换句话说，他们希望将别人踩在脚下，谁能将更多的人踩在脚下，谁就能享受更多的荣华富贵。小说第五十三回主要有两部分内容，一部分内容是通过贾府的庄头乌进孝让人们了解到，贾府的人能整天吃喝玩乐，是因为有“黑山村”供他们压榨，另一部分内容就是贾府的除夕祭祀，让我们直接看到了人们对荣华富贵的追求。这两部分内容有机结合就能够凸显封建社会赤裸裸的“理”。应该说，薛宝琴冷眼所看到的正是这个“理”，有了这样的“理”，谁心里还能珍藏对他人、对世间万事万物的“情”呢！

第三节　在那遥远的黑山村

小说第五十三回告诉我们，贾府的庄子在黑山村，庄头乌进孝在来贾府的路上花费了一个月零两天。

从黑山村到贾府路途遥远，乌进孝年龄不小了，贾珍问他为什么不让他儿子来，乌进孝说自己“走惯了，不来也闷的慌”，所以他依然坚持自己来向贾府“尽孝”。乌进孝呈上来的礼单上吃的、用的、玩的都有，可以看出，乌进孝来贾府确实是在“尽孝”，乌进孝对贾府真是“孝敬”。

乌进孝是贾府的庄头，他对贾府必须“尽孝”“孝敬”，可以想象，黑山村的很多人都会像乌进孝“孝敬”贾府一样来“孝敬”乌进孝。乌庄头有很多人“孝敬”，但他要“孝敬”狮子大张口的贾府，他的日子不是很好过，所以他姓“乌”。黑山村的很多人是没有人“孝敬”的，必要时乌进孝可以和贾府“打擂台”（讨价还价），但黑山村的人会不会和这个乌庄头“打擂台”，这很难说，所以他们的日子也很难过，一旦遇上天灾人祸，简直就没法过日子，黑山村“黑”得暗无天日，所以叫“黑”山村。

乌进孝说他的兄弟也是庄头，可以想象，在作者眼里，天下所有的庄头都姓“乌”，天下所有的山村都姓“黑”，天下所有百姓都住在“黑”山村。黑山村远离贾府，但因为有了十分“孝敬”的乌进孝，有了十分“孝敬”的黑山村民众，所以黑山村的一切都被贾府牢牢掌控，“贾府”之所以能够牢牢掌控“黑”山村，“乌进孝们”在中间起了非常重要的作用。由此笔者联想到鲁迅在他的《灯下漫笔》里所说的话：“但我们自己是早已布置妥帖了，有贵贱，有大小，有上下。自己被人凌虐，但也可以凌虐别人；自己被人吃，但也可以吃别人。一级一级的制驭着，不能动弹，也不想动弹了。”[①] 黑山村，尤其是黑山村周边许多比黑山村更“黑”的“黑”山村已经被压榨到了极限，该“动弹”了。作者写作《红楼梦》的目的之一应该就是希望用他的《红楼梦》唤醒很多“黑”山村的村民，让他们都“动弹”起来，共同推翻罪恶的封建专制。

作者说乌进孝的年龄很大，快要走不动了，所以这次差不多是乌进孝最后一次来“孝敬”贾府，如果是这样，那就可以说这一次是“乌进孝”对贾府最后的“尽孝”了。这样看来，留给贾府的时日也不多了。

---

① 鲁迅：《灯下漫笔》，《鲁迅全集》第一卷，人民文学出版社 2005 年版，第 227 页。

第四节 《红楼梦》的立场问题

虽然贾宝玉“乖张”“愚顽”，但作者对其情有独钟；虽然晴雯狂傲、尖酸，但作者在《芙蓉女儿诔》中对其不吝赞美之词；虽然袭人“心地纯良”“温柔和顺”“柔媚娇俏”，但作者对其有明显的批判。一般看来，贾宝玉和薛宝钗的“金玉良缘”堪称完美，但贾宝玉眼里只有“木石前盟”，好像一切都是真真假假，让人捉摸不定。要拨开作者为我们设置的层层迷雾，笔者认为，首先要解决《红楼梦》的立场问题。

作者的反封建立场应该没有多大争议，贾宝玉反封建也毋庸置疑，所以某种程度上应该在作者和贾宝玉之间画上一个等号，或者说贾宝玉是作者的代言人，故要把握《红楼梦》的立场问题就必须深入剖析贾宝玉。

首先，我们应该看到贾宝玉是个大好人。在《红楼梦》前 80 回，贾宝玉受到多次伤害，但他从没有想过是谁故意要和自己过不去而有朝一日报仇雪恨，贾宝玉更不会无端产生伤害别人的想法。恰恰相反，贾宝玉处处为别人着想，处处尊重别人，比如：

小说第三十回，贾宝玉看到龄官画“蔷”，就猜想她心里难过，恨自己不能替她分担痛苦，下雨了，贾宝玉只想到提醒龄官避雨，而忘了自己已经被雨淋得浑身冰凉；第三十三回，金钏跳井自尽，贾宝玉非常“感伤”，他“恨不得此时也身亡命殒，跟了金钏儿去”，以至于贾政呵斥他都没有听见，“只是怔呵呵的站着”；第三十四回，贾宝玉挨打后，薛宝钗说别说贾母、王夫人心疼，她看着贾宝玉被打的样子也心疼，贾宝玉听到薛宝钗如此“亲切稠密”的话，又看到薛宝钗“娇羞怯怯”的神态，“不觉心中大畅，将疼痛早丢在九霄云外”，这时贾宝玉想：“我便一时死了，得他们如此，一生事业纵然尽付东流，亦无足叹惜。”第三十四回，贾宝玉自己挨打了反而担心林黛玉为他伤心，所以叫晴雯去看望林黛玉，并叫晴雯送两个旧手帕给林黛玉，林黛玉体会出贾宝玉的用意后不觉“神魂驰荡”，这才有了林黛玉的《题帕三绝》；第三十五回，贾宝玉自己烫了手，却问玉钏的手有没有烫着，贾宝玉找玉钏说话，玉钏不给贾宝玉脸色，贾宝玉知道是金钏的缘故，于是他“虚心下气磨转他……变尽方法……然后又陪笑问长问短”，玉钏很生气，但任凭她怎么“丧谤”贾宝玉，贾宝玉仍然“温存和气”，这样玉钏自己倒有些不好意思，脸上开始露出一些喜色，后来贾宝玉叫玉钏“亲尝莲叶羹”，玉钏也明白了这是贾宝玉在哄她喝汤，此后不久，贾宝玉还特地“遍体纯素”地去祭奠金钏，以了却自己的心愿；第四十一回，刘姥姥信口开河，胡诌出一个已经死了的茗玉小姐，但贾宝玉信以为真，一直放在心上，叫茗烟去奠祭；第四十四回，平儿遭受王熙凤的打骂躲到怡红院，贾宝玉“喜出望外”，尽心服侍平儿，平儿走后贾宝玉想到贾琏“惟知以淫乐悦己”而不懂得心疼平儿，又想到平儿没有父母、没有兄弟姐妹，她夹在贾琏和王熙凤中间很不容易，感到她的命比黛玉还薄，想到这些，贾宝玉“便又伤感起来，不觉洒然泪下”，后来晴雯对贾宝玉说她看到麝月和平儿鬼鬼祟祟的，怀疑平儿有什么见不得人的勾当，贾宝玉直接为平儿辩解，后来“俏平儿情掩虾须镯”，贾宝玉看到平儿那样体贴自己很感动；第五十一回，晴雯生病了要熬药，她说不在屋里熬，否则弄得满屋的药气，贾宝玉为了打消晴雯的顾虑，说药气比一切花香、果子香都雅，高人逸士的药方更是最妙的东西；第五十八回，藕官烧纸被一个婆子看到，贾宝玉为了让藕官脱身，说自己梦见杏花神向他要一挂白钱，必须由生人烧；第五十九回，贾宝玉叫春燕去安慰莺儿，春燕走时贾宝玉还隔着窗子叮嘱春燕：“不可当着宝姑娘说，仔细反叫莺儿受教导。”因为“玫瑰露引来茯苓霜”，贾宝玉担心引发更大问题，所以“投鼠忌器宝玉瞒赃”，说茯苓霜是自己偷的；第七十回，一个风筝挂到竹梢上了，众人都不知道那风筝是谁的，但贾宝玉知道那风筝是贾赦的小妾嫣红的，他叫人拿下来送给她，贾宝玉对贾赦的小妾都能如此用心，后来一个风筝断了线飞走了，贾宝玉担心它寂寞，于是也放走一个风筝给那个风筝做伴；第七十九回，贾宝玉听到迎春的悲惨遭遇很心痛，他用一首诗来表达对他“手足”的同情：

池塘一夜秋风冷，吹散芰荷红玉影。

蓼花菱叶不胜愁，重露繁霜压纤梗。
不闻永昼敲棋声，燕泥点点污棋枰。
古人惜别怜朋友，况我今当手足情！

自己淋湿了却担心别人被雨淋着，自己的手烫了却关心别人的手有没有烫着，自己被打个半死却担心别人为他伤心，所以贾宝玉是一个为别人活着的人；为了他人，贾宝玉完全不惜自己的生命（“就便为这些人死了，也是情愿的”），可以看出，贾宝玉有一个高尚的灵魂。

其次，我们应该看到贾宝玉言行异于常人的本质。贾宝玉说“女儿是水作的骨肉”，他尊重每个值得尊重的人，无论是美丽的香菱、晴雯，还是“母蝗虫”乡村老妪刘姥姥。在贾府，“凡作兄弟的，都怕哥哥”，但贾宝玉不要人怕他，这说明贾宝玉有彻底的平等思想，他反对封建等级制度；贾宝玉说“愚人原不知，无论神佛死人，必要分出等例，各式各例的”，这更是他对封建等级制度的嘲笑和讽刺。贾宝玉不喜欢读书，他说天下读书人是“禄蠹”，是“国贼”“禄鬼”，可见贾宝玉反对封建科举制度。其实，不是贾宝玉不喜欢读书，而是他不喜欢那些宣扬封建思想、封建道德且禁锢人们思想的“四书五经”。“比如男子丧了妻，或有必当续弦者，也必要续弦为是”，藕官的“疯话”正合了贾宝玉的“呆性”，可以看出，贾宝玉也反对封建婚姻制度。

贾宝玉反对封建等级制度，反对封建科举制度，反对封建婚姻制度，可见贾宝玉是封建专制的坚决反对者。封建社会是人压迫人的不平等社会，封建思想是不平等思想，而贾宝玉骨子里渗透的是自由、平等思想。一个是平等思想，一个是不平等思想，两者格格不入，这才应该是贾宝玉异于常人的根本原因。

所以《红楼梦》的读者也应该站到反封建的立场上去读《红楼梦》，但笔者认为很多人没有做到这一点，从而低估了《红楼梦》的思想价值。不能真正站到反封建的立场上去读《红楼梦》的表现有很多，比如看不到作者对封建制度、封建思想的批判，看不到贾宝玉的平等、自由及反封建思想；有的人简单地把贾宝玉当成“似傻如狂”“潦倒不通世务”的“纨绔”“膏粱”；有的人简单地追求故事情节，他们看到荣国府是《红楼梦》故事的中心舞台，于是把荣国府当成自己的国、自己的家一样去热爱，把贾母当成自己的祖母一样去爱戴，把王熙凤当成成功的典型去崇拜；有的人认为宝黛爱情是《红楼梦》的全部内容，于是他们一切以宝黛爱情为思考问题的出发点，凡是支持宝黛爱情的都是对的，凡是反对宝黛爱情的都是错的；甚至还有人大谈那些婆子对贾府的贡献，等等。

其实，作者创作《红楼梦》的一个重要动机在《红楼梦》的开篇就已经明确点明，因为作者曾经遇到的很多女子“行止、见识皆出于我之上”，但她们低人一等，而作者希望通过他的《红楼梦》让人看到她们的人性闪光点，让她们得到应有的尊重，作者所极力赞扬的晴雯、林黛玉、妙玉、香菱、尤三姐、紫鹃等女儿只是她们的代表。剖析其他一些重要人物也有助于我们把握《红楼梦》的立场，比如周瑞家的。周瑞家的是贾府非常体面的一个人物，所以不少人羡慕她。“心性乖滑，专管各处献勤讨好”，这可以说是作者最不客气的话了，稍正直的人都讨厌这样媚上欺下、惹是生非的小人。显然，“嫌隙人有心生嫌隙”里重要的嫌隙人之一是周瑞家的，贾宝玉说的“染了男人的气味”“比男人更可杀”的人，指的也是以周瑞家的为代表的婆子。此外，贾府衰败后，周瑞家的很可能还要和她“有作为大本领”的女婿冷子兴合伙对贾府来个趁火打劫。

作为《红楼梦》故事的中心舞台——贾府，作者持什么样的态度呢？《红楼梦》故事的真正开始是从第六回刘姥姥进贾府开始的，刘姥姥通过周瑞家的引荐才得以进贾府，但刘姥姥进贾府后很快就走了，刘姥姥走后周瑞家的各处送宫花，这回想起来让人不寒而栗。贾瑞贪恋王熙凤美色被王熙凤捉弄致死，金钏跳井，王熙凤逼死尤二姐，晴雯和芳官被逐，很多人间悲剧、丑剧都是在荣国府里发生的。秦可卿淫丧天香楼之后，宁国府里很快就“除了那两个石头狮子干净，只怕连猫儿狗儿都不干净”，甚至是贾宝玉和众多“女儿”乐园的大观园也不再是一块净土，因为这里和其他地方一样，充斥着很多让人讨厌、痛恨的婆子；此外王熙凤的“触角”也能到达这里，所以这里成了尤二姐的痛苦之地。大观园这个自由乐园被潘又安“玷污”，被婆子们袭扰，被王熙凤“插足”，被王夫人抄检，大观园里最重要的东西——贾宝玉和林黛玉的爱情也必将被封建势力扼杀，所以大观园的悲剧是封建社会人间悲剧的真实再现，作者由此让人们看清了封建统治的罪恶。

贾府是一个“死而不僵”的“百足之虫”（第二回），探春的改革也许能够让贾府苟延残喘，但因为种种原因，探春的改革无疾而终，可以说贾府的衰亡不可避免，这正如贾府的老祖宗——宁荣二公之灵所说，贾府“运终数尽，不可挽回”。

我们应该像贾宝玉那样站到众多“女儿”的立场上，尊重每一个值得尊重的“女儿”，同情每一个值得同情的“女儿”，而不应该像有的人那样，把晴雯、四儿、芳官等“女儿”一律称为“女奴”。其实，林黛玉、晴雯、四儿、芳官、司棋、香菱、紫鹃、史湘云、妙玉等美丽、纯洁、善良、真诚、可爱的“女儿”才是作者真正要肯定和赞美的人，而作者真正要肯定和赞美的是她们的人性，这才是以人为本。所以贾宝玉异于常人的言行值得我们深思。

在封建社会，平等、自由对很多人来说是根本不敢想象的，所以很多人不理解贾宝玉。贾宝玉是作者的代言人，作者通过贾宝玉来表达自己的平等、自由思想，这些思想让“贾宝玉”直接表达出来也是无法想象的，所以作者塑造出这个“疯疯癫癫”的贾宝玉。贾宝玉的“疯疯癫癫”主要表现在他经常说一些让人无法理解的“疯话”，其实，这些“疯话”才是作者真正要说的话。贾宝玉说过的“疯话”很多，比如：

> 女儿是水作的骨肉，男人是泥作的骨肉。我见了女儿，我便清爽；见了男子，便觉浊臭逼人。（第二回）
>
> 原来天生人为万物之灵，凡山川日月之精秀，只钟于女儿，须眉男子不过是些渣滓浊沫而已。因有这个呆念在心，把一切男子都看成混沌浊物，可有可无。（第二十回）
>
> 女孩儿未出嫁，是颗无价之宝珠。出了嫁，不知怎么就变出许多的不好的毛病来，虽是颗珠子，却没有光彩宝色，是颗死珠了。再老了，更变的不是珠子，竟是鱼眼睛了。分明一个人，怎么变出三样来？（第五十九回）
>
> 怎么这些人只一嫁了汉子，染了男人的气味，就这样混账起来，比男

人更可杀了！（第七十七回）

小说第二回，甄宝玉说："这女儿两个字极尊贵、极清净的，比那阿弥陀佛、元始天尊的这两个宝号还更尊荣无对的呢！你们这浊口臭舌，万不可唐突了这两个字要紧；但凡要说时，必须先用清水香茶漱了口才可；设若失错，便要凿牙穿腮等事。"显然，我们完全应该把甄宝玉的这些话也当成贾宝玉的"疯话"。

小说第五十八回，芳官向贾宝玉转述藕官的话："比如男子丧了妻，或有必当续弦者，也必要续弦为是。便只是不把死的丢过不提，便是情深意重了。若一味因死的不续，孤守一世，妨了大节，也不是理，死者反不安了。"藕官的话正合了贾宝玉的"呆性"，这也可以看作是贾宝玉的"疯话"。

此外，贾宝玉还在第十九回、第五十七回说过"化灰化烟"的"疯话"。

贾宝玉的这些"疯话"都藏有深意，但是很遗憾，现在还有不少人真把贾宝玉的"疯话"当作疯话。

第五节　贾宝玉的伤与痛

在《红楼梦》前80回，贾宝玉遭受了多次伤痛：如贾环的故意烫伤、马道婆"魇魔法"的伤害和贾政的大板笞挞；还有紫鹃骗贾宝玉说林黛玉要回苏州，贾宝玉受不了那样的刺激而"急痛迷心"。此外，晴雯、金钏含冤而死，司棋、芳官被撵，也都给贾宝玉带来了巨大伤痛。

马道婆的"魇魔法"和贾政的大板笞挞都使贾宝玉伤得不轻，不少《红楼梦》读者很为贾宝玉心痛。

贾宝玉挨打后：

王夫人抱着宝玉，只见他面白气弱，底下穿着一条绿纱小衣皆是血渍，禁不住解下汗巾看，由臀至胫，或青或紫，或整或破，竟无一点好处，不觉失声大哭起来："苦命的儿吓！"因哭出"苦命儿"来，忽又想起贾珠来，便叫着贾珠哭道："若有你活着，便死一百个我也不管了。"（第三十三回）

袭人满心委屈，只不好十分使出来，见众人围着，灌水的灌水，打扇的打扇，自己插不下手去，便越性走出来到二门前，令小厮们找了焙茗来细问……又乱了半日，众人渐渐散去。（第三十三回）

袭人见贾母、王夫人等去后，便走来宝玉身边坐下，含泪问他："怎么就打到这步田地？"宝玉叹气说道，"不过为那些事，问他做什么！只是下半截疼的狠，你瞧瞧打坏了那里？"袭人听说，便轻轻伸手进去，将中衣褪下。宝玉略动一动，便咬着牙叫"嗳哟"，袭人连忙停住手，如此三四次才褪了下来。袭人看时，只见腿上半段青紫，都有四指宽的僵痕高了起来。袭人咬着牙说道："我的娘，怎么下这般的狠手！你但凡听我一句话，也不得到这步地位。幸而没动筋骨，倘或打出个残疾来，可叫人怎么样呢！"（第三十四回）

有些《红楼梦》读者着迷于袭人对贾宝玉的"情切切"，如果是这样，该怎么理解宝玉挨打后袭人的"满心委屈"呢？不用多说，林黛玉两只"桃儿"般的眼睛里盛的都是她对贾宝玉满满的爱，"你从此可都改了罢"，林黛玉半天才说出来的这一句话里藏的都是她对贾宝玉无限的情。袭人的"满心委屈"只能说明她把自己当成贾母和王夫人的忠实奴仆，袭人要办好贾母和王夫人交给她的重要任务——看好贾宝玉，但现在贾宝玉出了问题，袭人担心贾母和王夫人责备自己而把自己撵出去（袭人家里提出给她赎身的问题时，袭人说至死也不回去），所以"满心委屈"。为了不被惩罚，袭人"令小厮们找了焙茗来细问"宝玉被打的原因，这样也好向贾母、王夫人交代。"见众人围着，灌水的灌水，打扇的打扇，自己插不下手去，便越性走出来到二门前"，可见袭人没有真正把贾宝玉的伤痛放在心上。"乱了半日，众人渐渐散去"后，袭人"便走来宝玉身边坐下"，这里的袭人还是不怎么关心贾宝玉，所以她不慌不忙。不仅如此，袭人后来向王夫人说"我们二爷也须得老爷教训两顿"。袭人为贾宝玉脱衣时虽然也曾含泪，贾宝玉疼得“嗳哟”叫时袭人虽然也会“连忙停住手”，但笔者认为这不能说明多少问题，也就是说，如果换作他人，大多也会“含泪”，也会该停手时就停手。

看到贾宝玉“面白气弱”，王夫人“不觉失声大哭起来”，王夫人哭出“苦命儿”三个字的时候想起了已经死去的贾珠，这时王夫人说出了如果贾珠还活着，就是打死一百个贾宝玉她也无所谓的狠心话，可见王夫人的无情。王夫人阻止贾政打宝玉时说：“今日越发要他死，岂不是有意绝我。既要勒死他，快拿绳子来先勒死我，再勒死他。”后来袭人向王夫人谏言时，袭人的话打动了王夫人，王夫人向袭人敞开了心扉：“若打坏了，将来我靠谁呢！”“保全了他，就是保全了我。”王夫人这样说，因为她很清楚，如果没有了贾宝玉，她的权势和地位很可能被邢夫人或王熙凤所取代①，可见，王夫人真正在乎的是自己和自己的权势、地位，王夫人把权势和地位看得比她的宝贝儿子贾宝玉还重要。王夫人既是权势的“主子”，也是权势的“奴隶”，这样的王夫人当然是无情人。

虽然受到一次次的伤害，但贾宝玉并没有因此怨恨任何人，可见贾宝玉一点也没有把这些伤痛放在心上，那么贾宝玉把什么放在心上呢？小说第五十七回，贾宝玉看紫鹃穿着单薄，于是伸手在她身上摸了一下，对此紫鹃警告贾宝玉：“从此咱们只可说话，别动手动脚的，一年大二年小的，叫人看着不尊重。”紫鹃这样的话让贾宝玉仿佛“心中忽浇了一盆冷水一般”，一时“魂魄失守，心无所知”（紫鹃的话让贾宝玉意识到了他和紫鹃的距离，这让贾宝玉很伤心，因为贾宝玉希望所有“女儿”都能够永远守着他），后来紫鹃为了试探贾宝玉，骗贾宝玉说林黛玉要回苏州，听了紫鹃的话，贾宝玉“头顶上响了一个焦雷一般”；晴雯被撵走对于贾宝玉来说“就如同一盆才抽出嫩箭来的兰花送到猪窝里去一般”，后来贾宝玉又不顾一切地去看望了晴雯；金钏死后贾宝玉也非常郑重地去祭奠。可以看出，贾宝玉的心里不仅装着林黛玉，他心里

---

①封建社会讲究长幼有序，贾赦和邢夫人是贾母的大儿子和大儿媳，并且他们的儿子贾琏也比贾宝玉大，可以说，王夫人的位子是她从邢夫人那里抢过来的，所以邢夫人对贾母偏心王夫人没有想法是不可能的。

还装着紫鹃、晴雯、金钏、芳官等众多可敬可爱的“女儿”，正如贾宝玉所说的“女儿是水作的骨肉”，贾宝玉把所有的“女儿”放在心上。贾宝玉挨打后，林黛玉非常心疼贾宝玉，她极不情愿地劝贾宝玉说：“你从此可都改了罢！”宝玉听了叹道：“你放心，别说这样话。就便为这些人死了，也是情愿的！”显然，贾宝玉所说的“这些人”是指包括金钏等人在内的所有值得尊重和同情的“女儿”，贾宝玉就是这样一个为“女儿”而活的人。

贾宝玉是贾母的命根子，他时刻牵动着贾母的神经，所以贾宝玉那里出了问题的时候一定少不了贾母的“精彩表演”。中了马道婆的“魇魔法”，贾宝玉昏死过去很长时间后好不容易醒过来，贾宝玉醒过来说：“从今以后，我可不在你家了！快收拾了，打发我走罢。”这让站在一旁的贾母“如同摘心去肝一般”，显然这是作者在调侃贾母，后来贾母把说话不中听的赵姨娘大骂一顿，这又是作者在调侃贾母和赵姨娘。贾宝玉挨打更是让人们见识了贾母的“精彩表演”。第五十七回“慧紫鹃情辞试莽玉”，贾宝玉“头顶上响了一个焦雷”后变成一个“木偶”，“给他个枕头，他便睡下；扶他起来，他便坐着；到了茶来，他便吃茶”，这让整个贾府陷入一片恐慌。贾母询问原因，原来都是因为一句玩笑话，这让人忍俊不禁，后来王太医给贾母“背药书”更是让人哭笑不得。

可以看出，贾宝玉的伤、贾宝玉的痛都是作者精心设计的故事情节，这些情节一方面当然要为整个故事情节服务，另一方面，这些情节也都是《红楼梦》中的精彩时刻，而这些精彩时刻也正是小说中人性集中展现的时刻。精彩之余，作者一刻也不忘使用调侃和诙谐的手法，这更增添了《红楼梦》的可读性。

小说第二十八回，林黛玉去怡红院吃了闭门羹，她以为贾宝玉故意不让开门，所以两人闹起了矛盾，这次闹矛盾让贾宝玉很伤心：“谁知你！总不理我，叫我摸不着头脑，少魂失魄，不知怎么样才好。就便死了，也是个屈死鬼，任凭高僧高道忏悔也不能超生，还得你申明了缘故，我才得托生呢！”“屈死鬼”这三个字让人产生无限的遐想。

贾宝玉是一个为别人而活的人，“补天”是他的“事业”，可见，贾宝玉是一个伟大而又崇高的人，然而在那样的社会有几个人能理解贾宝玉呢（“这个心使碎了也没人知道”），不但别人不理解，贾宝玉还被很多人笑话，更被统治者所不容。在不平等的社会，一个有着自由思想与高尚灵魂的人所能感受到的压抑和憋屈是一般人不能想象的。为了不被“撕裂”，贾宝玉也不能直接表露他的真实想法，这应该是作者让贾宝玉“疯疯癫癫”的最重要原因。不出意外，贾宝玉最终要出家当和尚，但很难想象在贾宝玉完全绝望而出家之前还要经历什么样的磨难，还要经受多少委屈，所以“屈死鬼”必将是贾宝玉后半生的真实写照。

身体上的疼痛贾宝玉没有放在心上，爱的苦痛对贾宝玉来说应该也只是一时之痛，而不被别人理解，眼睁睁地看着身边的“女儿”一个个倒下则是令贾宝玉最痛心的事。可以猜想，在这一点上作者和贾宝玉是相似的，作者经历了很多苦痛，这些苦痛之苦都比不上看到广大民众被不平等的封建制度所奴役、所迫害，作者有心“补天”，但这只是一个奢望，所以作者用毕生精力写成《红楼梦》，希望用这本书来唤醒广大民众。《红楼梦》“满纸荒唐言，一把辛酸泪”，不难想象，作者的“辛酸泪”不仅有辛苦写作的辛酸泪，更有不被世人理解的辛酸泪。

第六节　《芙蓉女儿诔》是诔晴雯还是诔黛玉

“寿怡红群芳开夜宴”时林黛玉抽到的花签是芙蓉，大家都说除了林黛玉谁也配不上芙蓉；晴雯死后，一个小丫头说晴雯不是死，是到天上去做专管芙蓉的芙蓉之神。显然，那个小丫头说的话是作者的神来之笔。后来，贾宝玉又别出心裁地为晴雯作了一篇诔文，名曰《芙蓉女儿诔》。

贾宝玉用《芙蓉女儿诔》祭奠晴雯，林黛玉看了贾宝玉为晴雯作的《芙蓉女儿诔》，说应该将其中的“红绡帐里，公子多情；黄土垄中，女儿薄命”改为“茜纱窗下，我本无缘；黄土垄中，卿何薄命”，并说不要再修改了。这样，本来是诔晴雯的《芙蓉女儿诔》也像是在诔黛玉[①]，作者这样写有何用意呢？

晴雯被王夫人直接迫害致死，林黛玉也每时每刻都感受到封建统治的压迫，尤其是在薛宝钗对贾宝玉虎视眈眈的目光中，晴雯之死让林黛玉彻底看清了自己的命运，所以林黛玉把贾宝玉诔晴雯的《芙蓉女儿诔》改成了诔自己，林黛玉对自己的结局毫不怀疑。“晴为黛影”，晴雯确实有些林黛玉的影子。

本来是诔晴雯一个人的《芙蓉女儿诔》变成了诔晴雯和林黛玉两个人，不仅如此，芙蓉象征着没有被封建腐朽思想所腐蚀的人的纯洁的灵魂，这样的人也都像林黛玉和晴雯一样被封建统治者所不容。所以笔者认为，《芙蓉女儿诔》是诔黛玉和晴雯那样的所有受封建统治迫害的人，也就是说，作者创作《芙蓉女儿诔》的目的是控诉残酷的封建统治，《芙蓉女儿诔》应该看成是作者向封建统治宣战的檄文。

可以想象，有了《芙蓉女儿诔》，林黛玉死的时候贾宝玉无需再为她另作诔文了，当然，那时贾宝玉很可能已经无法用语言和文字来表达自己的悲伤与愤怒了。

第七节 贾宝玉的“处女情结”

“女儿是水作的骨肉，男人是泥作的骨肉。我见了女儿，我便清爽；见了男子，便觉浊臭逼人。”贾宝玉的名言让很多人认为贾宝玉将来必定要成为一个色鬼。在太虚幻境，警幻仙子称贾宝玉是“天下第一淫人”，果然，贾宝玉从太虚幻境回来后就“强袭人同领警幻所训云雨之事”，好像贾宝玉真要成为

① 晴雯是贾宝玉最珍爱的“女儿”，所以“公子多情”“女儿薄命”是在诔晴雯，但林黛玉改成了“我本无缘”“卿何薄命”，并且小说中曾直接写到潇湘馆的窗纱是“茜纱”，这样，经过林黛玉修改的《芙蓉女儿诔》好像在诔她自己。

一个色鬼。从小在女人堆里长大的贾宝玉特别喜欢女孩子，他说："女孩儿未出嫁，是颗无价之宝珠。出了嫁，不知怎么就变出许多的不好的毛病来，虽是颗珠子，却没有光彩宝色，是颗死珠了。"从贾宝玉的这句话以及他的所作所为来看，我们又不得不想到贾宝玉可能是个"处女情结"很严重的人。

事实真如上述所说吗？显然不是。其实，贾宝玉所说的"女儿"不仅仅是指女孩子，而是指所有的"人"。贾宝玉说"女儿是水作的骨肉"，这是作者对"人"的尊重与同情，这才是作者创作《红楼梦》的最终目的，当然这也体现出作者的根本思想——人本思想。

贾宝玉有彻底的平等、自由思想，他是自由的化身、人性的代名词，他希望所有"女儿"永远"看着"他、"守着"他，贾宝玉还经常说化灰化烟、用眼泪葬他之类的疯话，他希望广大民众能够理解并接受他的平等、自由思想。

贾府是一个封建小社会，在这个封建小社会里，贾母是"太上皇"，王夫人是"皇帝"，王熙凤是"当权大臣"，纯洁的女儿是心地善良的"民众"，媳妇、婆子是统治者的"走狗"和"帮凶"。正如《红楼梦》里所展示的那样，贾府里充斥着各种各样的可恶婆子，可以想象，社会上也有无数封建统治者的"走狗"和"帮凶"。婆子都是从女儿过来的，社会上很多统治者的"走狗"和"帮凶"大多也是来自被压迫的贫苦百姓。纯洁、善良的女儿为什么会变成污浊不堪的婆子，善良、淳朴的贫困百姓为什么会变成嘴脸丑恶的"走狗"和"帮凶"，显然这是曹雪芹要回答的问题。这其中的原因当然是多方面的，但有一个重要的原因，那就是他们的奴性很深，因为他们缺乏平等、自由意识。

不平等的封建制度是封建社会一切罪恶的根源，从根本上来说，反封建就应该推翻不平等的封建制度。可以想象，如果社会上所有人都没有平等、自由意识，社会就永远走不出封建专制，所以推翻封建专制就必须用平等、自由思想来武装民众。自由、平等思想和封建思想完全相对，被不平等的封建思想奴化的人很容易被统治者收买和利用，从而沦为统治者的"走狗"和"帮凶"，所以贾宝玉希望所有人都永远"看着"他、"守着"他，从而接受他的自由、平等思想，这样善良的贫苦百姓就不会变成统治者的"走狗"和"帮凶"。

"女孩儿未出嫁，是颗无价之宝珠。出了嫁，不知怎么就变出许多的不好的毛病来，虽是颗珠子，却没有光彩宝色，是颗死珠了。再老了，更变的不是珠子，竟是鱼眼睛了。分明一个人，怎么变出三样来？”可见，很多“无价之宝珠”的“女儿”出嫁以后，染了“男人的气味”（被封建制度尤其是被封建婚姻制度压迫）后会慢慢变成“死珠”，“死珠”又会慢慢变成“鱼眼睛”，这都不是贾宝玉所希望的。这样我们就能够理解贾宝玉的某些非同寻常的反应了：

小说第十九回，袭人说她的两姨妹子马上就要出嫁，贾宝玉听到“出嫁”这两个字就浑身不自在，感到非常伤心和惋惜，“不禁又‘嗐’了两声”。

小说第三十六回，贾宝玉看到龄官被贾蔷玩弄后“一心裁夺盘算”，后来他又对袭人长叹：“昨夜说你们的眼泪单葬我，这就错了。我竟不能全得了。从此后只是各人各得眼泪罢了。”

小说第五十七回，贾宝玉和紫鹃说话时伸手在她的身上摸了一下，紫鹃的反应出乎贾宝玉所料，贾宝玉“心中忽浇了一盆冷水一般，只瞅着竹子，发了一回呆……便怔怔的走出来，一时魂魄失守，心无所知，随便坐在一块山石上出神，不觉滴下泪来。直呆了五六顿饭工夫，千思万想，总不知如何是可”。后来小丫头雪雁来了，贾宝玉还把她当作紫鹃，说：“你又作什么来找我？你难道不是女儿？”

小说第五十八回，贾宝玉看到杏花谢了，树上结了很多豆子大小的小杏，就想起邢岫烟已择了夫婿一事，他不禁感叹“未免又少了一个好女儿”。

小说第七十七回，司棋被撵走时：

> 那几个媳妇不由分说，拉着司棋便出去了。宝玉又恐他们去告舌，恨的只瞪着他们，看已去远，方指着恨道：“奇怪，奇怪！怎么这些人只一嫁了汉子，染了男人的气味，就这样混账起来，比男人更可杀了！”守园门的婆子听了，也不禁好笑起来，因问道：“这样说，凡女儿个个是好的了，女人个个是坏的了？”宝玉点头道：“不错，不错！”

“女儿”变成“婆子”指女孩结婚后变成贾宝玉所讨厌的媳妇、婆子，她们往往又成为欺压、残害其他女儿的罪魁祸首。“女儿”变成“女人”还可指社会上的某些贫苦百姓被统治者收买、利用，变成替统治者欺压、残害其他贫苦百姓的“走狗”和“帮凶”。无论如何，这里的“男人的气味”都可以理解为让人的人性泯灭的封建思想和封建礼教。

因为女儿终究要嫁给男人，女儿嫁给男人当然要染上“男人的气味”，所以作者很自然地将“女儿”变成“婆子”和“女儿”变成“女人”的过程糅合在一起，说是“男人的气味”将“女儿”变成“婆子”。至于贾宝玉认为“凡女儿个个是好的了，女人个个是坏的了”，这当然不是贾宝玉的真实想法，比如，贾宝玉不但不讨厌“母蝗虫”，反而非常敬重“母蝗虫”。

第八节　袭人与《红楼梦》的思想问题

一、袭人与林四娘

贾宝玉祭奠晴雯“扑了个空”，这时贾政派人来找贾宝玉，说是又得了好题目要贾宝玉去赋诗填词。原来贾政与他的幕友谈及林四娘的故事，称其“风流俊逸，忠义感慨”，“最是千古佳谈”，命贾兰、贾环和宝玉各吊一首，宝玉写了一篇名为《姽婳词》的长歌行，洋洋洒洒三百多字。

贾政所说的林四娘的故事如下：

> 贾政乃道：“当日曾有一位王封曰恒王，出镇青州。这恒王最喜女色，且公余好武，因选了许多美女，日习武事。每公余辄开宴连日，令众美女习战斗攻拔之事。其姬中有姓林行四者，姿色既冠，且武艺更精，皆呼为林四娘。恒王最得意，遂超拔林四娘统辖诸姬，又呼为‘姽婳将军’。”
>
> 贾政道：“谁知次年便有‘黄巾’‘赤眉’一干流贼余党复又乌合，抢掠山左一带。恒王意为犬羊之恶，不足大举，因轻骑前剿。不意贼众颇

有诡谲智术，两战不胜，恒王遂为众贼所戮。于是青州城内文武官员，各各皆谓：'王尚不胜，你我何为！'遂将有献城之举。林四娘得闻凶报，遂集聚众女将，发令说道：'你我皆向蒙王恩，戴天履地，不能报其万一。今王既殒身国事，我意亦当殒身于王。尔等有愿随者，即时同我前往；有不愿者，亦早各散。'众女将听他这样，都一齐说愿意。于是林四娘带领众人连夜出城，直杀至贼营里头。众贼不防，也被斩戮了几员首贼。然后大家见是不过几个女人，料不能济事，遂回戈倒兵，奋力一阵，把林四娘等一个不曾留下，倒作成了这林四娘的一片忠义之志。后来报至中都，自天子以至百官，无不惊骇道奇。其后朝中自然又有人去剿灭，天兵一到，化为乌有，不必深论。"（第七十八回）

红学界一般认为这是作者借林四娘赞扬晴雯，但笔者不这么认为。贾宝玉对袭人说的"文死谏、武死战"的著名言论也让人费解：

（宝玉）笑道："人谁不死，只要死的好。那些个须眉浊物，只知道文死谏、武死战，这二死是大丈夫死名死节。竟何如不死的好！必定有昏君他方谏，他只顾邀名，猛拼一死，将来弃君于何地！必定有刀兵他方战，猛拼一死，他只顾图汗马之名，将来弃国于何地！所以这皆非正死。"

宝玉道："那武将不过仗血气之勇，疏谋少略，他自己无能，送了性命，这难道也是不得已！那文官更不可比武官了，他念两句书污在心里，若朝廷少有疵瑕，他就胡谈乱劝，只顾他邀忠烈之名，浊气一涌，即时拼死，这难道也是不得已！还要知道，那朝廷是受命于天，他不圣不仁，那天地断不把这万几重任与他了。可知那些死的都是沽名，并不知大义。"（第三十六回）

"那朝廷是受命于天，他不圣不仁，那天地断不把这万几重任与他了"，那么，好色（"最喜女色"）而又无能的恒王是一个"圣仁"之人吗？可见作者认为恒王不配称王，而林四娘"仗血气之勇"，为这样一个"不圣不仁"的人报仇并葬送自己和很多姐妹们的性命。显然，作者眼里的林四娘和作者眼里的很多“须眉浊物”一样，“只顾邀名”而“不知大义”。

“这女儿两个字极尊贵、极清净的……”贾宝玉眼里的“女儿”是“人”，所以贾宝玉的这句话体现出了作者的根本思想——人本思想，以人为本，以民众为重。上面“不圣不仁”的那句话也体现出这个思想，因为要以人为本，以民众为重，所以治理天下是一个“万几重任”。

贾宝玉的“文死谏、武死战”是作者对封建专制的直接否定，显然，作者认为天下不是一个人的天下，也不是少数人的天下，而是天下人的天下，所以应该以人为本，以民众为重，因为人与人之间是平等的。

贾宝玉渴望平等，社会上最渴望平等的莫过于社会底层的广大民众，所以从某种程度上说，贾宝玉影射的是广大民众；《红楼梦》开篇说贾宝玉是那三万六千五百零一块石头中的一块，所以贾宝玉应该看作是一个“普通人”，从这个角度看，贾宝玉也影射广大民众；《红楼梦》又名《石头记》，也就是说《红楼梦》讲述的是贾宝玉这块石头的故事，从这个角度看，贾宝玉也是一个普通而又真正的“人”，是广大民众的一个代表。作者生活的清朝史无前例的高强度专制视人命如草芥，再加上明朝的最后一个皇帝朱由检并不是非常昏庸，所以社会上有很多明遗民，他们怀念、同情朱由检，甚至还有不少人一直在做反清复明的斗争。在《红楼梦》中，贾宝玉对他和薛宝钗“金玉良缘”的态度很像当时社会上的民众对待清朝统治者的态度，贾宝玉对他和林黛玉“木石前盟”的态度也很像当时民众对待明朝统治者的态度，这样看来，贾宝玉更可能影射广大民众。相信作者也认为回到明朝已不可能，所以作者处处设伏，暗示贾宝玉和林黛玉不可能真正结合。贾宝玉影射广大民众，显然作者完全站到了广大民众的立场上，既然如此，我们应该站到“恒王”的对立面。只有有了真正的平等意识，才能真正站在广大民众的立场上，显然作者做到了这一点。既然人与人之间是平等的，那么就不应该存在所谓的“王”，永远为王更是荒唐，所以从“恒王”这个名字就可以看出作者对恒王的否定。换个角度看，有了众多林四娘这样的奴才，有的人就可以永远为王了，所以从“恒王”这个名字也可以看出作者对林四娘的否定。

芳官、四儿、尤三姐、司棋、金钏等真正的“女儿”死的死，走的走，特别是贾宝玉“事业”上最优秀、最亲密的“战友”——晴雯也死了，贾宝玉对她们的悲惨命运无能为力。林黛玉把贾宝玉诔晴雯的《芙蓉女儿诔》改成了诔自己，可以想象，林黛玉很快就会成为下一个被专制的对象。在无“理”寸步难行的封建社会，没有晴雯、林黛玉等众多女儿陪伴的天下第一“情”人贾宝玉差不多是一个“流寇”了（“明年流寇走山东”）。小说 80 回后贾府败落，被通缉[①]的贾宝玉则有可能成为真正的“流寇”[②]，所以林四娘故事中的“流寇”不应该简单理解为专指那些抢劫、盗窃的强盗、盗贼。换一个角度，我们更应该看到造成流寇猖獗的原因——残酷的封建统治。从贾府的庄头乌进孝的口中，我们不是听到了黑山村里很多人已经到了生活不下去的边缘吗？乌进孝还告诉人们，黑山村周围还有很多比黑山村更“黑”的黑山村，那里的很多人已经完全生活不下去了，他们都有可能成为“流寇”。也就是说，林四娘及其众姐妹“猛拼”的那些流寇应该和她们自己一样，也是来自社会的最底层，林四娘和她的姐妹以鲜花般的生命来“猛拼”自己的同类，作者会真心赞扬林四娘的英勇和忠义吗？林四娘的故事虽出自“老封建”贾政之口（显然是作者借贾政之口说出），但我们还是可以从中看出作者对恒王及林四娘的讽刺：“两战不胜，恒王遂为众贼所戮。”这是讽刺恒王无能，死不足惜。“不过几个女人，料不能济事，遂回戈倒兵，奋力一阵，把林四娘等一个不曾留下。”这是讽刺林四娘鲁莽、不自量力。

王夫人只不过赏了袭人两碗菜，袭人就觉得“不好意思”，林四娘只是恒王的玩物（“姿色既冠”的林四娘是恒王“最得意”的人），她就认为自己“向蒙王恩，戴天履地，不能报其万一”，可见，袭人和林四娘的奴才心态是一样的。

---

① 刘心武：《刘心武揭秘古本〈红楼梦〉》，人民出版社 2006 年版，第 300 页。

② 小说第三十六回，王夫人将袭人的待遇提高到周姨娘、赵姨娘的水平，贾宝玉以为袭人不会再威胁自己说要离开了，袭人说：“难道作了强盗贼，我也跟着罢？”这也能隐约感到袭人将要抛弃沦为“强盗贼”“流寇”的贾宝玉。

在《姽婳词》里，作者花费了不少笔墨描写林四娘及其姐妹在训练场和战场上香汗淋漓、胭脂飘飞的情景。有人认为这些都是作者在赞扬林四娘“风流俊逸，忠义感慨”，其实不然，林四娘在训练场上的潇洒及在战场上的勇敢更能够让人看清其奴才的面目。此外，“号令秦姬驱赵女”里有林四娘带头自相残杀的意味，“谁家儿女不伤悲”则让人们看到了林四娘是非不分的后果，而“我为四娘长太息，歌成余意尚彷徨”则反映出作者真正的态度——叹息和彷徨。“不意贼众颇有诡谲智术，两战不胜，恒王遂为众贼所戮”，可见貌似强大的恒王其实是“纸老虎”。封建统治是少数人对多数人的统治，骑在广大民众头上作威作福的封建统治者最多也只是一只没有爪牙的老虎，但社会上很多人深受封建思想的影响，他们内心认同并甘心接受封建统治，这样，只要统治者需要，他们随时可以充当这只没有爪牙的老虎的“爪牙”，显然，林四娘就是这样一个为统治者卖命的人。如果有了很多的“林四娘”，恒王就可以成为真正的“恒王”——永远为王。

晴雯被撵走，贾宝玉不知道她的生死正极度悲痛的时候，袭人却非常得意，贾宝玉已经猜到晴雯、芳官、四儿的被撵与袭人有关。晴雯死后贾宝玉第一时间去祭奠晴雯却扑了个空，这时作者插入林四娘的故事，主要目的是要痛斥袭人的奴才行径。袭人只是一个普通人，所以批判袭人本身并没有多大意义。笔者认为，作者对袭人从一个“女儿”变成残害其他“女儿”的帮凶感到无比愤怒，当然作者更希望更多的人能够看清封建统治的本质，不要再为统治者卖命，这样，封建统治者这只“纸老虎”也就没有了爪牙，应该说，这是推翻封建统治的必经之路。贾宝玉是一个“疯疯癫癫”的人，他经常说一些“疯话”“鬼话”，但是宝玉的这些“疯话”“鬼话”往往就是作者真正要说的心里话。《姽婳词》无疑也是宝玉的“疯话”“鬼话”，从这个角度看，整个《红楼梦》都是作者的“鬼话”。

由此可以猜想，当“红楼梦”的故事发展到第七十八回“老学士闲征姽婳词，痴公子杜撰芙蓉诔”时已经达到一个新的高潮，此前，四儿、芳官、茜雪、尤三姐、司棋、金钏等很多贾宝玉的“战友”都倒下了，现在他最亲密的“战友”晴雯也倒下了，下一个就应该轮到林黛玉了，贾宝玉已经没有退路，他更不可能对“统治者”抱有任何幻想。晴雯是众多优秀“女儿”的代表，作者用《女儿诔》祭奠晴雯，其实就是在祭奠被封建统治残害的千千万万的优秀儿女，所以《女儿诔》揭示了封建统治者犯下的滔天罪行，《女儿诔》应该看成是作者向封建统治宣战的檄文，而《女儿诔》之前的《姽婳词》应该看成是作者誓与封建统治为敌的誓词。

《红楼梦》前80回，我们看到了贾府内部危机重重、矛盾重重，这显然是作者暗示人们封建统治已经到了崩溃的边缘，这样，第七十八回的《姽婳词》和《女儿诔》在书中起着画龙点睛的作用。作者强行插入林四娘的故事[①]，是在唤醒人们看清形势，分清立场，这样才能更好地走上推翻封建专制统治之路。

二、“卿何薄命”

大观园落成之后，贾政带贾宝玉等人游览大观园，到怡红院时他们看到一棵海棠，所有的人都交口称赞，贾政说这海棠叫女儿棠，贾宝玉听到“女儿”这两个字就来劲，他主动向众人解释那海棠为什么叫女儿棠：“以此花之色红晕若施脂，轻弱似扶病，大近乎闺阁风度，所以以‘女儿’命名。”贾宝玉的话仿佛真让人们看到了一个“崇光泛彩”（第十七、十八回）的女儿站在面前，让人不觉陶醉于她的美丽与神韵。

小说第四十九回，妙玉的栊翠庵里“十数株红梅如胭脂一般，映着雪色，分外显得精神”，而芦雪庵这边贾宝玉和史湘云、林黛玉、薛宝钗、薛宝琴、探春等人一边吃鹿肉一边即景联诗，好一幅“白雪红梅”“脂粉香娃”的美丽画卷！黛玉笑道：“今日芦雪庵遭劫，生生被云丫头作践了。我为芦雪庵一大哭！”这些人如此“作践”芦雪庵，林黛玉说她要为芦雪庵“一大哭”，确实，作者笔下的景与人相映成趣，真是美得让人大哭，让人发狂。在作者笔下，史湘云是怡红院里那棵盛开的海棠，妙玉是栊翠庵雪地里绽放的红梅，香菱是那“根并荷花一茎香”的荷花，薛宝钗是那高贵、动人的牡丹，林黛玉更是那天上的一朵“阆苑仙葩”，此外，晴雯、芳官、紫鹃、探春、宝琴、袭人、麝月、

---

① 张云：《〈芙蓉女儿诔〉的文章学解读》，《红楼梦学刊》2008年第1期。

李纨等人也像花朵一样芬芳。她们在大观园，大观园也因此成为古今中外最为绚丽、最为壮观的“大花园”之一。当然，这个大观园还有一个最为重要的人，那就是最为惜花的贾宝玉。

然而在封建专制和封建礼教的双重压迫下，这个美丽“大花园”的命运十分脆弱。首先，年轻男女之间的爱情在传统的人的眼里变成了一种罪恶，所以司棋和她表兄相爱的证物——绣春囊在很多人眼里是“罪恶的证据”，大观园也因为这个“罪恶的证据”被抄检，从而永远失去了色彩。其次，大观园是贾宝玉和林黛玉自由恋爱的天堂，然而在封建专制和封建礼教的压迫下，林黛玉和贾宝玉之间的爱情也必将被扼杀，很难想象，活活斩断为“情”而生的贾宝玉和林黛玉之间的“情”对贾宝玉和林黛玉来说意味着什么，对大观园来说又意味着什么。再次，在封建专制和封建礼教的压迫下，像晴雯、四儿、芳官、金钏等被统治者看不惯的人很容易直接遭受精神乃至肉体上的凌辱，等待着她们的往往是被摧残致死。

遭受无情的风刀霜剑，屋外的鲜花“明媚鲜妍能几时”呢？可以想象，大观园里众多“女儿”遭受的压迫之重，特别是晴雯。晴雯知道王夫人最嫌“趫妆艳饰、语薄言轻”的人，所以她一直“不敢出头”，但晴雯不经意在王夫人面前的一次出现就让王夫人对其埋下仇恨的种子，在这种情况下，如果有人在王夫人面前说点她的坏话，晴雯的悲剧就在所难免了。如果说很多女儿的悲剧就像即将或已经绽开的花朵遭受了无情的风刀霜剑的话，晴雯则是“一盆才抽出嫩箭来的兰花”直接被人甩到猪窝里，其悲惨程度可想而知。芳官的悲剧同样让人心痛，因为小小年纪的芳官犹如一个含苞待放、令人无限期待的花骨朵，但这个花骨朵被人狠心摘下来扔到地上，并被踏了几脚。

“天生人为万物之灵”，任何一个人的生命都是鲜花般的存在，都应该得到尊重，所以笔者认为花不仅可以用来比喻女儿，还可以用来比喻任何一个“天生人”，这是作者对“人”的尊重，对生命的敬畏。

“天生人”具有人的天性，然而压迫人且人际关系冷漠的封建社会是个大染缸，在这个大染缸里，人很容易失去人的天性。迎春缺少关爱且不受邢夫人待见，其懦弱和无情是有原因的。从某种程度上说，惜春是被宁国府抛弃（惜春“矢孤介杜绝宁国府”时，我们看到了尤夫人对惜春的不友好，更别说其他人对惜春缺少关心和关爱了），被宁国府抛弃的惜春在荣国府也得不到真正的关心和关爱，所以惜春面前的世界是一个无情的世界，在这样的一个无情的世界里成长，难怪惜春成为一个“心冷口冷心狠意狠”的人。袭人从小穷怕了，且又被家里人卖掉，可以想象，这样的人非常缺乏安全感，在这种情况下，贾母的肯定很容易让袭人对贾母、贾府有一种依赖感、归属感，然而，袭人的这种依赖感、归属感很容易转化为对金钱或权势的追求，所以我们也不应该过多责怪袭人的无情。从小受父亲李守中的“女子无才便有德”的思想影响，李纨成了贾府“第一个善德人”。“枉与他人作笑谈”，从李纨的判词来看，她“善德”的脸皮很有可能最终被人撕破从而成为人们的笑谈，这样看来，李纨的结局不仅仅是悲剧，还是丑剧。王熙凤因为迷恋权势必将被权势击得粉碎。薛宝钗被封建思想所毒害更是众所周知。

总之，大观园里的很多女儿都是“薄命女”，她们的结局几乎无一例外是悲剧。当然，不同人的悲剧各不相同。袭人、李纨和薛宝钗等把腐臭的封建气息当成“桃李春风”，并在那“桃李春风”之中结出了“累垂可爱”的果实（被封建思想侵蚀、同化），迎春、惜春等人在腐臭的污泥中挣扎，变得不成人样。小说80回后，作者笔下的妙玉怎样陷入“淖泥”中我们不好猜测，等待着那些没有受到封建思想毒害的林黛玉、晴雯、芳官、香菱等人的却是专制制度的迫害，这样，整个大观园都“落了片白茫茫大地真干净！”

三、《红楼梦》的主题思想

（一）《红楼梦》的主题思想

“女儿”是“人”，“婆子”是替统治者卖命、在社会上横行霸道、欺压百姓的统治阶级的“走狗”和“帮凶”，可见，作者着笔于贾府，其实真正关注的是贾府之外的大社会。

历史上，一个封建王朝被推翻了，取而代之的是另一个几乎和前朝一模一样的封建王朝。显然，作者为这个问题深感痛心。出现这样的现象，在很大程度上是因为封建制度、封建思想造就了众多的“袭人”和“贾雨村”，他们极力钻营，急切希望成为统治者的奴才。众多的“袭人”和“贾雨村”为了一己私利而竭力为统治者卖命，这是百姓遭受苦难的原因之一。可见，作者放眼社会，着眼未来，其清楚地知道，如果没有新的思想的指引，如果没有众多人的本性的改善，“人”永远也得不到尊重。

“今之人，贫者日为衣食所累，富者又怀不足之心，纵一时稍闲，又有贪淫恋色、好货寻愁之事。”作者深为此社会现状而忧虑，为此用毕生精力创作出这部《红楼梦》，希望人们能够“把此一玩”，一方面让人们免除一些“口舌是非之害，腿脚奔忙之苦”，当然作者更希望以此唤醒广大民众，从而推翻人压迫人、人剥削人的封建专制制度，这才是作者所说的“补天”的真正含义。所以，作者呼唤平等、自由，期盼人性的觉醒，从而建造一个平等、自由的民众能够永远幸福并得到尊重的新社会。其实，作者很早就对封建社会不抱有任何希望，他希望那些有识之士不要“文死谏、武死战”，而应该以天下为重，以民众为重，致力于一个自由、平等社会的建立：“他只顾邀名，猛拼一死，将来弃君于何地！必定有刀兵他方战，猛拼一死，他只顾图汗马之名，将来弃国于何地！”

所以笔者认为，作者高度赞扬林黛玉、晴雯、史湘云、香菱、妙玉等“女儿”及她们的人性之美，高度赞扬贾宝玉和林黛玉的平等爱情，如此憎恶奴性深重的可恶婆子，如此微妙而又深刻地描绘袭人的奴性，其目的就是让人们看到奴性的丑恶和人性的美好，以此来拒绝奴性、呼唤人性，从而唤醒广大民众，以此永远推翻人压迫人、人剥削人的封建制度和封建统治，这应该是《红楼梦》的主题思想，当然也应该是作者创作《红楼梦》的最终目的。

奴性泛滥而人性缺失致使社会丑恶不堪，作者对此有深刻的认识，认为这样的“天”需要“补”，所以作者才是那个真正的“补天人”。可见，小说中开头出现的那个自认为无才补天的石头是作者自己（甲戌本凡例说《石头记》是“自譬石头所记之事也”，所以曹雪芹才是那个真正具有顽石精神的人），这块石头后来变成了贾宝玉的通灵宝玉。可以想象，作者将自己的思想都凝结在那块通灵宝玉里，所以贾宝玉的思想是通灵宝玉赋予的，换言之，贾宝玉是作者的代言人。作者将其“补天”事业“托付”给贾宝玉，所以贾宝玉多次说到他的“事业”，贾宝玉不但有自己的事业，他还相信晴雯在天上也有事业，可见贾宝玉的“事业”并非子虚乌有。看到封建社会的天需要“补”，但作者自感无能为力，所以“自怨自叹，日夜悲号惭愧”。曹雪芹非常隐晦地在《红楼梦》中表达出“补天”的愿望，然而当时的封建社会有多少人能够理解呢？别说在当时，直到现在仍然有不少人不能理解贾宝玉，所以对很多人来说，《红楼梦》真是“满纸荒唐言”。“满纸荒唐言，一把辛酸泪！都云作者痴，谁解其中味？”这也是作者无奈与辛酸的反映。

“石头”“石兄”都是曹雪芹自己，那么《红楼梦》的故事也就是作者自己的故事，所以作者说《红楼梦》是“刻”在“石头”上的故事，一个“刻”字让我们体会出在作者身上发生了多少刻骨铭心的事，作者又看到了多少刻骨铭心的事，由此才“哭”出了这样的一部《红楼梦》，同时，这个“刻”字也在警示人们应该吸取历史的教训。

世人都晓神仙好，惟有功名忘不了！
古今将相在何方？荒冢一堆草没了。
世人都晓神仙好，只有金银忘不了！
终朝只恨聚无多，及到多时眼闭了。
世人都晓神仙好，只有姣妻忘不了！
君生日日说恩情，君死又随人去了。
世人都晓神仙好，只有儿孙忘不了！
痴心父母古来多，孝顺儿孙谁见了？

甄士隐一开始不太理解跛足道人的《好了歌》，跛足道人说：“可知世上万般，好便是了，了便是好。若不了，便不好；若要好，须是了。”甄士隐听跛足道人这样说，“心中早已彻悟”，便对《好了歌》做了一个解注：

陋室空堂，当年笏满床；衰草枯杨，曾为歌舞场。蛛丝儿结满雕梁，绿纱今又糊在蓬窗上。说什么脂正浓、粉正香，如何两鬓又成霜？昨日黄土陇头送白骨，今宵红灯帐底卧鸳鸯。金满箱，银满箱，展眼乞丐人皆谤。正叹他人命不长，那知自己归来丧！训有方，保不定日后作强梁；择膏粱，谁承望流落在烟花巷！因嫌纱帽小，致使锁枷扛；昨怜破袄寒，今嫌紫蟒长。乱烘烘你方唱罢我登场，反认他乡是故乡。甚荒唐，到头来都是为他人作嫁衣裳！（第一回）

显然，甄士隐的解注是作者真正要说的话：现在的“陋室空堂”以前曾经是官宦人家的豪宅；现在是“衰草枯杨”之地，但以前可能是繁华之都；以前是“蛛丝儿结满雕梁”的破旧房子，但现在又变成官宦之家的新房；以前是涂脂抹粉、年轻美貌的女人，现在成了两鬓苍苍的老太婆；以前是“金满箱、银满箱”的富人，转眼间又变成人人都瞧不起的乞丐……世事无常，社会就像一个“乱烘烘”的舞台，“你方唱罢我登场”，让人觉得“甚荒唐”。

是什么原因造成封建社会如此丑陋不堪、罪恶不堪呢？笔者认为跛足道人一语中的：“好便是了，了便是好。若不了，便不好；若要好，须是了。”因为封建社会是不平等社会，在不平等社会，人们的最大梦想是出人头地，所以作者说“世人都晓神仙好”，为了能够成为“活神仙”，人们贪婪追求功名、金银和美色，贪婪的结果必然是“好便是了，了便是好”。所以不平等的封建制度是造成封建社会丑陋不堪、罪恶不堪的根本原因，所以人们应该推翻这个不平等的封建制度。

认识社会、认识自己不是一件容易的事，《红楼梦》就如同一个“宝鉴”，我们用这个“宝鉴”照照自己，就可以发现自己的问题与不足。如果发现自己的问题，一定要努力改正，“万不可因我之不肖，自护己短”（第一回），这样才能完善自己、造福社会，同时，我们也应该用这个“宝鉴”照照他人，以此来分清社会上的真假善恶。作者真是用心良苦！

（二）贾宝玉的“事业”

小说第三十六回，贾宝玉对牛弹琴般地对袭人发表了一番“文死谏、武死战”的言论后继续着他的“疯话”：“比如我此时若果有造化，该死于此时的，趁你们在，我就死了，再能彀你们哭我的眼泪流成大河，把我的尸首漂起来，送到那鸦雀不到的幽僻之处，随风化了，自此再不要托生为人，就是我死的得时了。”可以看出，教化“世人”是作者写作《红楼梦》的重要目的。（袭人是一个普通人，最能代表“世人”，所以贾宝玉“文死谏、武死战”的言论是针对袭人发表的，可惜贾宝玉对牛弹琴。）

贾宝玉对袭人“对牛弹琴”继而被“画蔷”的龄官厌弃后：

> 那宝玉一心裁夺盘算，痴痴的回至怡红院中，正值林黛玉和袭人坐着说话儿呢。宝玉一进来，就和袭人长叹，说道：“我昨晚上的话竟说错了，怪道老爷说我是‘管窥蠡测’。昨夜说你们的眼泪单葬我，这就错了。我竟不能全得了。从此后只是各人各得眼泪罢了。”袭人昨夜不过是些顽话，已经忘了，不想宝玉今又提起来，便笑道：“你可真真有些疯了。”宝玉默默不对，自此深悟人生情缘，各有分定，只是每每暗伤“不知将来葬我洒泪者为谁”——此皆宝玉心中所怀，也不可十分妄拟。（第三十六回）

显然，贾宝玉看到想要所有人真正理解他，并接受他的平等、自由思想几乎是不可能的，所以他每每暗伤“不知将来葬我洒泪者为谁”。这进一步说明，贾宝玉希望所有女儿都永远“看着”他、“守着”他，他所说的化灰化烟、用眼泪葬他等看似疯疯癫癫的话都藏有深意，这些都是作者真正要说的话。

小说第五十七回，贾宝玉和紫鹃说话时在她身上摸了一下，紫鹃的反应让贾宝玉倍感意外，对此，贾宝玉仿佛“心中忽浇了一盆冷水一般，只瞅着竹子，发了一回呆……一时魂魄失守，心无所知……不觉滴下泪来。直呆了五六顿饭工夫，千思万想，总不知如何是可”。后来雪雁来了，贾宝玉还以为是紫鹃，他说：“你又作什么来找我？你难道不是女儿？他既防嫌，不许你们理我，你又来寻我，倘被人看见，岂不又生口舌？你快家去罢了。”紫鹃警告贾宝玉应该自重，在她看来，除了林黛玉，贾宝玉不应该和其他任何异性过分亲密，但贾宝玉想到的不是这些。对于贾宝玉的反应，我们只能这样解释：贾宝玉把自己当成自由的化身、人性的代名词，希望所有女儿都永远“看着”他、“守着”他，所以当他发现紫鹃和他之间有隔阂时非常伤心，他的心灵受到了极大的震撼，问紫鹃“你难道不是女儿？”

晴雯死后，一个小丫头说晴雯直着脖子叫了一夜就死了，贾宝玉连忙问晴雯那一夜叫的是谁，那个小丫头说是叫娘，对此贾宝玉很失望，另一个聪明的小丫头说晴雯一直记挂着贾宝玉，并说晴雯不是死，而是上天做花神去了。贾宝玉听了这些顿时减轻了痛苦。显然，贾宝玉不是在乎自己在晴雯心中到底有多少分量，而是希望晴雯能够将自己的平等、自由思想带到天上，然后撒播人间，希望晴雯能够继续和他一起完成补天、教化的“事业”。很明显，那个聪明的小丫头所说的是非常虚幻的，但这个非常虚幻的情节里蕴含了作者重要的思想。

林黛玉和贾宝玉之间的“还泪”之说还应该这样理解：很小就离开父母的林黛玉寄人篱下，孤苦无依，林黛玉流不尽的眼泪就是其内心凄苦的最直接体现，所以林黛玉最能代表封建统治下的广大民众。贾宝玉最能理解“林黛玉”的痛苦，是因为贾宝玉有平等、自由的思想，“林黛玉”如果能够理解贾宝玉的这一份苦心的话，就应该理解贾宝玉的平等、自由思想。在《红楼梦》中，林黛玉和贾宝玉互为知己，她完全认同贾宝玉的平等、自由思想，所以林黛玉为贾宝玉流了足够多的眼泪。贾宝玉希望所有人都能够理解他，都能够理解并接受他的平等、自由思想，这就是为什么贾宝玉那么在意别人的眼泪，且希望用所有人的眼泪来葬自己的原因。换句话说，贾宝玉对所有的“人”都有一份“情”，他也因此希望所有“人”对他有一份“情”；贾宝玉希望别人对他有一份“情”，其实就是贾宝玉希望人们理解他，理解他的平等、自由思想，理解他的人性，以此来呼唤人性。

四、再论“女儿”

（一）也说麝月

作者对麝月的着笔不是很多，一般人想到麝月就会想到“笨笨”的麝月，麝月真的笨吗？

小说第五十二回，晴雯直呼宝玉大名，被宋嬷嬷抓住把柄，嘴快的晴雯也“越发急红了脸”，麝月的一番话让宋嬷嬷“无言可对”，替晴雯解了围。第五十八回，袭人不会拌嘴时想到了麝月，麝月的一席话让愚顽不堪、不知羞耻的婆子也“羞愧难当，一言不发”，麝月的话掷地有声，让人心服口服。可见麝月不是一个“好好先生”，更不“笨笨”。

大观园被抄检后，在是谁向王夫人“告密”的问题上，麝月也被人怀疑过，麝月的“笨笨”和袭人“竟有这个心胸”是麝月清清白白和袭人不清不白的最直接证明。

小说第二十回，麝月一个人在灯下抹骨牌，宝玉问她为什么不去玩，麝月道：“都顽去了，这屋里交给谁呢？”宝玉为此感叹麝月“公然又是一个袭人”；第五十一回，袭人回家守孝，麝月细心、耐心地服侍宝玉；第五十二回，“勇晴雯病补雀金裘”时麝月一直留在晴雯身边帮晴雯拈金线；第五十六回，贾宝玉梦中喊自己的名字，麝月猜想是宝玉镜子照多了，想到把宝玉的床挪开，离镜子远一些。可见，麝月真是在用“心”服侍宝玉。麝月认真负责、心地善良，并且当其他人都离开宝玉的时候，只有麝月一直在宝玉身边，直到宝玉“悬崖撒手”。可见，麝月的为人正如她自己所言：“我最嫌的是杨树，那么大笨树，叶子只一点子，没一丝风，他也是乱响。”麝月不张扬、不争强、不献媚。

宝玉曾经感叹“世上最纯之人本在乡野中”[①]，所以我们对麝月只有感叹，感叹她“又是一个袭人”，感叹她是“最纯之人”。

（二）再论“女儿”

晴雯出身那么低贱，却能够对权贵不巴结、不奉承，仍然坚持自我，这实在很难得，所以作者对晴雯赞誉有加，认为她是真正的“女儿”、杰出的“女儿”，是“女儿”的代表。

麝月是一朵不争春的荼蘼花，在肮脏的贾府里，她不争名、不夺利，默默守着贾宝玉，麝月是一个真正为宝玉而活的人。

袭人和贾雨村奴性很深，所以他们俩都在为名和利而极力钻营。

如果说作者用“女儿”来比喻社会上的广大民众，“晴雯”“麝月”和“袭人”都代表广大民众。贾雨村虽生于仕宦人家，但到他时其祖宗根基已尽，所以做官之前的“贾雨村”也是广大民众中的一员。

---

① 刘心武：《刘心武揭秘古本〈红楼梦〉》，人民出版社 2006 年版，第 306 页。

这样，晴雯、麝月、袭人（这三个人都是贾宝玉身边的人）和贾雨村就代表了社会上不同类型的人。“晴雯”虽然深受压迫，但她不甘屈辱，所以能够出淤泥而不染，“晴雯”是思想积极的社会革新力量；“贾雨村”已经钻进统治阶层，并且思维方式彻底发生了改变，所以“贾雨村”是民众内部的“反动”力量；袭人和麝月都是普通的贫苦百姓，麝月是无贪无求、地道、纯朴的贫苦百姓，“袭人”则积极钻营，随时等待着被主子收买、利用。在广大民众里，像贾雨村那样被统治者赏识并能够投入统治者怀抱的毕竟是少数，像晴雯那样思想积极、有革新精神的人是少数，像麝月那样永远无贪无求、内心一直能够保持纯朴的贫苦百姓也是少数，更多的人则是像“袭人”那样，他们没有特殊的本领，只有寄希望于主子的恩惠和赏赐，所以他们积极为主子卖命，这样，身为“女儿”的“袭人”则可能成为其他“女儿”的叛徒。

“袭人”虽然积极为主子卖命，但善良没有完全泯灭，后来又回到了“民众”的怀抱，所以“袭人”又可以看作是中间派，是可以争取且应该争取的中间力量。“袭人”代表了广大民众的绝大多数，所以“袭人”不能死，这应该是作者让“花袭人有始有终”的最重要原因。在一定程度上，作者对袭人的态度也就是作者对世人的态度，所以袭人的名字里有一个“人”字。

可以想象，作者对袭人的态度就像鲁迅对当时奴性很深的很多国人的态度：哀其不幸，怒其不争。作者对“袭人”给予了很多同情，对社会也仍然抱有很大希望。从作者对“袭人”的态度可以看出，曹雪芹是在对“人”充满着尊重与同情的情况下才写出《红楼梦》这本书的，当然这其中也包含了作者很多的心酸和无奈。

“女儿”代表封建历史长河中的广大民众，妙玉、林黛玉、史湘云、紫鹃、香菱、晴雯等这些曹雪芹真正要赞扬的“女儿”，显然是封建历史长河中广大民众的杰出代表，她们是真正的“人”。如果是这样，妙玉、林黛玉、史湘云、紫鹃、香菱、晴雯都是曹雪芹精心设计的人物，她们反映了社会上广大民众的不同类型。林黛玉寄人篱下、孤苦无依，其心中的凄苦可想而知，这样的人必然非常敏感，所以有“小性”是其对自我的一种保护。林黛玉和贾宝玉互为知己，所以林黛玉基本上只对贾宝玉一个人“耍小性”，看到林黛玉的小性，我们就应该感受到其心中的痛苦，就应该感受到她眼泪的苦涩。总之，林黛玉是封建历史长河中广大民众的一个代表，她突出展示了被压迫的广大民众脆弱、凄苦的一面。“平生遭际实堪伤”，善良、纯洁的薄命女香菱是《红楼梦》开卷的第一个女子，显然，作者将这个薄命女放在红楼众多薄命女子之前也是经过精心设计的。可以想象，在封建历史长河里，多少人都是像香菱那样薄命，他们真值得人怜惜（甄英莲，谐音“真应怜”），所以香菱也是封建历史长河中广大民众的一个代表，她突出展示了在残酷的统治之下，广大民众的命途多舛、多灾多难，同时，香菱还向人们展示了广大民众善良、纯洁的一面。显然，姓史的史湘云也是封建历史长河里广大民众的一个代表，史湘云的内心非常凄苦，但她又非常乐观，所以史湘云展现了封建历史长河中广大民众乐观、真诚的一面。“气质美如兰，才华复比仙”，妙玉展现了封建历史长河中广大民众聪明、智慧的一面。与林黛玉、史湘云、香菱等人相比，晴雯的命运更加悲惨。虽然命运无比悲惨，但晴雯没有任人摆布，所以我们才能看到她那高贵的人格，无奈世道黑暗，晴雯被众多小人暗算，最终惨死在众多婆子的谗言中。晴雯能够将她最可贵的人格呈现给我们，是因为她内心的坚强。坚强的人才能坚持自我，这样的人不屈从命运的安排，不屈从别人的摆布，可见晴雯是一个内心无比坚强的人，她集中展现了封建历史长河中广大民众无畏、坚强的一面。林黛玉、史湘云、香菱、妙玉、晴雯都是优秀的“人”，但在笔者眼里，晴雯是那个最简单、最纯粹的“人”。

心比天高，现在的意思是形容人心地高傲或所想超过现实，这用在晴雯身上显然不合适，笔者认为，晴雯的“心比天高”是指晴雯有高贵的人格（这与晴雯的“身为下贱”相对应）。很明显，晴雯是个意志坚强、内心强大的人，因为坚强的人才能坚持自我，从而形成自己的个性和人格。在不平等环境下，人很容易屈服于金钱、权势，在花花世界，人也很容易迷失于声色犬马，然而意志坚强的人不会轻易屈服他人，也不会轻易迷失自我。自由、平等是人的本性，然而人在成长过程中，经常面对来自社会多方面的压力，也经常面对各种各样的诱惑，这些压力和诱惑很容易让人迷失自我、丧失人格，从而慢慢丧失了自由、平等的天性，取而代之的是奴性。从这个角度来说，奴性在一定程度上是由于人内心的脆弱造成的，所以，坚强是人重要的品质。因为坚强，所以“心比天高”，这样的人才可能做到“富贵不能淫，贫贱不能移，威武不能屈”，一个“心比天高”的人才是一个真正的“人”。

小说第六十三回，袭人、晴雯等人凑钱为宝玉过生日，袭人说芳官、碧痕、小燕、四儿每人三钱银子，贾宝玉说她们没有钱，不该叫她们出，晴雯说：“他们没钱，难道我们是有钱的！这原是各人的心，那怕他偷的呢，只管领他们的情就是。”因为这句话，晴雯遭受了不少批评，有人因此认为晴雯没有德行，但笔者不这么认为。因为晴雯说话一贯是嘴上不饶人，但其内心纯洁、透明，显然，晴雯说这话时并没有私心，所以我们不能把这句话当真，更不应该因此来批评晴雯。

成功的社会革新必须有成熟的思想来指引，《红楼梦》应该成为一面指引人们进行思想革新的旗帜，然而很多人没有充分认识到《红楼梦》的思想价值。笔者认为，如果说《红楼梦》是一面指引人们进行思想革新的旗帜的话，晴雯就是扛起这面旗帜的旗手。

（三）袭人问题小结

说到底，袭人是一个普通人。因为作为一个女孩子，她不是非常漂亮，也没有什么才华，她有善良的本性，但更有奴性。因为奴性，我们在袭人身上看到了造成封建社会悲剧的根源之一，所以我们不应该过多地批判袭人本人，我们批判的应该是袭人身上的奴性。直到现在，依然有很多人深受封建思想的影响，奴性依然扎根于他们的思想深处，所以袭人应该成为我们的一面镜子，批判袭人的同时也是进行自我批判、自我反省、自我提高。

作为一个普通人，袭人代表了那个时代的大多数人，所以作者对袭人的态度就是作者对社会上大多数人的态度。总体来说，作者是把袭人当作“人”看，给予了足够的尊重与同情，同时也对“袭人”寄予了很大的希望。透过这些，我们看到作者对人的尊重与同情是真正的尊重与同情。

不难看出，袭人是作者精心设计的一个重要人物。小说第三回，作者郑重介绍了袭人的“痴处”：“伏侍贾母时，心中眼中只有一个贾母，如今服侍宝玉，心中眼中又只有一个宝玉。”在作者笔下，能够享受如此“待遇”的人实在不多。纵观《红楼梦》前80回，能够与袭人的“痴处”相比的也就是贾宝玉的“疯癫”了，而小说中关于贾宝玉“疯疯癫癫”的介绍同样是在第三回：

> 无故寻愁觅恨，有时似傻如狂。纵然生得好皮囊，腹内原来草莽。潦倒不通世务，愚顽怕读文章。行为偏僻性乖张，那管世人诽谤！
>
> 富贵不知乐业，贫穷难耐凄凉。可怜辜负好韶光，于国于家无望。天下无能第一，古今不肖无双。寄言纨绔与膏粱：莫效此儿形状！

《红楼梦》前五回是全书的开头，而第六回的刘姥姥进贾府是红楼梦故事的真正展开，在这之间是贾宝玉和袭人初试云雨情的情节。作者将袭人和贾宝玉初试云雨情的情节放在这个位置，这一方面当然是为贾宝玉而设计，显然这也是为袭人而设计，因为从这一刻开始，袭人对贾宝玉来说就是“情欲声色”的存在（后来因为王夫人的收买，袭人成了封建势力的马前卒，袭人的角色悄悄发生了转变），袭人也因此不再是“女儿”，这是为后来袭人的变化做准备，由此可见袭人这个人物的重要性。小说中与袭人直接有关的情节有很多，其实书中还有很多情节与袭人间接有关，比如李嬷嬷的出场在很大程度上就是因为袭人；为了二十两银子，赵姨娘和探春母女两个能够闹翻，这也从侧面反映出王夫人多赏给袭人二十两银子对袭人来说意味着什么。有人简单地按照“金陵十二钗”正册、副册、又副册的次序来排列《红楼梦》里年轻女性的重要性，笔者认为这是很荒唐的。笔者认为，代表了封建社会大多数人的袭人是解读《红楼梦》绕不开的一个人。

第四章

艺术手法篇

第一节　“假作真时真亦假”

贾宝玉不思进取、疯疯癫癫，很多人都以为贾宝玉是“假宝玉”；袭人对人和气，处事稳重，薛宝钗容貌丰美，举止娴雅，但作者对她们都有明显批判；晴雯口角锋芒，得理不饶人，却得到了作者的真心赞扬。好像这一切都是真真假假。“假作真时真亦假”，真真假假是作者惯用的写作手法。除了真真假假，作者还运用了虚实结合、明暗对比的写作手法。笔者认为，正确理解了贾雨村的“正邪两赋论”就不难把握作者的立场和思想，理解小说中一些重要的“真真假假”也不在话下。

一、真真假假

（一）谁不是人

贾芸的舅舅卜世仁是个吝啬鬼，贾芸向他借钱，卜世仁不肯借但又不好意思直接明说，所以唠叨个不停。贾芸觉得没戏就要起身告辞，卜世仁留贾芸吃饭的话还没有说完，他的娘子就抢道：

> “你又糊涂了，说着没有米，这里买了半斤面来下给你吃，这会子还装胖呢。留下外甥挨饿不成？”卜世仁道：“再买半斤来添上就是了。”他娘子便叫女儿：“银姐，往对门王奶奶家去问，有钱借二三十个，明日就送来还的。”（第二十四回）

有人说从“卜世仁”这个名字就可以断定卜世仁不是好人，其实，卜世仁除了像一般小民那样有点吝啬以外，我们不能断定他有什么特别的不好之处，但卜世仁娘子的几句话直接撵走了还在犹豫中的贾芸。可以看出，卜世仁的娘子是一个非常狠心、无情的婆子，其狠心、无情的程度让王善保家的也自叹不如。[①] 可见，作者并不是想说卜世仁不是人，而是想说卜世仁的娘子是个“不是人”的婆子。婆子不是人，可见作者对某些婆子的痛恨。

（二）两个出家人

小说第二十九回，贾母带王熙凤、贾宝玉、林黛玉等人到清虚观打醮，在贾母、王熙凤、贾宝玉等众多人面前，张道士说：“无量寿佛！老祖宗一向福寿安康？众位奶奶小姐纳福？一向没到府里请安，老太太气色越发好了……”又笑道：“托老太太万福万寿，小道也还康健。别的到罢，只记挂着哥儿，一向身上好？……”又道：“哥儿越发发福了。”又道：“前日我在好几处看见哥儿写的字，作的诗，都好的了不得。”张道士显然是在拍马屁，这哪里像个出家人？张道士还留心女孩的模样，说他看到一个好女孩，要介绍给贾宝玉，为此林黛玉和贾宝玉大闹了一场（因为贾宝玉是贾母的心头肉，所以吹捧贾宝玉以讨好贾母才是张道士的本意）。

张道士还把贾宝玉的通灵宝玉“请”了下来，并借机送给贾宝玉很多“敬贺之礼”（张道士在用他人的东西为自己“装门面”），张道士如此奉承贾母，但谁知道他背着贾母和王熙凤向他的那些“徒子徒孙”们索取“敬贺之礼”时是什么样的嘴脸呢？可见张道士俗不可耐、虚伪无比，“终了真人”其实是个彻头彻尾的假人。表面上贾宝玉是因为张道士给他说亲，所以“口口声声说从今以后不再见张道士了”，但笔者认为作者的真实意图是暗示贾宝玉、林黛玉讨厌张道士的为人。

虽然是一个尼姑，但净虚游走于京城的上层社会，张财主、李衙内、长安守备三家的矛盾在一般人看来是个死疙瘩，但静虚把这个事情揽了下来，并不费多大的气力就将其摆平，其结果是将金哥和守备公子这两个有情人活活拆开，致使他们双双殉情自尽（可见静虚的无情、无耻）。因为这件事王熙凤白得了

① 司棋是王善保家的外孙女，抄检大观园时，王善保家的暗中保护司棋，可见王善保家的对她外孙女还有一点亲情，但卜世仁娘子的这一番话是要将她的外甥直接撵走，可以说，卜世仁的娘子比王善保家的更狠心、更无情。

三千两白银，净虚自己应该也没少得银子。看到王熙凤犹豫不决，静虚对王熙凤实施激将法，除此之外，静虚对王熙凤一路奉承，这样，王熙凤乖乖地落入了她的圈套。王熙凤是什么样的人物，净虚竟然可以利用王熙凤，可见净虚是一个极为阴险、厉害的人。净虚和“净虚”这个名字都让人惊叹。

（三）隔着珠帘的父女

即使没有那次把贾宝玉往死里打，估计也很少有人喜欢贾政，但书中冷子兴说他“自幼酷喜读书”，他的妹夫林如海说他“谦恭厚道”。对于这样的贾政，为什么那么遭人讨厌呢？

笔者认为，贾政不让人喜欢的原因主要是迂腐。因为迂腐，所以贾政对贾宝玉的教育只是一味地讽刺、打压。一个迂腐的人必然也是一个无情的人，所以贾政教训贾宝玉时非常狠心、无情；林黛玉孤身投靠贾府，亲舅舅贾赦对林黛玉表现出了颇有人情味的关怀，同样是亲舅舅的贾政却没有；贾宝玉和王熙凤中了马道婆的巫术，众人都在想办法，但贾政顺从“天意”，他可以眼睁睁地看着自己的儿子死掉，可见贾政的无情与无能。贾政和逼死贾瑞的贾代儒、打死秦钟的秦业完全是同类人——他们迂腐、无情、无能。

元妃省亲时，贾政在贾母正室和元春的“隔珠帘父女勉忠勤”耐人寻味。“田舍之家，虽齑盐布帛，终能聚天伦之乐；今虽富贵已极，骨肉各方，然终无意趣！”元春说虽然家里大富大贵，但是骨肉分离，真是没有“意趣”，元春还说皇宫是“不得见人的去处”。可见元春是个懂人情、分善恶、辨是非（“二十年来辨是非”）的人，她渴望自由，向往没有尔虞我诈、勾心斗角的田园世界、亲情世界，但是贾政仍然把元春当作令人羡慕的皇妃，把自己当成元妃的臣子：

臣，草莽寒门，鸠群鸦属之中，岂意得征凤鸾之瑞。今贵人上锡天恩，下昭祖德，此皆山川日月之精奇、祖宗之远德钟于一人，幸及政夫妇。且今上启天地生物之大德，垂古今未有之旷恩，虽肝脑涂地，臣子岂能得报于万一！惟朝乾夕惕，忠于厥职外，愿我君万寿千秋，乃天下苍生之同幸也。贵妃切勿以政夫妇残犁为念，懑愤金怀，更祈自加珍爱。惟业业兢兢，

勤慎恭肃以侍上，庶不负上体贴眷爱如此之隆恩也。（第十七、十八回）

元春这样一个有血有肉、懂人情、辨是非的人被“送”进“不得见人”的地方（“当日既送我到那不得见人的去处”，可见元春自己当初不愿入宫），好不容易有一次回家好好诉苦的机会，但是没有人知道她的苦楚，贾府把她当成靠山，当成可以利用的工具，这是元春的悲哀，更是贾府的悲哀。贾政的话表面上辞藻华丽、言辞恳切，但对于元春来说既是驴唇不对马嘴，又如懒婆娘的裹脚布——又臭又长，让本已非常伤心的元春更加绝望，因为贾政的话让元春更加清楚地看到了自己和家人之间的隔阂，所以无所适从的她只有顺着贾政的话说些希望贾政以国事为重的套话。

元春一再告诫家人不要奢华靡费，元春在宫里挂念宝玉，经常嘱咐贾政和王夫人对宝玉不能不严，但也不能太严，可以看出，元春是一个懂人情、通人情的人；元春回贾府除了哭泣还是哭泣，从元春的哭声里我们能感觉到元春对自由的渴望和珍惜，渴望自由、珍惜自由的人必然懂得尊重自己，也懂得尊重他人。所以笔者认为，元春是《红楼梦》里少有的能够辨别是非的人。能够辨别是非的元春到了一个尔虞我诈、是非不分的险恶之地——皇宫，这是元春的人生悲剧，不仅如此，这个能够辨别是非的人也许以后还要被扣上一个谋反的帽子，“虎兔相逢大梦归”，这也预示元春的悲剧是一个十分可怕的悲剧。元春的悲剧不仅仅是其个人的悲剧，因为元春的悲剧必将对整个贾府产生重大影响。

（四）谁摆布谁

凤姐儿知道邢夫人禀性愚犟，只知承顺贾赦以自保，次则婪取财货为自得，家下一应大小事务，俱由贾赦摆布。凡出入银钱事务，一经他手，便克啬异常，以贾赦浪费为名，“须得我就中俭省，方可偿补”。儿女奴仆，一人不靠，一言不听的。（第四十六回）

王善保家的是邢夫人的心腹，邢夫人的亲弟弟邢大舅知道邢夫人的钱财是王善保家的在替她掌管，这样看来，王熙凤说她的婆婆邢夫人“一人不靠，一言不听”失之偏颇。不仅如此，王熙凤的话还自相矛盾：前面说她家的一切事务都任由贾赦摆布，后面又说凡涉及钱的大问题邢夫人都会予以干涉，作者为什么这么写？笔者认为上面那段话是作者故意设置的一团迷雾，其目的是要将贾赦娶鸳鸯这个重要问题模糊化。当然，无论有没有迷雾，邢夫人爱财如命的性格是很清晰的。

贾赦以其“一等将军”的身份在贾府内外娶一个让其满意的小妾应该没有任何问题，但他为什么偏偏看上容貌并不是非常出众的鸳鸯，这不得不让人产生疑问。邢夫人把贾赦要娶鸳鸯的事告诉王熙凤，她希望王熙凤帮她想办法，没想到王熙凤先给她泼了一头冷水，对此邢夫人很不高兴，她对王熙凤冷笑着说：“大家子三房四妾的也多，偏咱们就使不得？”鸳鸯那边也是邢夫人在积极替贾赦出头，这一切都让人隐约感觉到不是贾赦看上了鸳鸯，而是邢夫人要把鸳鸯拉到自己这边来，因为贾母一刻也离不开鸳鸯，所以在邢夫人眼里鸳鸯是贾府权力天平上的重要砝码，如果贾赦能够娶到鸳鸯，鸳鸯就会成为邢夫人的人，贾府的权力天平也因此会向邢夫人这边倾斜。

王夫人和邢夫人都是贾母的儿媳妇，但贾母明显偏心王夫人，并将贾府的权力交给王夫人；王熙凤是邢夫人的儿媳妇，但其胳膊肘往外拐，不把她这个婆婆放在眼里。这种被自己的婆婆无视、被自己的儿媳妇架空，从而被排斥在贾府权力核心之外的感觉让邢夫人心里很不是滋味，所以，邢夫人怂恿贾赦娶鸳鸯确有可能。“邢夫人自为要鸳鸯之后讨了没意思，后来见贾母越发冷淡了他，凤姐的体面反胜自己，且前日南安太妃来了，要见他姊妹，贾母又只令探春出来，迎春竟似有如无，自己心内早已怨忿不乐，只是使不出来。”作者在这里几乎直接点明贾赦娶鸳鸯闹剧的背后是因为邢夫人“要”鸳鸯，邢夫人抱怨贾母偏心探春而漠视迎春，这分明是她抱怨贾母偏心王夫人而漠视自己。

看来，在贾赦和邢夫人谁摆布谁，以及贾赦好色的问题上也都是真真假假。

（五）薛宝钗的“兰言”

在一次行酒令时林黛玉说了两句《牡丹亭》和《西厢记》这两本“杂书”

里的话，为此薛宝钗找到林黛玉，并向林黛玉坦白了自己的心声：

> 你当我是谁，我也是个淘气的。从小七八岁上也勾个人缠的。我们家也算是个读书人家，祖父手里也爱藏书。先时人口多，姊妹弟兄都在一处，都怕看正经书。弟兄们也有爱诗的，也有爱词的，诸如这些“西厢”“琵琶”以及“元人百种”，无所不有。他们是偷背着我们看，我们却也偷背着他们看。后来大人知道了，打的打，骂的骂，烧的烧，才丢开了。所以咱们女孩儿家不认得字的倒好。男人们读书不明理，尚且不如不读书的好，何况你我！就连作诗写字等事，原不是你我分内之事，究竟也不是男人分内之事。男人们读书明理，辅国治民，这便好了。只是如今并不听见有这样的人，读了书倒更坏了。这是书误了他，可惜他也把书糟蹋了，所以竟不如耕种买卖，倒没有什么大害处。你我只该做些针黹纺绩的事才是，偏又认得了字，既认得了字，不过拣那正经的看也罢了，最怕见了些杂书，移了性情，就不可救了。（第四十二回）

薛宝钗的一席话让林黛玉“心下暗伏”，这就是第四十二回的“蘅芜君兰言解疑癖”。

在薛宝钗眼里，“四书五经”等是“正经书”，而倡导思想解放、个性解放的《牡丹亭》和《西厢记》是“杂书”。薛宝钗本来也不喜欢“正经书”，但在家人的管教下，她慢慢丢下了“杂书”，现在薛宝钗认为女孩子应该丢下所有的书，因为在她看来“针黹纺绩”才是女孩子应该做的事情。

顺从世俗的同时往往意味着自我的迷失，薛宝钗屈服于封建统治，从而丧失了自我。一个没有自我的人往往也是一个没有情感的人，而贾宝玉是一个与封建道德、封建统治格格不入的“天下第一情人”，所以迷失自我是薛宝钗爱情悲剧的重要原因，由此也可以想象，这是封建社会很多人尤其是很多女性爱情悲剧、人生悲剧的重要原因。

必须承认，薛宝钗的这一席话是她的心里话，并且她对林黛玉也是一片好心，林黛玉也因此看出薛宝钗并没有对她心里藏奸，从这个角度看，薛宝钗的这一席话确实可以称得上是“兰言”。林黛玉看出薛宝钗没有对她心里藏奸，她们彼此也都暂时放下了戒心，所以这才有了后来的“金兰契互剖金兰语”，乃至后来贾宝玉看到她们之间的关系比别人“好十倍”。薛宝钗的一片好心是薛宝钗希望林黛玉像她一样去“拥抱”封建统治和封建道德，从这个角度看，薛宝钗的那一席话又是“毒言”，林黛玉当然不会听取薛宝钗的意见，所以薛宝钗的“兰言”也是真中有假，假中又有真，林黛玉的“心下暗伏”值得细细品味。显然，林黛玉从薛宝钗的“兰言”里看出了薛宝钗是一个贾宝玉不可能认同的无“情”之人，所以她对薛宝钗放下了戒心，这也应该是她们之间关系转好的重要原因。

薛宝钗听说林黛玉“悲题五美吟”时劝林黛玉说：“自古道‘女子无才便是德’，总以贞静为主，女工次之。其余诗词之类，不过闺阁中游戏，原可以会，可以不会。咱们这样人家的姑娘，到不要这些才华的名誉。”薛宝钗嘴上虽然这样说，但她又伸手要林黛玉所题的诗，看到这个情景，林黛玉说：“既如此说，连你也可以不必看了。”可见，林黛玉并不认同薛宝钗的“兰言”，她只是从薛宝钗的“兰言”里看出了薛宝钗没有对她心里藏奸。

二、虚实结合

（一）贾宝玉的“女儿论”

“女儿是水作的骨肉，男人是泥作的骨肉。我见了女儿，我便清爽；见了男子，便觉浊臭逼人。”表面看来，贾宝玉喜欢女孩子而讨厌男人，笔者认为这不是曹雪芹的本意。将“女儿”比喻为“人”，将女儿纯洁、善良的本性比喻为人的天性，这里的“人”是不应该以性别来区分其高下优劣的，曹雪芹不应该也不可能真正否定人类的另一半——男性，所以对于贾宝玉的“女儿论”，只有“女儿是水作的骨肉”这一句话是“实”的，其他的都是这句话的陪衬，是“虚”的。“男人是泥作的骨肉”虽然是虚的，但《红楼梦》中的很多男性确实让人讨厌，特别是他们不尊重女性、玩弄女性的行为，比如茗烟和秦钟，更不用说贾赦、贾珍那样任意糟蹋女性的禽兽了。无论是茗烟、秦钟还是贾赦、贾珍等人，他们是被封建等级制度“宠”坏的，他们并不是天生的“泥作的骨肉”。考虑到贾宝玉从小在女儿堆里长大，他对周围的“姐妹”有着特殊的亲近感，所以“女儿论”出自贾宝玉之口也并不是十分荒唐。

（二）冷子兴的“演说”

小说第二回，冷子兴滔滔不绝地向贾雨村“演说”荣国府。在笔者看来，冷子兴的这些“演说”大多是“虚”话，但他所说的也有“实”话，那就是在贾雨村发表了“正邪两赋论”之后冷子兴说的那一句话：“依你说，‘成则王侯败则贼’了？”成者为王，败者为寇，冷子兴一语道破了封建统治的本质，这才是冷子兴对贾府的深层次“演说”。

（三）真热闹还是虚热闹

元妃省亲，贾府上下都乐在其中，但贾宝玉“视有如无，毫不曾介意”，这不禁让有的读者对贾宝玉产生怀疑。其实我们对贾宝玉无需怀疑。关于元妃省亲，还是贾琏的奶母赵嬷嬷一语中的：“谁家有那些钱买这个虚热闹去？”显然作者就是把它当作一场“虚热闹”来写，这就不难理解我们在一片欢腾声中听得最清楚的是元春的哭声。

盛大的省亲仪式对贾府来说是一场“虚热闹”，对读者来说更是一场“虚热闹”，尽管作者花费了很多笔墨来描写贾府的“太平气象、富贵风流”，但这一切都是“虚”的，只有元春的哭声是“实”的。

元春在“不得见人的去处”备受煎熬，她很想回家和家人说说笑笑，但贾府为她准备了盛大的省亲仪式，对元春来说这无异于在她和家人之间筑起了一堵冷酷而又无情的墙，因为这堵墙，没有人能看到她的苦楚，当贾母向她下跪、贾政和她“隔珠帘父女勉忠勤”时，她更加意识到自己和家人之间的隔阂。元春“满眼垂泪”，一路哭泣，显然，元春有自己内心的痛苦，也有不被家人理解的痛苦，两种痛苦叠加在一起让元春感到更加绝望。

（四）林黛玉讨厌的人

周瑞家的送宫花给林黛玉时，林黛玉在贾宝玉的房里和贾宝玉等人玩九连环的游戏，林黛玉看到那宫花是假花，并且是最后两支，所以不高兴地冷笑说：“我就知道，别人不挑剩下的也不给我。”可以想象，这次林黛玉的“耍小性”一定招来了不少批评。其实，林黛玉“耍小性”是有原因的，甚至可以说是应该的。笔者认为，作者这样写的主要目的不是突出林黛玉的小性，而是暗示林黛玉讨厌周瑞家的。林黛玉是不是应该讨厌周瑞家的呢？笔者认为她和贾宝玉等人正在玩的九连环游戏就是一个暗示。九连环游戏是一个能够锻炼人眼力和脑力的智力游戏，所以这个九连环的游戏是暗示林黛玉是一个有眼力和脑力的能够辨别是非的人。

三、明暗对比

卜世仁娘子的话表面上是要留贾芸吃饭，但其目的是要将贾芸直接撵走；作者明写秦钟和智能儿情爱的同时也在暗写贾珍和秦可卿的情爱；薛宝钗在其生日那天点戏《鲁智深醉闹五台山》，作者明说薛宝钗是迎合贾母，但笔者认为薛宝钗更多是为了迎合贾宝玉；赵姨娘妒忌贾宝玉和王熙凤，所以才有了“魇魔法姊弟逢五鬼”，邢夫人嫉恨王熙凤，所以才有了绣春囊事件的发酵——晴雯、芳官的被撵及大观园的被抄检，这两件事都指向同一个问题——贾母的偏心，在“嫌隙人有心生嫌隙”的情节里，我们很容易看到周瑞家的、邢夫人等人的“有心”，也许作者更重要的目的是暗示贾母的“有心”。

《红楼梦》中大量运用真真假假、虚实结合、明暗对比的写作手法，很多时候需要我们仔细体会。不直接刻画人物、不直接叙述事物是作者写作的一个重要特点，因为太直接很容易将人物、事物平面化、刻板化、简单化。比如，作为“金陵十二钗”之一的妙玉，小说前 80 回只正面出现两次，关于妙玉的很多信息是通过邢岫烟和李纨对她的态度表现出来的：李纨很不喜欢妙玉，邢岫烟虽然和妙玉有“半师之分”，但她也不理解、不认同妙玉。其实，李纨和邢岫烟都不是作者推崇的人，所以如果刻板地套用李纨、邢岫烟对妙玉的评价就很容易歪曲妙玉的形象。

此外，王熙凤的“酒后无德”、袭人的“薄情无义”和“情切切”、贾宝玉的“井底之蛙”、妙玉的“不合时宜”、小红的“一心高攀”、史太君的“破陈腐旧套”等，都是运用了真真假假、虚实结合、明暗对比的写作手法，癞头和尚、跛足道人、王一贴的真真假假更是真中有假，假中有真，所有这些都让人拍案惊奇、回味无穷。

第二节 《红楼梦》中的“两朵乌云”

《红楼梦》是一座无与伦比的艺术宝库、思想宝库，同时《红楼梦》也像一座巨大的迷宫，说《红楼梦》是迷宫，是因为其中充满了真真假假、虚虚实实。

要“征服”迷宫就必须找出迷宫的“入口”与“出口”。笔者认为，《红楼梦》的“入口”是贾雨村的“正邪两赋论”和冷子兴的那句简单的回答，《红楼梦》的“出口”则是贾政口述的林四娘的故事及贾宝玉的《姽婳词》《芙蓉女儿诔》。

贾雨村的“正邪两赋论”说贾宝玉、林黛玉、妙玉、晴雯等人都是“乖僻邪谬不近人情”的中了“邪气”的人，而作者对他们明贬实褒的意图非常明显，这里存在直接的矛盾，我们必须解决。对此我们可以做出两种假设，一是肯定贾雨村的话而同时否定贾宝玉、林黛玉、妙玉和晴雯，二是反过来理解贾雨村的话而肯定贾宝玉、林黛玉、妙玉和晴雯。前一种假设完全肢解了《红楼梦》，也从根本上否定了《红楼梦》，完全不合逻辑。如果反过来理解贾雨村的话倒是可以理解，因为贾雨村是典型的封建文人，他的立场和思想都是封建保守的，而《红楼梦》的反封建主题是不言而喻的。反封建就必须反对封建社会的根基——封建制度和封建思想，从反封建的角度看，封建社会的一切腐朽和罪恶都沉浸在封建思想的腐臭之气中，所以，贾雨村说的“上至朝廷，下至草野，比比皆是”的“清明灵秀之气”就应该理解为封建思想的腐臭之气，因为封建思想占统治地位，所以“残忍乖僻之邪气，不能荡溢于光天化日之中”，显然，这里的“残忍乖僻之邪气”应该是新思想——自由、平等思想的新气息。作者的反封建立场是坚决的、彻底的，而很多《红楼梦》读者的思想深处还有封建思想的残余，他们往往看不到作者反封建立场的坚决性和彻底性，从而误读了贾雨村的“正邪两赋论”。作为《红楼梦》的“入口”，“正邪两赋论”确实有很强的隐蔽性。

“依你说，‘成则王侯败则贼’了？”从冷子兴的简单回答可以看出曹雪芹完全看透了封建统治的本质。可以说封建社会一切罪恶的根源很大程度上是因为人与人之间的不平等，而人与人之间的不平等是“成王败寇”思想作用的结果，作者在这里点出“成王败寇”，可见作者认为反封建就必须撼动封建思想的根基之一——“成王败寇”思想。

“其为质则金玉不足喻其贵，其为性则冰雪不足喻其洁，其为神则星日不足喻其精，其为貌则花月不足喻其色。”作者高度赞誉有些人很不喜欢的晴雯，这不由让人产生疑惑。对于这个疑惑，笔者的解释是：作者将“女儿”比喻为广大民众，而晴雯是千千万万优秀“女儿”中的一个代表，作者赞誉晴雯其实是对“人”的尊重、对生命的敬畏，晴雯直接被迫害致死充分体现了封建社会对“人”的践踏与摧残，所以笔者认为，《芙蓉女儿诔》是作者向封建统治宣战的檄文。

一般观点认为《姽婳词》也是在赞扬晴雯，但笔者实在无法将林四娘与晴雯联系到一起。林四娘被恒王利用，供恒王玩乐，林四娘却认为“向蒙王恩，戴天履地，不能报其万一”，并甘愿为恒王献身，所以林四娘是一个品德高尚的奴才，应该与袭人相比较。贾宝玉的《姽婳词》表面上赞扬林四娘（作者表面上对袭人同样是赞赏有加），但实际上是在批判林四娘。如果说《芙蓉女儿诔》揭露了封建统治的罪恶的话，那么林四娘的故事及贾宝玉的《姽婳词》是作者在批判袭人、贾雨村那样的奴才的奴才行径。如果不能真正站到反封建的立场上，也很难读懂林四娘的故事及贾宝玉的《姽婳词》。《红楼梦》的这个“出口”也很隐蔽。

《红楼梦》的“入口”和“出口”本身就是真真假假的，但这里的“真真假假”直接关系到作者的立场和思想，所以首先应该把握这里的“真真假假”，这是解读《红楼梦》绕不开的关键问题，只有把握了这里的“真真假假”，才能真正把握《红楼梦》里其他很多的“真真假假”。

虽然作者笔下的《红楼梦》很完美，但在笔者看来，《红楼梦》存在两个明显的“漏洞”，这两个“漏洞”就是其“入口”和“出口”。在“入口”处，贾雨村和冷子兴关于“正邪两赋论”的对话是真实人物的对话，但这两个真实人物的对话显得很不真实，很难想象贾雨村能够随口发表那样的一个“正邪两赋论”，也很难想象冷子兴能够做出那样的一个回答，以至于到现在人们还无法真正理解其中的大意。同样，我们也很难想象，贾政口述的林四娘的故事里存在着对林四娘的怀疑（不是贾政怀疑林四娘，而是曹雪芹借贾政之口表达了对林四娘的怀疑），充满赞美之词的《姽婳词》其实是在批判林四娘。对这两个“漏洞”我们只能感叹，感叹作者写作手法的巧妙与高超。笔者希望这两个“漏洞”能够像物理学上的“两朵乌云”一样掀起一场《红楼梦》认识上的“革命”。

第五章

遥望红楼

第一节　神游蘅芜苑

在大观园里，薛宝钗住在蘅芜苑，《红楼梦》前80回作者先后两次具体写到蘅芜苑，一次是大观园落成后贾政带着贾宝玉和他的一帮文友来到了蘅芜苑，另一次是贾母和刘姥姥等一行人游览大观园时进了“薛姑娘的屋子”。

小说第十七、十八回，贾政带着贾宝玉等人来到蘅芜苑：

> 因而步入门时，忽迎面突出插天的大玲珑山石来，四面群绕各式石块，竟把里面所有房屋悉皆遮住，而且一株花木也无。只见许多异草：或有牵藤的，或有引蔓的，或垂山巅，或穿石隙，甚至垂檐绕柱，萦砌盘阶，或如翠带飘飖，或如金绳盘屈，或实若丹砂，或花如金桂，味芬气馥，非花香之可比。

贾宝玉的通灵宝玉是一块补天的顽石，而进入蘅芜苑迎面而来的是一块插天的大玲珑石，玲珑石天然多孔，这样的石头“插天”当然会造成“天”的漏洞。由此我们很容易从这块大玲珑石联想到当时的封建制度，因为封建制度正是封建社会一切罪恶的根源，所以封建社会的“天”是有着巨大“漏洞”的“天”，需要补。笔者认为，作者说要补天，是因为封建制度造成了“天”的漏洞，贾宝玉的“补天”事业就是要推翻人压迫人、人剥削人的不平等的封建制度，取而代之的是自由、平等的新的社会制度。我们可以将群绕玲珑石的各式石块想象成封建等级制度、封建科举制度、封建婚姻制度等服务于封建社会的各项重要制度。封建等级制度、封建科举制度、封建婚姻制度强化了封建统治，也掩盖了封建统治的本质，所以大玲珑石及其群绕的各式石块遮住了里面的所有房屋。

在作者笔下，花草树木往往都被赋予特定的含义，那些“牵藤”“引蔓”的草往往要依附他物才能生长，甚至有的根本就没有根，完全依附于他物，这样的草就像那些缺乏独立精神、独立人格的人一样依赖、依附他人，反之，树木独立向上生长，鲜花象征着美丽和纯洁，所以树木和鲜花象征着纯洁、善良、正直、有独立人格的“人”。在封建制度的压迫下，正直、善良、独立的人很难生存，而得势的人往往是像王熙凤那样会吹捧的人，或是像周瑞家的那样左右逢源的人，或是像贾雨村那样到处攀附的人。所以封建社会的官场里只有“许多异草”而没有任何“花木”（妙玉的栊翠庵里“花木繁盛”，可见曹雪芹对妙玉的高度肯定，更别说花团锦簇的怡红院了）。那些“异草”的形态和神态组成了一幅封建官场百态图：

和贾雨村一起被革职的张如圭打听到朝廷起复旧员的消息，他将这个消息告诉了贾雨村，冷子兴知道后又给贾雨村献计叫贾雨村“央烦”林如海，然后再“央烦”贾政。对贾雨村来说，张如圭是在给他“牵藤”，冷子兴在给他“引蔓”。蘅芜苑里那些薜荔、藤萝有的已经爬到高处，不能再往上爬了，所以只有垂挂在高处（“或垂山巅”），但更多的还在想方设法往上爬，它们有的在钻各种空子（“或穿石隙”），有的是抱别人大腿（“垂檐绕柱”），有的有“后台”，因为它们面前有天然的台阶，顺着台阶往上爬就不需要怎么费力了（“萦砌盘阶”）。官场中已经爬上去的人免不了要招摇、炫耀（“翠带飘飖”），并恣意享受一番（“金绳盘屈”）。

贾政从蓼汀花溆走向蘅芜苑的这条路很像封建社会的“权势之路”：

> 于是要进港洞时，又想起有船无船。贾珍道：“采莲船共四只，座船一只，如今尚未造成。”贾政笑道：“可惜不得入了！”贾珍道：“从山上盘道亦可以进去。”说毕，在前导引，大家攀藤抚树过去，只见水上落花愈多，其水愈清，溶溶荡荡，曲折萦迂。池边两行垂柳，杂着桃杏，遮天蔽日，真无一些尘土。忽见柳阴中又露出一个折带朱栏板桥来，度过桥去，诸路可通，便见一所清凉瓦舍，一色水磨砖墙，清瓦花堵。那大主山所分之脉，皆穿墙而过。贾政道：“此处这所房子，无味的狠。”（第十七、十八回）

将要去蘅芜苑时，贾政突然问有没有船，贾珍说人坐的船还没有造好。这里说渡人的船还没有造好，仿佛是说权势之路是远离智慧的道路，权势之路上的人是远离智慧的人，既然如此，权势之路的终点便不是圣贤之地。就像贾雨村的权势之路那样，没有一步登天的捷径，所以没有现成的船只通往权力的彼岸；权势之路也很少有平坦的大道，所以到蘅芜苑需要走盘山小路，即使是“盘道”，很多人也不能靠自己走过去，因为他们往往还需要“攀藤抚树”。

“攀藤抚树”之后就会“花明”“柳暗”了。“只见水上落花愈多，其水愈清，溶溶荡荡，曲折萦迂”，这是“花明”；“池边两行垂柳，杂着桃杏，遮天蔽日，真无一些尘土”，这是“柳暗”。就在“花明”“柳暗”之时，柳荫中出现了一个折带朱栏板桥。在古代，镶缀在腰带上的玉带板是官品爵位的标志，所以看到了“折带朱栏板桥”就意味着“玉带板”已经在腰间，权势之路已经走通，既然如此，经过“折带朱栏板桥”之后就不再是盘山小路，而是“康庄大道”，这样的“康庄大道”当然是“诸路可通”。

垂柳永远都低着头，所以垂柳可以用于比喻那些永远抬不起头的小人，垂柳之中夹杂着一些桃杏，因为作者笔下的桃杏比喻普通人[①]。显然，“柳暗”的世界是一个充斥着小人的“遮天蔽日”的世界。“花谢花飞花满天，红消香断有谁怜？”地上的落花任人践踏，作者将落花比喻为历史长河中受到压迫的普通民众，所以贾宝玉和林黛玉一起葬花，希望这些落花不被人践踏。花开花谢，如果花落到了水里一般就不会被人践踏，所以作者希望落花飘落到水里，因为如果“水上落花愈多”，被人践踏的也就越少，这样的社会当然是“其水愈清”的社会。可见，落花在水面“溶溶荡荡，曲折萦迂”，这对作者来说是一道好风景。更重要的是，水里的落花“溶溶荡荡，曲折萦迂”，可以想象岸上繁花似锦的景象，显然这是一个“花明”的世界。理所当然，“折带朱栏板桥”是在“遮天蔽日”的“柳阴”中露出来的。

---

① 作者用海棠比喻史湘云，用芙蓉比喻林黛玉和晴雯，她们在精神品质上都不是一般的人；作者用桃花比喻袭人，用杏花比喻邢岫烟，袭人和邢岫烟在某种程度上都只能算普通人。

权势之路已经“诸路可通”了，但在官场混的时间长了，有些人难免感觉一切不再如以前美好，以前眼里的辉煌宫殿现在看起来也只是普通的“瓦舍”，于是他们开始有一种“清凉”的感觉，觉得官场像“一色水磨砖墙”一样的单调、乏味，于是有的人继续追求更大的权势，比如贾雨村，有的人则身心疲惫，开始厌倦官场，比如贾政。

虽然为人端方正直、谦恭厚道，但贾政是一个迂腐、无能的人，这样的人不适合在官场混。因为不善于在官场混，贾政已经厌倦了官场，所以贾政看到象征着权力的蘅芜苑时说蘅芜苑“无味的狠”(前80回贾政多次说要归退)。“那大主山所分之脉，皆穿墙而过”，反过来看，各山脉都是从蘅芜苑里延伸出去的，这仿佛是说蘅芜苑是一切权力的“源泉”。贾政厌倦官场不是因为贾政看透了官场，恰恰相反，是因为贾政完全不懂官场，因为他有的只是愚忠。可以想象，贾政在官场里像一只四处碰壁的无头苍蝇。因为贾政不懂官场，所以当他进入蘅芜苑看到那似曾相识的“官场”时觉得有趣：

> 贾政不禁道：“有趣！只是不大认识。”有的说：“是薜荔、藤萝。”贾政道：“薜荔、藤萝不得如此异香。”宝玉道：“果然不是。这些之中也有藤萝、薜荔，那香的是杜若、蘅芜，那一种大约是茝兰，这一种大约是清葛，那一种是金薆草，这一种是玉蕗藤，红的自然是紫芸，绿的定是青芷。想来《离骚》《文选》等书上所有的那些异草，也有叫作什么藿蒳姜荨的，也有叫作什么纶组紫绛的，还有石帆、水松、扶留等样，又有叫什么绿荑的，还有什么丹椒、蘼芜、风连。如今年深岁改，人不能识，故皆像形夺名，渐渐的唤差了，也是有的。”未及说完，贾政喝道：“谁问你来！”唬的宝玉到退，不敢再说。（第十七、十八回）

虽然在官场摸爬滚打多年，但贾政不懂官场，当贾宝玉给他详细讲解“官场”时，当然冒犯了贾政，所以贾政不等贾宝玉说完就呵斥贾宝玉：“谁问你来！”“大观园试才题对额”，贾政的文友们基本只会阿谀奉承，贾政更是对此一窍不通，但他假装镇静，碰到自己不知道的问题时就要来考考贾宝玉，以此掩饰自己的无知、无能，当贾宝玉有所表现冒犯了他时，贾政又很生气，多次打断贾宝玉的话，甚至最后将贾宝玉撵走。在笔者看来，“大观园试才”与其说是试贾宝玉的“才”，还不如说是验贾政的“伪”。

在蘅芜苑中，贾政叹道：“此轩中煮茶操琴，亦不必再焚名香矣。”这仿佛是说蘅芜苑里充满着“清明灵秀之气”，老封建贾政烂醉于其中。

> 贾母忙命拢岸，顺着云步石梯上去，一同进了蘅芜苑，只觉异香扑鼻，那些奇草仙藤愈冷愈苍翠，都结了实，似珊瑚豆子一般，累垂可爱。及进了房屋，雪洞一般，一色玩器全无，案上只有一个土定瓶中供着数枝菊花，并两部书，茶瓯茶杯而已。床上只吊着青纱帐幔，衾褥也十分朴素。（第四十回）

如果将蘅芜苑里薛宝钗所住的房子比作“皇宫”，薛宝钗的卧室比作“皇宫”的中心“金銮殿”的话，那么贾母这次来蘅芜苑并进薛宝钗的卧室就可以说是“上朝”了，所以贾母“顺着云步石梯上去”就直接进了“金銮殿”（金銮殿高高在上，大臣们到金銮殿上朝要经过多层多级石阶）。

“案上只有一个土定瓶中供着数枝菊花，并两部书，茶瓯茶杯而已。床上只吊着青纱帐幔，衾褥也十分朴素。”作者写到薛宝钗的床和床前的案，这让人很容易将它们和“金銮殿”上的龙椅、龙案联系到一起。菊花是黄色，数枝菊花仿佛代表清朝的几位皇帝，菊花插在土定瓶里，这让人联想到天下的王“土”是那几位皇帝打下来并坐“定”的。案上只有两本大书，可以想象，这两本大书里一本写满了封建思想，另一本写满了封建道德，封建统治者就是依靠这两部书来实现对民众的统治。

薛宝钗屋子里的摆设太简陋，作者用“雪洞”来形容，在笔者看来，“金銮殿”用冰冷、恐怖的“雪洞”来形容一点也不为过。可以说，“金銮殿”是一个吞噬了无数人的“血”洞。当然，围绕着“金銮殿”的权力宝座所发生的争斗也吞噬了很多人。

贾宝玉喜欢花，看到花儿谢了结出果实，就会想到女儿嫁人生子，就会感叹“未免又少了一个好女儿”，所以对贾宝玉来说，蘅芜苑里“累垂可爱”的“珊瑚豆子”很刺眼。[①] 因为薛宝钗有“热症”，所以蘅芜苑里的“奇草仙藤”跟薛宝钗一样“愈冷愈苍翠”。

第二节　薛宝钗的说教

小说第四十二回，薛宝钗对林黛玉坦白心声：

> 你当我是谁，我也是个淘气的。从小七八岁上也勾个人缠的。我们家也算是个读书人家，祖父手里也爱藏书。先时人口多，姊妹弟兄都在一处，都怕看正经书。弟兄们也有爱诗的，也有爱词的，诸如这些“西厢”“琵琶”以及“元人百种”，无所不有。他们是偷背着我们看，我们却也偷背着他们看。后来大人知道了，打的打，骂的骂，烧的烧，才丢开了。所以咱们女孩儿家不认得字的倒好。男人们读书不明理，尚且不如不读书的好，何况你我！就连作诗写字等事，原不是你我分内之事，究竟也不是男人分内之事。男人们读书明理，辅国治民，这便好了。只是如今并不听见有这样的人，读了书倒更坏了。这是书误了他，可惜他也把书糟蹋了，所以竟不如耕种买卖，倒没有什么大害处。你我只该做些针黹纺绩的事才是，偏又认得了字，既认得了字，不过拣那正经的看也罢了，最怕见了些杂书，移了性情，就不可救了。

小说第四十四回，王熙凤带平儿一起去捉奸时，听到贾琏和鲍二家的都夸

---

① “桃李春风结子完”，这是说李纨这朵花在封建思想、封建道德的“春风”吹拂下，已经结出了果实，也就是说李纨完全被封建思想、封建道德同化。

平儿，王熙凤回身就打平儿，平儿非常委屈，后来薛宝钗劝平儿说：

你是个明白人，素日凤丫头何等待你，今儿不过他多吃一口酒。他可不拿你出气，难道到拿别人出气不成？别人又笑话他吃醉了。你只管这会子委曲，素日你的好处，岂不都是假的了？

小说第四十九回，香菱请史湘云教她写诗，她们没日没夜地“高谈阔论”，为此薛宝钗笑道：

我实在聒噪的受不得了。一个女孩儿家，只管拿着诗作正经事讲起来，叫有学问的人听了，反笑话说不守本分的。

小说第五十七回，看到邢岫烟裙子上吊着一块碧玉佩，薛宝钗就教导邢岫烟说：

但还有一句话你也要知道，这些妆饰原出于大官富贵之家的小姐，你看我从头至脚可有这些富丽闲妆？然七八年之先，我也是这样来的，如今一时比不得一时了，所以我都自己该省的就省了。将来你这一到了我们家，这些没有用的东西，只怕还有一箱子，咱们如今比不得他们了，总要一色从实守分为主，不比他们才是。

小说第六十四回“幽淑女悲题五美吟”，薛宝钗劝林黛玉说：

自古道“女子无才便是德”，总以贞静为主，女工次之。其余诗词之类，不过闺阁中游戏，原可以会，可以不会。咱们这样人家的姑娘，到不要这些才华的名誉。

薛宝钗经常这样对别人进行封建说教，叫人要守本分。可以看出，封建思想渗透到了薛宝钗的骨髓深处。作为一个封建社会的“完人”，男女授受不亲的道理薛宝钗不可能不知道，并且薛宝钗也非常清楚贾宝玉和林黛玉从小一块长大，两人之间多有不避嫌之处，但薛宝钗无数次直闯贾宝玉的房间，经常让袭人猝不及防，甚至贾宝玉一个人在床上睡觉时薛宝钗也不回避，可见薛宝钗的虚伪，薛宝钗的虚伪也正是封建礼教和封建道德的虚伪。

薛宝钗认同封建统治、拥护封建统治，所以封建说教也是“薛宝钗”的“本分”。

第三节 从会芳园到大观园

元春是荣国府的人，为元春省亲建造大观园可以说与宁国府没有关系，但小说中说建造大观园时首先拆除的就是宁国府会芳园的墙垣楼阁：

> 先令匠人拆宁府会芳园墙垣楼阁……会芳园本是从北拐角墙下引来一股活水，今亦无烦再引……全亏一个老明公号山子野者，一一筹画起造。（第十六回）

贾宝玉曾经在秦可卿的床上梦游太虚幻境，在太虚幻境里，贾宝玉和可卿“柔情缱绻，软语温存”，“难解难分”，而在会芳园基础上再造的大观园又成了贾宝玉和林黛玉谈“情”的天堂，这不由让人产生无限遐想。

笔者认为，从会芳园到大观园暗示着从明朝到清朝的朝代更替。有一种说法认为，明朝被李自成所灭，但吴三桂引清军入关，可以说清朝的天下是李自成帮助其“一一筹画起造”，这样看来，帮助贾府建造大观园的“山子野”应该是“三子也”，可能指吴三桂，“全亏一个老明公”，这可能是说清朝的建立使明朝吃了一个“全亏”；北拐角当然可以理解为东北，所以“从北拐角墙下引来一股活水”可能是暗示从东北兴起的女真人是明朝的“祸水”。

在秦可卿临死之前，扬州突然来信说林黛玉父亲病重，叫林黛玉去扬州探望，林黛玉离开贾府时贾宝玉只是有些“大不自在”，林黛玉走后贾宝玉“因近日林黛玉回去，剩得自己孤恓，也不和人顽耍，每到晚间便索然睡了”，而贾宝玉听闻秦可卿的死讯时“只觉心中似戳了一刀”，并吐出一大口鲜血。可以看出，此时的贾宝玉和林黛玉总体来说是玩伴关系，他们之间还谈不上有多少“情”。此前贾宝玉虽然和袭人已经初试云雨情，但此时的袭人基本上只是贾宝玉发泄欲望的对象，所以这里的“索然”让人感觉到此时在贾宝玉心里的还是秦可卿，但因为林黛玉是《红楼梦》的主角之一，所以作者不便直接写贾宝玉和秦可卿之间的情爱。笔者认为，作者笔下贾宝玉和秦可卿的弟弟秦钟之间的暧昧关系，是暗示贾宝玉和秦可卿之间这种若有若无的暧昧关系（焦大醉骂说的养小叔子一般来说应该指向王熙凤和贾蓉，但也有指向秦可卿和贾宝玉的意味），并且小说中将和秦可卿产生情和爱的“任务”交给了贾宝玉的大哥贾珍。

林黛玉从扬州回贾府后，贾宝玉看林黛玉“越发出落的超逸”了，贾宝玉这才和林黛玉谈起“情”来（“越发出落的超逸”，这意味着林黛玉从小女孩变成了大姑娘，可以谈情说爱了）。“意绵绵静日玉生香”，贾宝玉为林黛玉编耗子精故事可以看作他们彼此情“意”的真正开端，自此秦可卿才逐渐从贾宝玉的记忆里消失，否则贾宝玉的心里还装着秦可卿，比如贾宝玉看到茗烟和一个女孩子偷情时最先想到的仍然是秦可卿。这样看来，作者借故让林黛玉回避秦可卿之死有重要目的，因为这样从扬州回来的林黛玉就可以看成是秦可卿的“重生”，“重生”之后的“林黛玉”的“任务”是和贾宝玉续太虚幻境的前缘。因为薛宝钗影射清朝统治者，林黛玉影射明朝统治者，而贾宝玉在似梦非梦之中，所以小说中说太虚幻境里的可卿“鲜艳妩媚，有似乎宝钗；风流袅娜，则又如黛玉”。

因为“贾宝玉”对“林黛玉”的“情”注定没有结果，所以笔者认为作者“反清”并不一定意味着“复明”，应该说，“贾宝玉”对“林黛玉”的“情”是作者找不到出路的精神寄托，也体现出作者对清朝封建专制的痛恨。

第四节　小议薛宝钗的《螃蟹咏》

小说第三十八回“薛蘅芜讽和螃蟹咏”：

桂霭桐阴坐举觞，长安涎口盼重阳。
眼前道路无经纬，皮里春秋空黑黄。
酒未敌腥还用菊，性防积冷定须姜。
于今落釜成何益，月浦空余禾黍香。

“眼前道路无经纬，皮里春秋空黑黄”，笔者认为，不排除薛宝钗写《螃蟹咏》的目的就是讽刺贾宝玉，但作者说“这些小题目，原要寓大意才算是大才”，可见薛宝钗的这首《螃蟹咏》应该“寓大意”。

在薛宝钗作《螃蟹咏》的“绝唱”之前，贾宝玉和林黛玉也都作了咏螃蟹的诗，贾宝玉看到林黛玉咏螃蟹的诗说自己咏螃蟹的诗应该烧掉，林黛玉看到薛宝钗的《螃蟹咏》之后也说自己咏螃蟹的诗应该烧掉，所以笔者认为，薛宝钗的《螃蟹咏》应该看成是贾宝玉、林黛玉、薛宝钗三人合作的成果，具体来说，薛宝钗的《螃蟹咏》应该看成贾宝玉的思想、林黛玉的辛辣讽刺风格和薛宝钗诗作“含蓄浑厚”的完美结合，因为让“罕言寡语，人谓藏愚；安分随时，自云守拙”的薛宝钗来伤时骂世实属不正常。

在笔者看来，薛宝钗的《螃蟹咏》应该指向贾雨村之类的封建读书人，他们是追随封建统治者的文人墨客。在古代，文人墨客有重阳节吃螃蟹、赏桂花的习俗，“桂霭桐阴坐举觞，长安涎口盼重阳”，这让人联想到一群读书人借着重阳节的机会聚集到一起吃喝玩乐的情景，“涎口”是指嗜酒的人，这里引申为非常渴望功名的读书人，也就是贾宝玉所说的“读书上进的人”。在贾宝玉眼里，很多封建读书人读书的目的只是博取功名而出人头地，很多人博得功名以后也会像贾雨村那样沦为祸国殃民的贪官污吏。在贾宝玉看来，那些读书人虽然有些学问，但仍然是“眼前道路无经纬”，虽然有的人有些聪明才智，但是很多人将其聪明才智糟蹋了，成了“空黑黄”，他们对社会造成的恶劣影响（“腥”）很难消除，他们对民众造成的伤害（“积冷”）很难弥补。

笔者认为，薛宝钗的《螃蟹咏》更应该指向清朝统治者。为螃蟹宴提供螃蟹的是薛宝钗家当铺的伙计，如果将薛姨妈、薛蟠、薛宝钗一家看成是统治者的话，薛宝钗家的当铺就是统治阶级剥削、压迫天下人的“国家机器”。剥削和压迫必然导致自身的腐败，所以统治阶级剥削、压迫民众其实是在自掘坟墓。“月浦空余禾黍香”，螃蟹曾经的栖息之地以后必然要挺立禾稻，这显然是暗示一切“不合理”都必将被历史淘汰，人民必将成为自己的主人。

贾宝玉、林黛玉的平等、自由思想与封建统治格格不入，所以他们可以赋予薛宝钗《螃蟹咏》这首诗以“大意”，如此说来，贾宝玉和林黛玉才是真正的“大才”。

第五节　贾宝玉的情愫

小说第三十回，王熙凤说一个唱戏的女孩子活像林黛玉，那个唱戏的女孩子应该就是龄官，“眉蹙春山，眼颦秋水，面薄腰纤，袅袅婷婷”，贾宝玉眼里的龄官“大有林黛玉之态”，“情悟梨香院”又让贾宝玉看到龄官和林黛玉的个性非常相似，甚至龄官的病和林黛玉的病也差不多。此外，龄官的“龄”与林黛玉的“林”谐音，可以说，龄官就是林黛玉的“翻版”。体会到龄官画“蔷”的深意后，贾宝玉显然已经意识到龄官对贾蔷和林黛玉对自己是一样的深情，所以此后贾宝玉几乎再也没有与林黛玉拌嘴，他更加懂得珍惜、体谅林黛玉了。

小说第三十六回“绣鸳鸯梦兆绛芸轩”，贾宝玉大白天睡觉时薛宝钗接替袭人在他身边绣鸳鸯，薛宝钗简直是以“金玉良缘”直逼贾宝玉，但贾宝玉睡梦中大声喊道：“和尚道士的话如何信得？什么是金玉姻缘，我偏说是木石姻缘！”贾宝玉坚决拒绝他和薛宝钗的“金玉良缘”，是不是就意味着他和林黛玉的“木石姻缘”就自然而成了呢？

首先，此前薛宝钗看到贾宝玉进了林黛玉的潇湘馆，薛宝钗想到贾宝玉和林黛玉从小一块长大，他们之间多有不避嫌之处，所以“抽身回来”转而“扑蝶”去了（薛宝钗有暂时退出与林黛玉竞争的想法）；但现在薛宝钗倒逼得更紧了，可见薛宝钗不会轻易放弃她和贾宝玉的“金玉良缘”。其次，王夫人非常讨厌晴雯，王夫人眼里的晴雯“眉眼又有些像你林妹妹”，可以想象王夫人对林黛玉的态度。[①] 王夫人岂可轻易让林黛玉“教坏”她的宝贝儿子。再次，林黛玉终有失去贾母保护的那一天，一旦失去贾母的保护，林黛玉的命运可想而知，林黛玉也深知这一点，所以她把贾宝玉诔晴雯的《芙蓉女儿诔》改成了诔自己。退一步看，在“金玉良缘”与“木石姻缘”的选择上，贾母一定会选择“木石姻缘”吗？未必。贾母一看到薛宝琴就有贾宝玉将来娶薛宝琴为妻的想法，由此不难想象，贾母眼里的“宝二奶奶”并非林黛玉不可。

贾宝玉“情悟梨香院”后龄官就销声匿迹了，可以想象，有病在身的龄官是被病魔夺去了生命，那么，同样是有病在身的林黛玉能战胜病魔吗？龄官的模样和性情都是林黛玉的“翻版”，“情悟梨香院”也应该让贾宝玉意识到龄官的不幸也是林黛玉不幸的“翻版”，所以贾宝玉“情悟梨香院”后，“每每暗伤‘不知将来葬我洒泪者为谁’”。

如果说贾宝玉坚决拒绝“金玉良缘”，“木石姻缘”对贾宝玉来说又几乎

---

① 王夫人对林黛玉一直不太友好。林黛玉进贾府时，众人都在关注、关心林黛玉，但王夫人无此用心，她转而问王熙凤有没有发放月钱；第三十四回，袭人向王夫人建议让贾宝玉搬出大观园，王夫人非常吃惊地问是不是贾宝玉和谁“作怪”了，不用多说，此时的王夫人一定想到了林黛玉这个“危险分子”；第四十回，贾母、刘姥姥一行人到潇湘馆，王夫人看到林黛玉给贾母倒茶就对林黛玉说自己不喝茶，王夫人不喝林黛玉的茶，可以想象王夫人对林黛玉的厌恶；再由此联想到林黛玉刚进贾府时王夫人“嘱咐”林黛玉叫她离贾宝玉远点，这不由让人后背发凉。

不可能成为现实，那么“贾宝玉”该何去何从呢？

刘姥姥逛至栊翠庵品茶时，人们看到了贾宝玉和妙玉之间的“和谐”，在妙玉面前，林黛玉和薛宝钗都自觉靠边站。《红楼梦》中的刘姥姥是神一般的存在，作者让刘姥姥来见证美妙无比的“玉妙情缘”，真让人拍案叫绝。

“玉带林中挂，金簪雪里埋”，可以看出“金玉良缘”和“木石姻缘”对贾宝玉来说都不可能成为现实，“玉妙情缘”虽无比美妙，但妙玉即将“终陷淖泥”，并且贾宝玉心里放不下林黛玉，那么等待落魄的贾宝玉的应该是沦落风尘的史湘云（有人认为小说 80 回后史湘云沦落为妓女），落魄的贾宝玉和落魄的史湘云的结合也正象征着封建专制制度下的广大民众正在遭受苦难。

笔者猜测，在林黛玉、薛宝钗、妙玉、史湘云这四个贾宝玉生命中的重要“女儿”里，林黛玉和贾宝玉有情无“爱”（没有成为夫妻），薛宝钗和贾宝玉无情无“爱”，史湘云和贾宝玉则可能有“爱”无情，妙玉与林黛玉一样，她和贾宝玉也应该有情无“爱”。

小说第二十八回，贾宝玉看到薛宝钗雪白性感的手臂暗暗想道：“这个膀子要长在林妹妹身上，或者还得摸一摸。”由此不难想象，贾宝玉至死和薛宝钗都没有肌肤之亲。第二十一回，史湘云在林黛玉房里睡觉时，贾宝玉看到史湘云“春光”乍泄，这可能暗示以后贾宝玉和史湘云之间有“爱”。贾宝玉看到史湘云“春光”乍泄时，作者还特意写到史湘云戴着两个金镯子，这两个金镯子让人联想到薛宝钗的金锁，由此也不难想象史湘云和薛宝钗在某些方面有相似性，尤其在劝贾宝玉读书的问题上，比如第三十二回，史湘云对贾宝玉说：“如今大了，你就不愿读书去考举人进士的，也该常常的会会这些为官做宰的人们，谈谈讲讲些仕途经济的学问。”贾宝玉则直接说：“姑娘请别的姊妹屋里坐坐，我这里仔细污了你知经济学问的。”贾宝玉和史湘云应该不会产生多少情分，更何况贾宝玉放不下林黛玉，所以贾宝玉最终应该是出家当和尚。林黛玉、妙玉、史湘云“凹晶馆联诗悲寂寞”都是围绕着贾宝玉的：林黛玉的“冷月葬花魂”恰似她和贾宝玉的爱情悲剧；妙玉给林黛玉和史湘云续诗是暗示林黛玉“冷月葬花魂”后妙玉主动要来填补林黛玉的空缺；史湘云既是林黛玉的“陪衬”，又是薛宝钗的“替身”。

第六节 红楼社会的三个层次

笔者认为，应该从三个不同的层次来认识作者笔下的红楼社会。

红楼社会的第一个层次就是我们所看到的贾府。贾府里有很多纯洁、善良、美丽的“女儿”，也有很多自私自利、媚上欺下、惹是生非、勾心斗角的婆子，婆子都是从“女儿”过来的，可以看出，贾府里的众多“女儿”要么“进化”成周瑞家的、王善保家的等那样妒忌、残害其他“女儿”的婆子，要么被封建专制制度直接残害。“千红一哭，万艳同悲”，贾宝玉和林黛玉之间的爱情是作者重要的着笔点，其实，作者最重要的着笔点是“女儿”们的命运。

贾宝玉和林黛玉的爱情必将被以王夫人为代表的封建势力所破坏，贾蓉的妻子秦可卿被他的父亲贾珍霸占而不敢有任何怨言，贾琏的婚姻也被他的父母恶意干涉（比如贾赦将秋桐赏给贾琏），不仅如此，贾宝玉、贾琏、贾蓉都被他们的父亲随意侮辱甚至殴打，且他们的父亲不需要承担任何责任和后果，贾府这三个富家公子尚如此遭受压迫，由此可以想象那些更加低人一等的“水作的骨肉”所遭受的血泪和屈辱。显然，贾府里充满着封建制度的压迫、封建道德的虚伪和封建礼教的无情。

贾府这个封建大家庭完全可以看成是一个封建小社会，这个封建小社会又可以影射贾府外的封建大社会。如果将贾府看成是一个封建小社会，这是红楼社会的第二个层次。在贾府这个封建小社会里，贾母、王夫人、王熙凤分别是“太上皇”“皇帝”“当权大臣”，她们是统治者，周瑞家的、王善保家的等婆子是统治者的“走狗”和“帮凶”，作者重点描写的“女儿”是社会上的“广大民众”，所以“女儿是水作的骨肉”反映了作者对广大民众的尊重与同情，从根本上说，这是作者对“人”的尊重与同情。婆子都是从“女儿”过来的，所以作者还特别细致地刻画了一个重要人物——袭人。袭人本来是一个“女儿”，但经过贾母的“发现”和王夫人的“培养”，她在朝着“婆子”的方向前进。贾雨村本来也是一个贫苦百姓，但经过封建科举制度的选拔和贾政、贾赦等人的提携，贾雨村成为一名官员。将袭人和贾雨村比较，我们就能够看到封建统治的本质——利用一小部分人统治另一大部分人，我们就能发现贾府和贾府外的大社会是相似的。

贾宝玉与林黛玉、薛宝钗、妙玉、史湘云的情感纠葛里隐藏了封建历史，尤其是明清交替的历史，这是红楼社会的第三个层次。如果说贾宝玉和他的"女儿"影射渴望平等的广大民众，薛宝钗影射清朝统治者，林黛玉影射明朝统治者的话，薛宝钗和贾宝玉的"金玉良缘"象征着清朝对广大民众的统治，而林黛玉和贾宝玉的"木石姻缘"则意味着回到明代，当然回到明代已无可能，这就像我们不可能看到林黛玉和贾宝玉真正结合一样。"玉带林中挂，金簪雪里埋"，其实无论明朝的社会还是清朝的社会，都不是作者所希望的社会（这应该是林黛玉和薛宝钗共用一首判词的原因），作者所希望的社会应该是一个和谐社会，在这个和谐社会中，人与人之间的相处就像贾宝玉和妙玉的相处一样，和谐而自然。在当时，这样的和谐社会只能存在于作者的想象中。薛宝琴是一个"外国美人"，她一来到贾府，贾母就有贾宝玉娶薛宝琴为妻的想法，因为薛宝琴已经定亲梅家，所以，贾宝玉和薛宝琴的结合不但贾宝玉自己不去想、不敢想，贾府所有人，甚至所有《红楼梦》读者也都不敢想，因为在专制的封建社会，自由、民主完全是奢望。

显然，作者所希望的和谐社会非常遥远，在作者眼里，当时社会的人就如同落魄的贾宝玉和落魄的史湘云一样凄苦，只有这样才能理解作者为什么要塑造妙玉这个"出家美人"和薛宝琴这个"外国美人"，也只有这样才能真正理解"王孙公子叹无缘"这句话，这是作者悲叹人们没有"王孙公子"的命——"人"没有得到应有的尊重。

第七节 朱楼梦

小说第五十二回薛宝琴述《真真国女儿诗》：

昨夜朱楼梦，今宵水国吟。
岛云蒸大海，岚气接丛林。
月本无今古，情缘自浅深。
汉南春历历，焉得不关心？

有人认为一部《红楼梦》就是一个“朱楼梦”，因为明朝皇帝姓朱，所以这里的“朱楼”代表明朝，用“水国”来形容清朝也很恰当，也就是说，他们认为这首《真真国女儿诗》里藏有“反清复明”的思想，当然也有人认为《红楼梦》的主题是反清悼明或反清吊明。在笔者看来，“反清”毋庸置疑，既然如此，悼明、吊明也在所难免。

清军以区区数万铁骑能够撼动明朝的根基，这与明朝自毁长城不无关系。明末朋党之争愈演愈烈，再加上君主昏聩、吏治腐败、政治黑暗，朝廷内部派系倾轧，其结果是股肱之臣惨遭迫害，这无异于自毁长城。《红楼梦》中荣国府分裂成以王夫人和邢夫人为首的两大派系，大观园被抄检，晴雯、司棋被撵，其实也都是这两大派系争斗的结果。由此我们想到抄检大观园时探春在王熙凤面前说的一番话：“可知这样大族人家，若从外头杀来，一时是杀不死的，这是古人曾说的‘百足之虫，死而不僵’，必须先从家里自杀自灭起来，才能一败涂地！”

“昨夜朱楼梦”，可见作者对“朱楼”的情感；“月本无今古，情缘自浅深”，作者对古（明朝）、今（清朝）月亮的感情不一样，这能够看出作者对明朝的情感；因为林黛玉影射明朝统治者，贾宝玉对林黛玉的至情更能让人感觉到作者对明朝的情感，作者悼明的意图也很明显。

笔者认为，“反清”并不一定意味着“复明”，因为无论是清朝还是明朝，都是封建王朝，而《红楼梦》的最重要的主题是反理、反封建。在作者眼里，自然、和谐社会遥不可及，自由、民主社会不敢想象，所以作者悼明并不意味“复明”，作者对明朝的感情只是找不到出路的一种精神寄托。《真真国女儿诗》里虽然有作者对明朝的怀念，但作者写这首诗真正的用意是让薛宝琴以一个旁观者的角度来看从“朱楼”到“水国”的朝代更替，这是一个封建王朝到另一个封建王朝的更替，如果是这样，作者真正“关心”的是“女儿”——广大民众。可以说，曹雪芹始终站在广大民众的立场上。

另外，有的人把贾宝玉看成是传国玉玺的化身，但笔者认为，如果《红楼梦》中有一个人可以看成是传国玉玺化身的话，这个人就是忠顺王不可或缺的蒋玉菡。蒋玉菡在紫檀堡有房舍，平时住在那里，这恰似传国玉玺装在紫檀木的宝盒里；贾宝玉被贾政痛打，也与蒋玉菡有关，这又让人联想到围绕着传国玉玺进行权力争斗的最大、最直接受害者是社会上的广大民众。贾宝玉是《红楼梦》的中心人物，所以贾宝玉很容易被人看成是象征至高无上权力的传国玉玺的化身，但实际上，贾宝玉是代表广大民众的“人”。贾宝玉叫“宝玉”，是因为在作者眼里，“人”是“比那阿弥陀佛、元始天尊的这两个宝号还更尊荣无对的呢”，“至贵者是‘宝’，至坚者是‘玉’。尔有何贵？尔有何坚？”这也明显感觉到贾宝玉不是传国玉玺那样的“宝玉”。忠顺王索要象征传国玉玺的蒋玉菡，这让人联想到“篡权”“谋逆”，看来忠顺王是一个不“忠”、不“顺”的人，但这样的人一旦篡得皇位，就会要天下所有人对他“忠”“顺”。这就是封建统治。